职业教育素质赋能系列教材

高职人文素质教程

主　编　蔡　静　易思平　刘亚迪
副主编　张秋娟　余礼凤　王　涛　严爱慈　王雪斌

西安电子科技大学出版社

内 容 简 介

本书是高职高专人文素质类公共基础课教材，在编写中结合了两种常用教材《应用文写作》和《大学语文》的特点，秉承人文性与工具性并重的宗旨，注重人文精神和综合素质的培养。全书内容分为"精品阅读""口才训练""应用写作"三部分。其中，"精品阅读"部分精选了中国传统哲学、历史典籍和中外经典文学作品，通过"导读"帮助学生提高理解和鉴赏能力；"口才训练"部分通过介绍口语交流的基础知识和不同类别口语表达的方法技巧，着重训练学生的口头表达能力；"应用写作"部分通过对应用文基础知识和部分常用应用文文种写作方法的讲解，加强学生对应用文知识的理解，训练学生的书面表达能力，从而达到提高学生整体人文素质的目的。

本书适合作为高等职业院校各专业人文素质类公共基础课的教材，也可供希望提高语文阅读及写作水平的读者学习，还可作为文学爱好者的参考书。

图书在版编目（CIP）数据

高职人文素质教程 / 蔡静，易思平，刘亚迪主编. -- 西安：西安
电子科技大学出版社，2024. 8. -- ISBN 978-7-5606-7445-2

Ⅰ. G40-012
中国国家版本馆 CIP 数据核字第 202457TT09 号

策　　划　明政珠
责任编辑　宁晓蓉
出版发行　西安电子科技大学出版社（西安市太白南路 2 号）
电　　话　(029) 88202421　88201467　　邮　　编　710071
网　　址　www. xduph. com　　　　电子邮箱　xdupfxb001@163.com
经　　销　新华书店
印刷单位　陕西天意印务有限责任公司
版　　次　2024 年 8 月第 1 版　2024 年 8 月第 1 次印刷
开　　本　787 毫米×1092 毫米　1/16　印张 19.5
字　　数　458 千字
定　　价　60.00 元
ISBN 978-7-5606-7445-2
XDUP 7746001-1

＊＊＊如有印装问题可调换＊＊＊

前　言

　　大学语文是一门以人文素质教育为核心的公共基础课程，将语文教育的工具性、人文性、审美性融为一体，包含了人格教育、情感教育、审美教育和创新素质教育，核心功能是培养学生健全的人格品质，促进学生的精神成长，提升学生今后可持续发展的精神动力和综合能力。高职院校要实现"高素质高技能型专门人才"的培养目标，防止学生成为流水线上的机械化"产品"，以大学语文课程为代表的人文素质类课程的作用非常显著，无可替代。为更好地适应高职院校大学语文课程的要求，我们编写了本书。

　　在科技高度发达的今天，人类社会进入经济全球化时代，市场竞争十分激烈，因此发展经济时能够"以人为本"，经商时懂得"义利之辨"，赚钱时做到"取之有道"，就显得尤为重要。而这就需要有一种可贵的人文关怀精神。人文教育不能依靠说教和灌输，应如春风化雨般润物无声，大学语文课程在这方面正好具有得天独厚的优势。大学语文教材中的文学部分，无论是古今散文，还是诗词歌赋，抑或小说戏曲，都自带"人文性"，如孔子的"仁者爱人"、孟子的"舍生而取义"、墨子的"万事莫贵于义"等，都让人感到"于我心有戚戚焉"。优秀文学作品的人文元素，让人受到真、善、美的感染，让人学会尊重、关爱、宽恕、诚信、友善、忠诚、谦逊、大度等为人处世之道，受到真正的"成人"教育，成为一个真正的"文明人"。尤其对于正处于青春迷茫期的大学生来说，大学语文课程还能为他们提供坚强有力的信念支持和精神鼓励，如杜甫在青春年少时自信"会当凌绝顶，一览众山小"，孟郊在科场蹉跎时呼唤"青春须早为，岂能长少年"，刘禹锡在仕途困顿时坚信"沉舟侧畔千帆过，病树前头万木春"，苏轼在人生失意时高唱"谁道人生无再少？君看流水尚能西！休将白发唱黄鸡"等，都堪称人生金句，他们用发自肺腑的文字以及自己百折不挠的人生经历，让读者在不知不觉中明白：暂时的坎坷曲折并不可怕，乐观面对、积极向前，终将步入坦途。而这个道理，不需要老师殷切告诫和耳提面命，学生从文字描写中，从对作品的涵泳中，从对人物命运的感同身受中自然而然就能感悟。这无疑能为学生今后进德修业、从容优雅地走好自己的人生之路打造温暖的底色，奠定良好的基础。

　　为适应高职教育培养应用型、技能型人才的目标要求，本书在"精品阅读"部分外，特意设置了"口才训练"和"应用写作"两个板块，目的在于培养学生的口语表达能力和应用文写作能力，这是高职院校学生必须具备的两项核心技能。能明确精准地表达思想，从容悠游地与人交际，是衡量人才的重要标尺之一。而应用文本身就是"应"付生活、"用"于实务的文章，在每个人的学习、工作和生活中都必不可少，掌握应用文写作技巧，对于提升工作效率和质量具有重要意义。如此，我们才能明白美国教育家华特·科勒斯涅克"语文学习的外延与生活的外延相等"这句话的深刻含义，才能真正理解"生活处处有语文"，才能切身感受到语文之"无用之用，方为大用"。

　　在内容的构建上，本书强调对语言文字的使用，契合职业教育对学生人文素养的要求。借助精品阅读、口才训练、应用写作三个板块，将语言文字规范融合在对传统典籍、经典文学作品的品读鉴赏中，融合在口语交流和书面表达能力的训练中，既是对中学阶段语言文字使用能力的深化，也是对学生人文素养的巩固和强化。在参考众多大学语文教材的基础上，我们也力求让本书有自己的特色，例如，在选材方面，着力体现以下三点：

（1）"人文性"与"工具性"统一。语文教育中，工具是躯壳，人文是灵魂。因此，"精品阅读"部分所占分量较重，以自带"人文性"的文学作品为主，"口才训练"和"应用写作"部分份量较轻，以"够用"为尺度，体现语文学科的"工具性"。

（2）"文化性"和"思想性"突出。本书从"文化"和"思想"视域，把作品归属于不同的板块，如"思想的明灯"只包含短短几篇，但儒家、道家、墨家等中国主流传统文化都有涉及，突出了"文化性"。

（3）"代表性"与"难易度"并重。在选文上兼顾作品的代表性和难易程度，尽量做到篇幅适中、内容简明，避免艰深晦涩，让学生易学易懂，从而学有所获、学有所用。

本书的三个部分各自有对应的教学目的、教学要求和教学内容，既紧密结合又相对独立，不同专业、不同层级的学生可以根据自己的需求选择学习，教师也可根据学生专业的差异，选取合适的内容或篇目有针对性地教学。

本书配套资源丰富，读者可扫描书中二维码观看微课视频，还可登录出版社网站获取ppt和教学大纲等。

本书由深圳信息职业技术学院公共课教学部（素质赋能中心）语言文化教研室全体教师集体编写而成。主编之一的蔡静老师负责全书的统筹规划，对全书结构、板块设计、内容选取、编排体式、文稿审核、文字修改等全方位负责；易思平、严爱慈、王雪斌、余礼凤、张秋娟、刘亚迪和王涛等老师都具有多年的高职院校语文教学经验，同时又各有所擅长，他们都为本书的编写贡献了重要力量。本书在编写过程中得到了深圳信息职业技术学院公共课教学部（素质赋能中心）谭旭教授、邓果丽教授、高军副主任、朱文明副主任以及全体教师的大力支持，在此一并表示衷心的感谢！

囿于学识和水平，书中的瑕疵在所难免，敬请各位同仁不吝指正。

易思平

2024 年 4 月

目　录

第一部分　精品阅读

第三部分　应用写作

第一部分 精品阅读

第一章　思想的明灯

《论语》六则

　　《论语》记载了孔子及其弟子的言行，由孔子的弟子及再传弟子编写而成，成书于战国初期，是一本语录体散文集。该书内容丰富，较为集中地体现了孔子的政治主张、伦理思想、道德观念及教育原则等。《论语》是儒家学派经典著作之一，与《大学》《中庸》《孟子》并称"四书"，再加上《诗经》《尚书》《礼记》《周易》《春秋》，总称"四书五经"。《论语》没有严格的编纂体例，每一则即为一章，集章成篇，全书共20篇492章；每一篇的标题取自首章首句的两个或三个字，全篇没有统一的主题，语言简洁而旨意深远。

　　孔子（公元前551年—公元前479年），名丘，字仲尼，春秋末期鲁国陬邑（今山东曲阜）人，是中国古代伟大的思想家、教育家，儒家学派创始人，被尊称为"至圣"。孔子开创了私人讲学的风气，倡导仁、义、礼、智、信，其中"仁"是其思想的核心。他的思想精华是世界珍贵的文化遗产。

　　子曰："参乎！吾道一以贯之。"曾子[1]曰："唯。"
　　子出，门人问曰："何谓也？"曾子曰："夫子之道，忠恕而已矣。"

——《论语·里仁》

　　子谓子夏[2]曰："女为君子儒！无为小人儒！"

——《论语·雍也》

　　子绝四——毋意，毋必，毋固，毋我。[3]

——《论语·子罕》

　　子曰："乡愿[4]，德之贼也。"

——《论语·阳货》

　　子贡[5]问："师[5]与商也孰贤？"子曰："师也过，商也不及。"
　　曰："然则师愈与？"子曰："过犹不及。"

——《论语·先进》

　　宰予[7]昼寝，子曰："朽木不可雕也，粪土之墙不可圬也[8]！于予与何诛[9]？"

子曰："始吾于人也，听其言而信其行；今吾于人也，听其言而观其行。于予与改是。"

——《论语·公冶长第五》

【注释】

[1]　曾子：孔子学生，名参(shēn)，字子舆，春秋末鲁国人。

[2]　子夏：即卜商，姓卜，名商，字子夏，孔子学生。下面第五则提到的商即子夏。

[3]　意：通"臆"，主观地揣测。必：绝对。固：固执。我：自以为是。

[4]　乡愿：指貌似谨厚，而实际上没有一点道德原则，只知道媚俗趋时的人。

[5]　子贡：即端木赐，复姓端木，字子贡，孔子学生，春秋末卫国人。

[6]　师：即颛孙师，复姓颛孙，名师，字子张，孔子学生，春秋末陈国人。

[7]　宰予：孔子学生，名予，字子我，亦称宰我，春秋末鲁国人。

[8]　粪土：腐土、脏土。圬(wū)：用来涂抹粉刷墙壁的工具，这里指粉刷。

[9]　于予：对于宰予这样的人。与：同"欤"，语气词。诛：谴责、责问。

【导读】

　　孔子作为儒家思想的代表，"仁"是其全部思想的核心，是最高的政治原则和道德原则。"仁"的境界是可以通过各种途径达到的。本文选择的六则语录，主要涉及孔子的修养及教育两个方面。

　　前四则主要阐述修养之道。孔子的修养之道主要是一种"仁道"，包括"体"和"用"两个方面，"体"就是内心修养；"用"则是施仁的行为。所以，仁道必须体用一贯，有体有用。光有仁的行为，不讲内心修养，这是只讲用不讲体；而只空谈心性，不去实施仁的行为，不能立己立人，不能救世救人，这是只讲体不讲用，两者都是不对的。因此，第一则说"吾道一以贯之"，讲的就是仁道的"体"，即内心修养，概而言之就是"忠恕"二字。后面三则则是讲仁道的"用"，即如何实施仁的行为，包括要做君子，不要做小人；做人不要太主观、绝对、固执和以自我为中心；做人要有原则，不要一味地媚俗趋时和讨好，等等。

　　后两则主要涉及孔子对学生的教育问题。第五则通过对学生颛孙师和子夏的不同评价，认为"过"与"不及"都不好，从而教育学生做人、做事要懂得中庸中和的道理。第六则讲孔子斥责白天睡觉的宰予是"朽木不可雕"，可见孔子对学生的严格要求，即读书治学应该勤奋刻苦，不能随意懈怠；此外，还提出评价人既要"听其言"，又要"观其行"的感悟，认为要言行结合才能做到评价准确，不受蒙蔽。从这里我们看到，孔子的教育，不仅是传授知识，更是培育品格，终极目的就是教育学生学会做人。

人皆有不忍人之心

《孟子》

孟子(公元前372年—公元前289年),名轲,字子舆,战国时期邹(今山东济宁邹城市)人,是战国时期著名的思想家、政治家、教育家,儒家学派的代表人物之一。孟子继承发扬孔子的学说,被尊称为"亚圣",与孔子并称"孔孟"。孟子宣扬"仁政",提倡王道,大力倡导"民贵君轻"的民本思想。为推行其政治理想,他先后到各国游说诸侯,曾一度受到礼遇。但当时几个诸侯大国都致力于富国强兵,试图以武力实现统一,因此孟子的思想主张被认为迂阔而不近情理,未能实行。他晚年回到鲁国,专心于授徒讲学和著书立说。

《孟子》一书记录了孟子的言行与思想主张,是孟子和他的弟子记录整理而成的。《孟子》在儒家典籍中占有很重要的地位,为"四书"之一。

下文选自《孟子·公孙丑章句上》。

孟子曰:"人皆有不忍人之心[1]。先王有不忍人之心,斯有不忍人之政[2]矣。以不忍人之心,行不忍人之政,治天下可运之掌上。所以谓人皆有不忍人之心者,今人乍[3]见孺子将入于井,皆有怵惕恻隐[4]之心,非所以内交[5]于孺子之父母也,非所以要誉[6]于乡党朋友也,非恶其声而然也。由是观之,无恻隐之心,非人也;无羞恶之心,非人也;无辞让之心,非人也;无是非之心,非人也。恻隐之心,仁之端[7]也;羞恶之心,义之端也;辞让之心,礼之端也;是非之心,智之端也。人之有是四端也,犹其有四体也。有是四端而自谓不能者,自贼者也;谓其君不能者,贼其君者也。凡有四端于我者,知皆扩而充之矣,若火之始然[8],泉之始达。苟能充之,足以保[9]四海;苟不充之,不足以事父母。"

【注释】

[1] 不忍人之心:不忍他人受到伤害之心,即仁慈心,怜悯心。

[2] 不忍人之政:不忍人民受到伤害的政治,即仁政。

[3] 乍:忽然、突然。

[4] 怵惕:惊惧。恻隐:哀痛,同情。

[5] 内(nà)交:即结交。内同"纳",接纳。

[6] 要(yāo)誉:博取名誉。要同"邀",求。

[7] 端:开端,起源,源头。

[8] 然:同"燃"。

[9] 保:安定。

【导读】

　　孟子的文章逻辑严密，说理畅达，气势充沛，长于论辩，尖锐机智，代表着先秦散文的最高峰。孟子在人性问题上提出了性善论，即"人之初，性本善"。本文所阐述的"不忍人之心"即是"性善论"的理论基础和支柱。

　　本文开宗明义，提出中心论点——"人皆有不忍人之心"。为论证这一论点，孟子先假想"先王有不忍人之心，斯有不忍人之政"，使文章有理有力；接着，举出"今人乍见孺子将入于井，皆有怵惕恻隐之心"的例子来作论据，进一步增强文章的说服力；然后，他认为"不忍人之心"包括恻隐之心、羞恶之心、辞让之心、是非之心四个方面，并把这"四心"比作人体的四肢，如能认识并发扬"四心"，就好比燃烧的烈火、流淌的泉水，足以保国安身，从而把道理说得通俗易懂。此外，文章大量运用排比句式，增强了文章的气势。

般礴画史①

《庄子》

《庄子》是战国时期道家学派代表人物庄子及其后学所著，被称为道家经文。汉代以后，庄子被尊为南华真人，故《庄子》又名《南华经》，与《老子》《周易》合称"三玄"。《庄子》现存33篇，包括内篇7章、外篇15章、杂篇11章。一般认为内篇的思想、文风比较一致，为庄周自著，外篇和杂篇多为其后学所作。《庄子》一书主要反映了庄子的批判哲学、艺术、美学、审美观等，内容包罗万象，博大精深，涉及哲学、人生、政治、社会、艺术、宇宙生成论等诸多方面。

《庄子》构思巧妙，想象奇幻，意出尘外，文笔汪洋恣肆，语言瑰丽诡谲，灵活多变，具有浪漫主义的艺术风格，展现了多彩的思想世界和文学意境，堪称先秦诸子文章的典范之作。鲁迅先生说："其文则汪洋辟阖，仪态万方，晚周诸子之作，莫能先也。"

《庄子》不仅是一本哲学名作，更是文学、美学上的杰作典范，对中国文学、美学的发展有着非常深远的影响。

庄子，名周，字子休（亦说子沐），宋国蒙人。他因崇尚自由而不应楚威王之聘，生平只做过宋国地方的漆园吏，史称"漆园傲吏"。庄子是战国中期著名的思想家、哲学家和文学家，是继老子之后道家学派的主要代表人物之一，与老子并称为"老庄"。

下文选自《庄子·外篇·田子方》

宋元君将画图[1]，众史[2]皆至，受揖而立[3]，舐笔和墨，在外者半，有一史后至，儃儃然不趋[4]，受揖不立，因之舍[5]。公使人视之，则解衣般礴，赢[6]。君曰："可矣，是真画者也。"

【注释】

[1]　宋元君：战国时期宋国国君宋元公，名佐，宋平公之子。图：图画。

[2]　史：画师。

[3]　立：古代的"位"字，作动词用，意思是就位。

[4]　儃儃(tǎn)然：自由自在、从容悠闲的样子。趋：快行。按古代礼节，见国君要快步而行。不趋，说明不拘礼节。

[5]　因之舍：接着就回到客舍。因：接着、随着。之：至。舍：客舍。

[6]　般礴(bān bó)：也作"盘礴"，意思是犹箕坐，坐时两腿向前伸直（一说屈膝）岔

———

①　标题为本书作者所拟。

开，形以簸箕，是对人表示轻慢的一种坐态，这里指随意坐着。臝：通"裸"，光着身子。这句的意思是说这个后来的画师回到客舍，解开衣服，光着身子，随意坐着。

【导读】

　　这则故事的情节十分简单，宋元君请画师绘画，来了许多画师。他们接受任务，行礼过后就站在那里，濡湿了画笔，调和着墨水。最后来了个画师，他慢慢走着，神态安闲，受命行礼后并不恭敬地站在那里，而是回客舍去了。宋元君感到奇怪，派人探看，发现那画师脱光了衣服，随意坐着。宋元君感叹道："这才是真正的画师呀。"宋元君之所以赞扬这个画师，是因为他认为这个画师的状态是一种真正的自然状态：他脱掉的不仅是外衣，而且是一切外在的束缚，不但没有任何功利之心，连所谓羞耻甚至自身也忘了。这正是庄子哲学所追求的淳朴自由、无为寡欲，以至忘爵禄、忘名利、忘得失的精神境界。

功至于亡

《韩非子》

　　《韩非子》是法家学派的代表著作，为韩非所撰。

　　韩非（约公元前280年—公元前233年），又称韩非子，战国时期韩国新郑（今河南新郑市）人，为韩国公子，与李斯同为荀子的学生。韩非喜好刑名法术之学，为法家学派代表人物，是战国时期杰出的思想家、哲学家和散文家。

　　《韩非子》是法家学说的集大成者。秦王嬴政为得到韩非而出兵攻打韩国，但韩非入秦后，上陈秦王弱秦保韩之策，却不为秦王所用，后因弹劾上卿姚贾，被姚贾构陷入狱，后为李斯所害。但韩非的法家思想却被秦王嬴政所用，奉《韩非子》为秦国治国经要。《韩非子》共55篇，其主要思想是将商鞅之"法"、申不害之"术"和慎到之"势"集于一体，强调把权力集中于君主身上，用中央集权的专制制度来统治国家，积极倡导君主专制主义，目的在于为专制君主提供富国强兵的思想理论，对我国几千年的封建社会产生了深远的影响。

　　下文选自《韩非子·内储说上·重轻罪》。

　　魏惠王谓卜皮[1]曰："子闻寡人之声闻[2]亦[3]何如焉？"对曰："臣闻王之慈惠[4]也。"王欣然喜曰："然则功且安至[5]？"对曰："王之功至于亡。"王曰："慈惠，行善也。行之而亡，何也？"卜皮对曰："夫慈者不忍，而惠者好与[6]也。不忍则不诛有过[7]，好予则不待有功而赏。有过不罪，无功受赏，虽亡，不亦可乎？"

【注释】

　　[1]　魏惠王：即梁惠王魏罃，战国时期魏国君主。卜皮：魏臣，曾任县令。

　　[2]　声闻：名誉，声望。

　　[3]　亦：语气词，用于句中，使语气舒缓。

　　[4]　慈惠：慈祥，仁爱。

　　[5]　且：将要。安至：即至安，到何处，到什么程度。这句意思是：那么我的功绩到了什么程度呢？

　　[6]　好与：喜好施与，指赏赐。与通"予"。

　　[7]　诛：责罚，惩罚。过：过失。这句意思是：不忍心则不惩罚有过失的人。

【导读】

　　本则寓言故事生动形象地阐明了韩非子以法治国的道理，那就是要把国家治理好，不能依靠儒家那一套"仁政"思想，而必须建立严明的赏罚制度，该罚则罚，该赏则赏。如果像魏惠王那样一味地讲究"慈""惠"，有过而不诛，不待功而赏，就会赏罚不分，是非不明，招致亡国的悲剧。

《战国策》二篇

　　《战国策》又称《国策》，是一部以记言为主的国别体历史著作。该书为西周、东周以及秦、齐、楚、赵、魏、韩、燕、宋、卫、中山等12国的"策"论，共33卷，497篇。记事年代起于战国初年，止于秦灭六国，共约240年的历史，主要反映了战国时代的历史特点和社会风貌，是研究战国历史的重要典籍。该书的思想倾向与儒家正统思想相悖，因此曾被斥为"邪说""离经叛道之书"。

　　该书主要记述战国时期谋臣策士的言论和事迹。所记之事并不完全符合史实，但就其文章而言，其较高的文学价值不容忽视。该书文笔流畅，善于铺陈，描写人物绘声绘色，人物形象栩栩如生。书中大量运用寓言和譬喻来论说抽象的哲理，语言生动，富于文采，尤其所记谋臣策士的游说之辞，辩丽横肆，铺张扬厉，气势纵横。

　　该书作者并非一人，成书亦非一时，书中文章大概是战国末年或秦汉时期人汇集而成。西汉刘向编定为33篇，书名亦为刘向所拟定。

靖郭君将城薛

　　靖郭君将城薛[1]，客多以谏。靖郭君谓谒者[2]："无为客通[3]。"齐人有请者曰："臣请三言而已矣。益一言，臣请烹。"靖郭君因见之。客趋[4]而进曰："海大鱼！"因反走[5]。君曰："客有于此！"[6]客曰："鄙[7]臣不敢以死为戏！"君曰："亡[8]，更[9]言之。"对曰："君不闻大鱼乎？网不能止，钩不能牵，荡而失水，则蝼蚁得意[10]焉。今夫齐，亦君之水也。君长有齐阴[11]，奚以薛为[12]？失齐，虽隆薛之城到于天，犹之无益也。"君曰："善。"乃辍城薛。

【注释】

　　[1] 靖郭君：齐威王少子田婴，孟尝君田文之父，战国时期齐国宗室、大臣。城：活用为动词，筑城。薛：田婴的封地。

　　[2] 谒者：官名，主管传达通报职责。

　　[3] 客：门客，古代寄食于豪门权贵家并为之服务的人。无为客通：不要给进谏的门客通报。

　　[4] 趋：小步快走，为古代臣下面见君主的一种礼节。

　　[5] 反走：即还走，指撒腿往回跑。反通"返"。

　　[6] 客有于此：客留于此的意思。

　　[7] 鄙：对自己的谦称。

　　[8] 亡：通"无"，不，意思是不要这样。

[9]　更：再，意思是请继续说下去。

[10]　得意：满意，称心如意。

[11]　长有齐阴：长期得到齐国的庇护。阴同"荫"，荫蔽，庇护。

[12]　奚以薛为：要薛地做什么？奚：何，什么。

【导读】

　　《靖郭君将城薛》出自《战国策·齐策》，记述了一位齐国门客劝说靖郭君田婴放弃在封地薛修筑城防工事的故事。

　　我们在推销时最困难的局面就是还没开口，对方就一口拒绝了。对待这种情况，就要出奇招，用富有引诱力的惊人之语制造悬念，用好奇心来诱使对方听我们的话语和建议。"海大鱼"就是一个很具悬念的钓语。

冯谖客孟尝君

　　齐人有冯谖[1]者，贫乏不能自存[2]，使人属[3]孟尝君[4]，愿寄食门下。孟尝君曰："客何好[5]？"曰："客无好也。"曰："客何能[6]？"曰："客无能也。"孟尝君笑而受之曰："诺[7]。"

　　左右以[8]君贱[9]之也，食[10]以草具[11]。居有顷[12]，倚柱弹其剑，歌曰："长铗[13]归来乎[14]！食无鱼。"左右以告。孟尝君曰："食之，比[15]门下之客。"居有顷，复弹其铗，歌曰："长铗归来乎！出无车。"左右皆笑之，以告。孟尝君曰："为之驾[16]，比门下之车客。"于是乘其车，揭[17]其剑，过[18]其友曰："孟尝君客我[19]。"后有顷，复弹其剑铗，歌曰："长铗归来乎！无以为家[20]。"左右皆恶[21]之，以为贪而不知足。孟尝君问："冯公有亲乎？"对曰，"有老母。"孟尝君使人给[22]其食用，无使乏。于是冯谖不复歌。

　　后孟尝君出记[23]，问门下诸客："谁习[24]计会[25]，能为文收责[26]于薛者乎？"冯谖署[27]曰："能。"孟尝君怪之，曰："此谁也？"左右曰："乃歌夫长铗归来者也。"孟尝君笑曰："客果有能也，吾负[28]之，未尝见也。"请而见之，谢[29]曰："文倦于事[30]，愦于忧[31]，而性懧愚[32]，沉[33]于国家之事，开罪[34]于先生。先生不羞[35]，乃有意欲为收责于薛乎？"冯谖曰："愿之。"于是约车治装[36]，载券契[37]而行，辞曰："责毕收，以何市[38]而反[39]？"孟尝君曰："视吾家所寡有[40]者。"

　　驱而之[41]薛，使吏召诸民当偿者[42]，悉来合券[43]。券遍合，起，矫命[44]，以责赐诸民。因烧其券，民称万岁。

　　长驱到齐，晨而求见[45]。孟尝君怪其疾[46]也，衣冠而见之，曰："责毕收乎？来何疾也！"曰："收毕矣。""以何市而反？"冯谖曰；"君云'视吾家所寡有者'。臣窃计，君宫中积珍宝，狗马实外厩，美人充下陈[47]。君家所寡有者，以义耳！窃以为君市义。"孟尝君曰："市义奈何？"曰："今君有区区[48]之薛，不拊爱[49]子其民[50]，因而贾[51]利之。臣窃矫君命，以责赐诸民，因烧其券，民称万岁。乃臣所以为君市义也。"孟尝君不说，曰："诺，先生休矣[52]！"

　　后期年[53]，齐王[54]谓孟尝君曰："寡人不敢以先王之臣为臣。"孟尝君就国[55]于薛，未至百里，民扶老携幼，迎君道中。孟尝君顾[56]谓冯谖："先生所为文市义者，乃今日见之。"

　　冯谖曰："狡兔有三窟[57]，仅得免其死耳。今君有一窟，未得高枕而卧也。请为君复凿二窟。"孟尝君予车五十乘[58]，金五百斤，西游于梁[59]，谓惠王[60]曰："齐放[61]其大臣孟尝君于诸侯，诸侯先迎之者，富而兵强。"于是梁王虚上位[62]，以故相为上将军，遣使者黄金千斤，车百乘，往聘孟尝君。冯谖先驱[63]，诫孟尝君曰："千金，重币[64]也；百乘，显使[65]也。齐其闻之矣。"梁使三反[66]，孟尝君固辞[67]不往也。

齐王闻之，君臣恐惧，遣太傅[68]赍[69]黄金千斤、文车[70]二驷[71]，服剑[72]一，封书[73]，谢[74]孟尝君曰："寡人不祥[75]，被[76]于宗庙之祟，沉于谄谀之臣[77]，开罪于君。寡人不足为[78]也；愿君顾[79]先王之宗庙，姑[80]反国统万人[81]乎！"冯谖诫孟尝君曰："愿请先王之祭器，立宗庙于薛。"庙成，还报孟尝君曰："三窟已就，君姑高枕为乐矣。"

孟尝君为相数十年，无纤介[82]之祸者，冯谖之计也。

【注释】

[1]　冯谖（xuān）：齐国游说之士。谖，一作"煖"，《史记》又作"驩"，音皆同。

[2]　存：生存，生活。

[3]　属（zhǔ）：通"嘱"，嘱咐。

[4]　孟尝君：齐国贵族，姓田名文，齐闵王时为相。其父田婴在齐宣王时为相，并受封于薛，故本篇中有"寡人不敢以先王之臣为臣"之说。田婴死后，田文袭封地，封号为孟尝君。孟尝君好养士，据说有门客三千，成为以养士而著称的"战国四公子"之一，其中还有魏国信陵君、楚国春申君、赵国平原君。

[5]　好（hào）：爱好，擅长，喜好。

[6]　能：才能，本事。

[7]　诺：答应声。

[8]　以：因为。

[9]　贱：轻视，看不起。

[10]　食（sì）：通"饲"，给人吃。

[11]　草具：粗劣的饭菜。具：供置，置办，也作名词，意思是酒肴。

[12]　居有顷：过了不久。

[13]　铗（jiá）：剑。

[14]　归来：回去。乎：语气词。

[15]　比：和……一样，等同于。

[16]　为之驾：为他配车。

[17]　揭：举。

[18]　过：拜访。

[19]　客我：待我以客，厚待我，即把我当上等门客看待。

[20]　无以为家：没有能力养家。

[21]　恶（wù）：讨厌。

[22]　给（jǐ）：供给。

[23] 出记：出了一个文告。记：账册，古代公文的一种。

[24] 习：熟悉。

[25] 计会(kuài)：会计。

[26] 责：同"债"，债的本字。

[27] 署：署名，签名。（可见"记"不能作账册，而当作告示。）

[28] 负：辜负，对不住。实际意思是没有发现他的才干。

[29] 谢：道歉。

[30] 倦于事：忙于事务，疲惫不堪。

[31] 愦(kuì)于忧：忧愁思虑太多，心思烦乱。愦，同"溃"，乱。

[32] 惇愚：懦弱无能。惇，同懦(nuò)。

[33] 沉：沉浸，埋头于。

[34] 开罪：得罪。

[35] 不羞：不以为羞。

[36] 约车治装：准备车马、整理行装。约：缠束，约车即套车。

[37] 券契：债契，债务关系人双方各持一半为凭。古时契约写在竹简或木简上，分两半，验证时，合起来查对，故后有合券之说。

[38] 市：买。

[39] 反：同"返"，返回。

[40] 寡有：没有。

[41] 驱：赶着车。之，往。

[42] 当偿者：应当还债的人。

[43] 合券：验合债券。可知前面应解为"债务契约"。古代契约分为两半，立约双方各执其一。

[44] 矫命：假托(孟尝君)命令。

[45] 见：谒见。

[46] 疾：迅速。

[47] 下陈：堂下，后室。

[48] 区区：少，小，此亦隐指放债之利。

[49] 拊爱：爱抚。拊，同"抚"，抚育，抚慰。

[50] 子其民：视民如子。

[51] 贾(gǔ)：做买卖。贾利之：做买卖获利。（不必视为名词作商人解。）

[52] 休矣：算了吧。

[53] 后期(jī)年：一周年之后。期年：整整一年。

[54] 齐王：齐湣王。《史记·孟尝君列传》："齐(湣)王惑于秦、楚之毁，以为孟尝君各高其主，而擅齐国之权，遂废孟尝君。"所谓"不敢以先王之臣为臣"，是托词。

[55] 就国：回自己的封地。国，指孟尝君的封地薛。

[56] 顾：回顾，旁顾。

［57］　窟：洞。

［58］　乘（shèng）：古代四马一车为一乘，亦可泛指车。

［59］　梁：大梁，魏的国都。

［60］　惠王：梁惠王，魏武侯之子。

［61］　放：放逐。

［62］　虚上位：把上位（宰相之位）空出来。

［63］　先驱：驱车在前。

［64］　重币：贵重的财物礼品。

［65］　显使：地位显要的使臣。

［66］　三反：先后多次往返。反，同"返"。

［67］　固辞：坚决辞谢。

［68］　太傅：官名，为辅弼国君之官，掌制定颁行礼法。

［69］　赍（jī）：带着，抱着。

［70］　文车：文饰华美的车辆。

［71］　驷：四马驾的车。（注：乘不一定是四马，驷一定是四马。）

［72］　服剑：佩剑。

［73］　封书：写信，古代书信用封泥加印，故曰封书。

［74］　谢：赔礼道歉。

［75］　不祥：意为糊涂。一说不善，没有福气。祥，通"详"，审慎，不详即失察。

［76］　被（pī）：遭受。被于宗庙之祟：遭受祖宗神灵降下的灾祸。被，同"披"。

［77］　沉于谄谀（chǎn yú）之臣：被阿谀奉承的奸臣所迷惑。

［78］　不足为：不值得你看重并辅助。一说无所作为。

［79］　顾：顾念。

［80］　姑：姑且。

［81］　万人：指全国百姓。

［82］　纤介：介同"芥"，纤丝与草籽，比喻极微小。

【导读】

　　《冯谖客孟尝君》选自《战国策·齐策》，记叙了冯谖为巩固孟尝君的政治地位而进行的种种政治外交活动（焚券市义，谋复相位，在薛建立宗庙），表现了冯谖的政治见识和卓越才能——善于利用矛盾以解决矛盾，也反映出齐国统治集团内部和齐、魏等诸侯国之间的矛盾。

　　本文的特色是通过变化的情节展现人物性格，运用曲折的情节和生动的细节刻画出冯谖的策士形象，运用对比手法表现出有关人物的特点和相互关系，如冯谖的藏才不露、初试锋芒到大显身手与孟尝君的轻视、重视、存疑和折服。本文有人物、有故事、有情节、有戏剧冲突、有细节描绘，初具传记的特征，开后世史书"列传"的先河。

萧相国世家（节选）

司马迁《史记》

司马迁（公元前 145 年—?），字子长，夏阳（今陕西韩城）人，一说龙门（今山西河津）人。西汉史学家、散文家。太史令司马谈之子，后继父任太史令，子承父业，著述历史，因替李陵投降匈奴之事辩解而受宫刑，后任中书令。他忍辱发奋，继续著述，被后世尊称为"史迁""太史公""历史之父"。

司马迁早年受学于大儒孔安国、董仲舒，求学期间曾漫游全国各地，遍访名山大川，了解民情风俗，搜集遗闻古事，"网罗天下放失旧闻"，并以"究天人之际，通古今之变，成一家之言"的学识创作了中国第一部纪传体通史《史记》，被公认为是中国史书的典范。该书记载了从上古传说中的黄帝时期，到汉武帝元狩元年长达 3000 多年的历史，是"二十五史"之首，被鲁迅誉为"史家之绝唱，无韵之离骚"。

《史记》最初称为《太史公》《太史公记》《太史记》。全书分为 12 本纪、30 世家、70 列传、10 表、8 书，计 130 篇、52 万余字。本纪记载历代帝王政绩，世家记载诸侯勋贵兴亡，列传记载重要人物的言行事迹，表记载大事年表，书记载各种典章制度，记礼、乐、音律、历法、天文、封禅、水利、财用等。《史记》规模宏大，体系完备，而且对此后的纪传体史书影响很深，历朝正史皆采用这种体裁撰写。

下文节选自《萧相国世家》。

萧相国何者，沛丰[1] 人也。以文无害[2] 为沛主吏掾[3]。

高祖为布衣时，何数以吏事护高祖。高祖为亭长，常左右[4] 之。高祖以吏繇[5] 咸阳，吏皆送奉钱三，何独以五。

秦御史监郡[6] 者与从事，常辨之[7]。何乃给泗水卒史事，第一。秦御史欲入言徵[8] 何，何固请[9]，得毋行。

及高祖起为沛公，何常为丞督事。沛公至咸阳，诸将皆争走金帛财物之府分之，何独先入收秦丞相御史律令图书藏之。沛公为汉王，以何为丞相。项王与诸侯屠烧咸阳而去。汉王所以具知天下厄塞[10]，户口多少，强弱之处，民所疾苦者，以何具得秦图书也。何进言韩信，汉王以信为大将军。语在淮阴侯事中。

……

何素不与曹参相能[11]，及何病，孝惠[12] 自临视相国病，因问曰："君即百岁后，谁可代君者？"对曰："知臣莫如主。"孝惠曰："曹参何如？"何顿首曰："帝得之矣！臣死不恨[13] 矣！"

何置田宅必居穷处，为家不治垣屋[14]。曰："后世贤，师吾俭；不贤，毋为势家所夺。"

孝惠二年，相国何卒，谥为文终侯。

【注释】

[1]　沛：秦县名。丰：邑名。

[2]　无害：意思是处理事务公允，挑不出毛病。

[3]　主吏掾（yuàn）：掾，指县令的下属佐吏。主吏，重要的佐吏。

[4]　左右：帮助。

[5]　繇：通"徭"，劳役，这里用作动词，指服劳役。

[6]　监郡：监督、检查郡的工作。

[7]　辨：辨别。这里指办事有条理，对各种事项分辨得清楚。

[8]　徵：通"征"，征召。

[9]　请：这里是辞谢的意思。

[10]　厄塞：险要之地。

[11]　能：和睦。

[12]　孝惠：汉惠帝刘盈，刘邦之子，西汉第二代皇帝。

[13]　恨：遗憾。

[14]　垣屋：有矮墙的房舍。

【导读】

　　萧何作为汉高祖刘邦的重要谋臣，为西汉王朝的建立和政权的巩固，作出了重大贡献。《萧相国世家》围绕这一主题，塑造了萧何这一历史人物，描述了他的卓越功勋。本文节选自该篇开头与结尾部分。

　　本文通过具体事例，写出了萧何的大度性格以及杰出才能，尤其运用对比手法，写出了萧何眼光远大，深谋远虑。刘邦率军进入咸阳后，将领们忙于争分金帛财物，而萧何却首先收取秦王朝的文献档案，将其珍藏，刘邦由此详尽地掌握了全国地理、户籍等方面的情况，为统一天下创造了条件。此外，也写了萧何慧眼识人，包括向刘邦推荐韩信、临终前认可曹参为相。

韩信传（节选）

《汉书》

《汉书》，又称《前汉书》，是中国第一部纪传体断代史，"二十四史"之一。由东汉史学家班固编撰，前后历时二十余年，于建初年中基本修成，后唐朝颜师古为之释注。《汉书》是继《史记》之后中国古代又一部重要史书，与《史记》《后汉书》《三国志》并称为"前四史"。《汉书》主要记述了上起西汉汉高祖元年（公元前 206 年），下至新朝王莽地皇四年（公元 23 年）共 230 年的史事。《汉书》包括本纪 12 篇、表 8 篇、志 10 篇、传 70 篇，共 100 篇，后人划分为 120 卷，全书共 80 万字。

韩信，淮阴[1]人也。家贫无行[2]，不得推择为吏，又不能治生[3]为商贾，常从人寄食[4]。其母死无以葬，乃行营高燥地，令傍可置万家者。信从下乡南昌[5]亭长食，亭长妻苦之，乃晨炊蓐食[6]。食时信往，不为具食。信亦知其意，自绝去。至城下钓，有一漂母[7]哀之，饭信，意漂数十日。信谓漂母曰："吾必重报母。"母怒曰："大丈夫不能自食，吾哀王孙[8]而进食，岂望报乎！"淮阴少年又侮信曰："虽长大，好带刀剑，怯耳。"众辱[9]信曰："能死，刺我；不能，出胯下。"于是信孰视，俯出胯下。一市皆笑信，以为怯。

及项梁度淮[10]，信乃杖剑从之，居戏下[11]，无所知名。梁败，又属项羽，为郎中[12]。信数以策干[13]项羽，羽弗用。汉王之入蜀，信亡楚归汉，未得知名，为连敖[14]。坐法当斩，其畴十三人皆已斩，至信，信乃仰视，适见滕公[15]，曰："上[16]不欲就天下乎？而斩壮士！"滕公奇其言，壮其貌，释弗斩。与语，大说之，言于汉王。汉王以为治粟都尉[17]，上未奇之也。

数与萧何语，何奇之。至南郑[18]，诸将道亡者数十人。信度何等已数言上，不我用，即亡。何闻信亡，不及以闻，自追之。人有言上曰："丞相何亡。"上怒，如失左右手。居一二日，何来谒。上且怒且喜，骂何曰："若亡，何也？"何曰："臣非敢亡，追亡者耳。"上曰："所追者谁也？"曰："韩信。"上复骂曰："诸将亡者以十数，公无所追；追信，诈也。"何曰："诸将易得，至如信，国士[19]无双。王必欲长王汉中，无所事信；必欲争天下，非信无可与计事者。顾王策安决。"王曰："吾亦欲东耳，安能郁郁[20]久居此乎？"何曰："王计必东，能用信，信即留；不能用信，信终亡耳。"王曰："吾为公以为将。"何曰："虽为将，信不留。"王曰："以为大将。"何曰："幸甚。"于是王欲召信拜之。何曰："王素嫚无礼，今拜大将如召小儿，此乃信所以去也。王必欲拜之，择日斋戒，设坛场具礼[21]，乃可。"王许之。诸将皆喜，人人各自以为得大将。至拜，乃韩信也，一军皆惊。

【注释】

[1] 淮阴：县名，在今江苏淮阴市西南。

[2] 无行：放荡。

[3] 治生：谋生。

[4] 寄食：投靠人家吃闲饭。

[5] 下乡：乡名，属淮阴县。南昌：下乡的一个亭名。

[6] 晨炊：一大早做饭。蓐（rù）食：在床上吃饭，指早餐时间很早。

[7] 漂母：漂洗丝绵的老妇。

[8] 王孙：相当于"公子"，对青年人的尊称。

[9] 众辱：当众侮辱。

[10] 淮：淮河。

[11] 戏下：即麾下、部下。

[12] 郎中：侍卫帝王的小官。

[13] 干：进说之意。

[14] 连敖：管理粮仓的小官。

[15] 滕公：夏侯婴，曾为滕县令，故有此称。

[16] 上：这里指汉王刘邦。

[17] 治粟都尉：管理粮饷的军官。

[18] 南郑：县名，今陕西汉中市辖区。

[19] 国士：国家之英才。

[20] 郁郁：闷闷不乐。

[21] 坛场：指拜将的高台与广场。具礼：准备仪式。

【导读】

《韩信传》主要记载韩信在秦末汉初的主要事迹。韩信，淮阴人，西汉开国功臣，初属项羽，后归刘邦。他是中国历史上伟大的军事家、战略家、统帅和军事理论家，中国军事思想"谋战"派代表人物。

本文主要记录了韩信年轻时忍受胯下之辱、萧何月下追韩信等历史典故。韩信最初在项羽麾下不为项羽所重用，投奔刘邦后终为萧何所赏识和举荐，最终成就一番事业。

杨继盛传

《明史》

　　《明史》是二十四史中的最后一部，共 332 卷，包括本纪 24 卷、志 75 卷、列传 220 卷、表 13 卷。它是一部纪传体断代史，记载了自明太祖朱元璋洪武元年（公元 1368 年）至明思宗朱由检崇祯十七年（公元 1644 年）二百多年的历史。

　　在二十四史中，《明史》以编纂得体、材料翔实、叙事稳妥、行文简洁为史家所称道，是一部水平较高的史书。这反映出编者对史料的考订和运用，以及对史事的贯通、对语言的驾驭能力都达到较高的水平。其卷数在二十四史中仅次于《宋史》，其修纂时间之久、用力之勤、记述之完善则是大大超过了以前诸史。《明史》虽有一些曲笔隐讳之处，但仍得到后世史家的广泛好评。赵翼在《廿二史札记》卷 31 中说："近代诸史自欧阳公《五代史》外，《辽史》简略，《宋史》繁芜，《元史》草率，惟《金史》行文雅洁，叙事简括，稍为可观，然未有如《明史》之完善者。"

　　杨继盛，字仲芳，容城人。

　　嘉靖二十六年，登进士，授南京吏部主事，从尚书韩邦奇游，覃思[1]律吕之学，手制十二律，吹之，声毕和，邦奇大喜，尽以所学授之。继盛名益著，召改兵部员外郎。俺答[2]躏京师，咸宁侯仇鸾以勤王故，有宠，帝命鸾为大将军，倚以办寇；鸾中情怯，畏寇甚，方请开互市[3]市马，冀与俺答媾[4]，幸无战斗，固恩宠。继盛以为仇齿未雪，遽[5]议和，示弱，大辱国，乃奏言十不可、五谬（文略）。

　　疏入，帝颇心动，下鸾及成国公朱希忠，大学士严嵩、徐阶、吕本，兵部尚书赵锦，侍郎聂豹、张时彻议。鸾攘臂罝[6]曰："竖子目不睹寇，宜其易之。"诸大臣遂言，遣官已行，势难中止。帝尚犹豫，鸾复进密疏，乃下继盛诏狱，贬狄道典史。其地杂番，俗罕知诗书。继盛简子弟秀者百余人，聘三经师教之。鬻[7]所乘马，出妇服装，市田资诸生。县有煤山，为番人所据，民仰薪二百里外。继盛召番人谕之，咸服曰："杨公即须我曹穿帐，亦舍之，况煤山耶！"番民信爱之，呼曰"杨父"。

　　已而，俺答数败约入寇，鸾奸大露，疽发背死，戮其尸。帝乃思继盛言，稍迁诸城知县。月余，调南京户部主事。三日，迁刑部员外郎。当是时，严嵩最用事，恨鸾凌己，心善继盛首攻鸾，欲骤贵之，复改兵部武选司。而继盛恶嵩甚于鸾，且念起谪籍，一岁四迁官，思所以报国。抵任甫一月，草奏劾嵩，斋三日乃上奏（文略）。

　　疏入，帝已怒。嵩见召问二王语，喜，谓可指此为最，密构于帝。帝益大怒，下继盛诏狱，诘何故引二王？继盛曰："非二王，谁不慑嵩者。"狱上，乃杖之百，令刑部定罪……系三载，有为营救于嵩者；其党胡植、鄢懋卿怵之曰："公不睹养虎者耶，将自贻患！"嵩颔[8]

之。会都御史张经、李天宠坐大辟。嵩揣帝意必杀二人，比秋审，因附继盛名并奏，得报……遂以三十四年十月朔弃西市，年四十。

【注释】

[1]　覃思：深思。

[2]　俺答：明朝时鞑靼族的首领，经常侵扰明朝的西北边境。

[3]　互市：通商。

[4]　媾（gòu）：讲和。

[5]　遽（jù）：匆忙、急切。

[6]　詈（lì）：骂。

[7]　鬻（yù）：卖。

[8]　颔（hàn）：点头，表示同意。

【导读】

　　杨继盛，字仲芳，号椒山，直隶容城（今河北容城县北河照村）人，嘉靖二十六年（1547年）登进士第，初任南京吏部主事，后官至兵部员外郎，因上疏弹劾仇鸾开马市之议，被贬为狄道典史，后被起用为诸城知县，迁南京户部主事、刑部员外郎，调兵部武选司员外郎。

　　嘉靖三十二年（1553年），杨继盛不畏权贵上疏弹劾权相严嵩"五奸十大罪"，入狱。他在狱中遭受酷刑，仍宁死不屈与贪腐势力作斗争。嘉靖三十四年（1555年）遇害，年仅四十岁。明穆宗即位后，以杨继盛为直谏诸臣之首，追赠太常少卿，谥号"忠愍"，世称"杨忠愍"，尊为北京的"城隍爷"。

　　他曾留下千古名联"铁肩担道义，辣手著文章"和著名的"椒山家训"。

尊经阁记（节选）

（明）王守仁

王守仁（1472年—1528年），汉族，幼名云，字伯安，别号阳明，浙江绍兴府余姚县人。明代著名的思想家、哲学家、书法家兼军事家、教育家。

王守仁（心学集大成者）与孔子（儒学创始人）、孟子（儒学集大成者）、朱熹（理学集大成者）并称为孔、孟、朱、王。王守仁的学说（阳明心学）的直接源头是陈献章与湛若水的"陈湛心学"。明代心学发展的基本历程可以归结为：陈献章开启，湛若水完善，王阳明集大成。王守仁学术思想传至中国、日本、朝鲜半岛以及东南亚。他立德、立言于一身，成就冠绝有明一代。其弟子极众，世称姚江学派。其文章博大昌达，行墨间有俊爽之气，著有《王文成公全书》。

经[1]，常道[2]也。其在于天，谓之命[3]；其赋于人，谓之性[4]；其主于身，谓之心[5]。心也，性也，命也，一[6]也。通人物[7]，达四海[8]，塞天地[9]，亘古今[10]，无有乎弗具，无有乎弗同，无有乎或变者也，是常道也[11]。其应乎感也[12]，则为恻隐，为羞恶，为辞让，为是非；其见于事也[13]，则为父子之亲，为君臣之义，为夫妇之别，为长幼之序，为朋友之信。是恻隐也，羞恶也，辞让也，是非也；是亲也，义也，序也，别也，信也，一也。皆所谓心也，性也，命也。通人物，达四海，塞天地，亘古今，无有乎弗具，无有乎弗同，无有乎或变者也，是常道也。

……

盖昔者圣人之扶[14]人极[15]，忧后世[16]，而述六经[17]也，犹之富家者支父祖，虑其产业库藏之积，其子孙者，或至于遗忘散失，卒[18]困穷[19]而无以自全[20]也，而记籍[21]其家之所有以贻[22]之，使之世守其产业库藏之积而享用焉，以免于困穷之患。故六经者，吾心之记籍也，而六经之实，则具于吾心。犹之产业库藏之实积，种种色色[23]，具存于其家，其记籍者，特[24]名状[25]数目而已。而世之学者，不知求六经之实于吾心，而徒考索[26]于影响[27]之间，牵制[28]于文义之末[29]，硁硁然[30]以为是六经矣。是犹[31]富家之子孙，不务[32]守视[33]享用其产业库藏之实积，日遗忘散失，至为窭人[34]丐夫[35]，而犹嚣嚣然指其记籍曰："斯吾产业库藏之积也！"何以异于是？

呜呼！六经之学，其不明于世，非一朝一夕之故矣。尚功利，崇邪说，是谓乱经[36]；习[37]训诂[38]，传[39]记诵[40]，没溺[41]于浅闻小见[42]，以涂[43]天下之耳目，是谓侮经；侈淫辞[44]，竞诡辩[45]，饰[46]奸心盗行[47]，逐世[48]垄断[49]，而犹自以为通经，是谓贼经[50]。若是者，是并其所谓记籍者，而割裂弃毁之矣，宁[51]复之所以为尊经也乎？

越城[52]旧有稽山[53]书院[54]，在卧龙[55]西冈，荒废久矣。郡守[56]渭南南君大吉[57]，既敷政[58]于民，则慨然[59]悼[60]末学[61]之支离[62]，将进之以圣贤之道，于是使山阴[63]令吴君瀛拓[64]书院而一新[65]之，又为[66]尊经阁于其后，曰："经正则庶民兴；庶民兴，斯无邪慝[67]矣。"阁成，请予一言，以谂[68]多士[69]，予既不获辞[70]，则为记之若是。呜呼！世之学者，得吾说而求诸[71]其心焉，其亦庶乎[72]知所以为尊经也矣。

【注释】

[1]　经：对儒家典范著作的尊称。

[2]　常道：指常行的义理和法则。

[3]　命：天命。朱熹言："物所受为性，天所赋为命。"

[4]　性：人的本性。

[5]　心：通称思想和意念。

[6]　一：统一。此句谓这三者是统一的。

[7]　通人物：适用于各种人物。

[8]　达四海：畅游天下。

[9]　塞天地：充满天地之间。

[10]　亘古今：贯穿古今。

[11]　"无有乎弗具"四句：没有不具备的，没有不相同的，没有任何改变的，这就是常道。

[12]　其应乎感也：它反应在情感上。

[13]　其见于事也：它表现在事情上。见，即"现"。

[14]　扶：匡扶，扶正。

[15]　人极：即纲纪，指社会的准则。

[16]　忧后世：犹为后人着想。

[17]　述六经：对六经进行阐述释解。

[18]　卒：最终。

[19]　困穷：艰难窘迫。

[20]　自全：保全自己。

[21]　记籍：造册登记。

[22]　贻：遗留。

[23]　种种色色：各种各样。

[24]　特：仅仅，只不过。

[25]　名状：名称及形状。

[26]　考索：研求探索。

[27]　影：影子。响：回声。影响谓空泛无据的传述。

[28]　牵制：犹拘泥束缚。

[29]　文义之末：指文章中非根本的、次要的义理或内容。

[30] 硁硁(kēng)然：形容固执浅薄。

[31] 犹：犹如，好像。

[32] 务：致力于。

[33] 守视：看护守卫。

[34] 窭(jù)人：穷苦之人。

[35] 丐夫：讨饭的人。

[36] "尚功利"三句：崇尚功名利禄，信奉荒谬有害的言论，这就是淆乱经义。

[37] 习：反复学习。

[38] 训诂：此指对古书字句所作的解释。

[39] 传：传授。

[40] 记诵：默记背诵。古人认为"以明六经大法之归"为上，记诵其次也，故言。

[41] 没溺：沉迷。

[42] 浅闻小见：浅薄的见解。

[43] 涂：堵塞，蒙蔽。

[44] 侈淫词：张扬邪僻荒诞的言论。

[45] 竞诡辨：辨，通"辩"。意为貌似正确而实际上颠倒是非的言论争辩。

[46] 饰：粉饰，伪装。

[47] 奸心盗行：作恶之心与行为。

[48] 逐世：近世，近来。

[49] 垄断：把持。

[50] 贼经：损害、败坏经典。

[51] 宁：副词，用于反问句中，可译为"难道"。

[52] 越城：即今之绍兴，因为古越国之都而得名。

[53] 稽山：会稽山的简称。

[54] 书院：宋至清代私人或官府设立的供人读书、讲学的处所，有专人主持。清光绪二十七年后废此名。

[55] 卧龙：山名，位于浙江绍兴，越大夫文种葬于此，故又名种山。

[56] 郡守：此袭用旧称，称知府为郡守。

[57] 南君大吉：南大吉，字元善，渭南(今陕西渭南市)人，正德进士，官绍兴知府。

[58] 敷政：施行教化。

[59] 慨然：感慨貌。

[60] 悼：伤感。

[61] 末学：犹后学。

[62] 支离：流离、流落他处。

[63] 山阴：旧县名，秦置，因位于会稽山之北而得名，今为浙江绍兴市辖区。

[64] 拓：扩大。

[65] 一新：全部装饰如新建的一样。

［66］　为：此处犹建立、建造。

［67］　邪慝(tè)：意同邪恶，指行为不正而又凶恶的人。

［68］　谂(shěn)：规谏，劝告。

［69］　多士：众多的贤士。

［70］　不获辞：推辞没有获准，无法拒绝。

［71］　诸：之于的合音词。

［72］　庶乎：犹言"庶几乎"，差不多。

【导读】

　　《尊经阁记》是明代哲学家王守仁创作的一篇散文。这篇文章的着眼点不是"阁"而是"尊经"，所以文章的重点并未放在其阁之规模、样式及内部结构上，而是阐述儒家经典的作用和意义，抨击不能正确对待儒家经典的现象，从理论上说明了"尊经"的重要性。这充分表现了王守仁看问题的深度、角度与一般文人的不同。

　　全文的主旨是号召人们尊崇儒家六经。在论述中，作者将自己"天下无心外之物"（《传习录》）的哲学观点应用在学习、尊崇儒家的经典上。让人们以儒经为本，反求内心，加强个人的内心修养。不过作者只注重内心的省察却忽视了客观世界对人思想的影响，因此论述也只能是主观唯心主义的盲目空谈，有很大的局限性。但是作者在论述中，强调了从自己内心探求六经的实质，否定了在学习六经时只重视字句的考证、探索，毫无根据地猜测和崇尚邪说的做法，认为这样做只是舍本求末，是"乱经""侮经""贼经"。这种论述对当时盛行的、死守教条的程朱理学有一定的冲击作用，对打破传统、解放思想也有一定的作用。

思考练习

1. 儒家的"忠恕之道"对我们当下社会文化建设有什么借鉴意义？

2. 庄子"解衣般礴"的故事体现了一种怎样的处世态度？

3. 本章所选《战国策》二则里运用了哪些辩说技巧？

4. 结合本章举例说明《史记》是如何塑造生动人物形象的。

5. 党的二十大报告指出："增强中华文明传播力影响力。坚守中华文化立场，提炼展示中华文明的精神标识和文化精髓，加快构建中国话语和中国叙事体系，讲好中国故事、传播好中国声音，展现可信、可爱、可敬的中国形象""加强国际传播能力建设，全面提升国际传播效能，形成同我国综合国力和国际地位相匹配的国际话语权；深化文明交流互鉴，推动中华文化更好走向世界。"

　　通过对本部分内容的学习，请思考：如果要向外国友人介绍中国历史上一位有代表性的人物，你会选择谁？你会从哪几个方面进行介绍？

拓展阅读

1. 司马迁：《史记》(北京联合出版公司，2016 年)。

2. 董楚平：《楚辞译注》(上海古籍出版社，2016 年)。

3. 杨伯峻：《论语译注》(中华书局，2017 年)。

4. 杨伯峻：《孟子译注》(中华书局，2018 年)。

5. 邓景异：《老子注释》(北京大学出版社，2021 年)。

6. 陈鼓应：《庄子今注今译》(人民文学出版社，2021 年)。

7. 黄建军：《荀子译注》(商务印书馆，2015 年)。

8. 杨华：《左传译注》(商务印书馆，2015 年)。

9. 王志刚：《战国策译注》(商务印书馆，2015 年)。

10. 王双印：《汉书译注》(商务印书馆，2015 年)。

11. 王宁：《后汉书》(商务印书馆，2019 年)。

第二章　经典的魅力

《诗经》二首

　　《诗经》是我国第一部诗歌总集，共收录诗歌305篇，在先秦时期被称为《诗》或《诗三百》，西汉时被尊为儒家经典，始称《诗经》。《诗经》的作者大部分无法考证，一般认为经过了孔子的编订。《诗经》反映了我国西周初期至春秋中叶约500余年间的社会面貌。

　　《诗经》在内容上分为"风""雅""颂"三个部分。"风"是各地民谣，包括15国风，共160篇；"雅"是周人的正声雅乐，分为"小雅"和"大雅"，多为贵族、士大夫作品，共105篇；"颂"是周王庭和贵族宗庙祭祀的乐歌，分为"周颂""鲁颂"和"商颂"，共40篇。

　　《诗经》题材广泛，内容丰富，反映了劳动与爱情、战争与徭役、压迫与反抗、风俗与婚姻、祭祖与宴会等方方面面，称得上是周代社会生活的一面镜子。艺术上多用赋、比、兴的表现手法；句式以四言为主，亦富于变化；章法上多重章叠句，反复咏叹；语言质朴优美，韵律和谐明快。《诗经》开创了我国现实主义文学传统，对后世文学产生了广泛而深远的影响。

木瓜

《诗经·卫风》

投我以木瓜，报之以琼琚[1]。匪报也，永以为好也！
投我以木桃，报之以琼瑶[2]。匪报也，永以为好也！
投我以木李，报之以琼玖[3]。匪报也，永以为好也！

【注释】

[1]　琼琚（jū）：美玉。琼是一种赤色的玉；琚是一种佩玉。

[2]　瑶：美玉。或说是一种似玉的美石。

[3]　玖（jiǔ）：浅黑色的玉石。

【导读】

　　这首诗是爱情诗还是朋友赠诗一直有争论，现代人一般认为是一首爱情诗，内容写男女相爱，互相赠答。

　　这首诗写互赠礼物，但与"投桃报李"不同，回赠的东西比受赠的东西价值要大得多，这体现了人与人之间的一种高尚情感。这种情感不以物品价值的高低来衡量，所以说"匪报也"，而是注重两人间的心心相印与精神契合，表现出对情意的珍视。

<h1 style="text-align:center">风雨</h1>
《诗经·郑风》

风雨凄凄[1]，鸡鸣喈喈[2]。既见君子[3]，云胡不夷[4]。
风雨潇潇[5]，鸡鸣胶胶[6]。既见君子，云胡不瘳[7]。
风雨如晦[8]，鸡鸣不已。既见君子，云胡不喜。

【注释】

[1]　凄凄：寒凉。
[2]　喈（jiē）喈：鸡呼伴的叫声。
[3]　既：已经。
[4]　云：语助词。胡：何，怎么，为什么。夷：平，指心情从焦虑到平静。
[5]　潇潇：形容风急雨骤。
[6]　胶胶：或作嘐（jiāo）嘐，鸡呼伴的叫声。
[7]　瘳（chōu）：病愈，此指愁思萦怀的心病消除。
[8]　晦（huì）：昏暗。

【导读】

　　现代学者一般认为这是写一位女子与久别的丈夫（或情人）重逢的诗。全诗三章，每章十二字。此诗采用重章叠句的形式，反复吟咏，造成一唱三叹的效果，使达情更为充分，诗味更为深长。在一个"风雨如晦，鸡鸣不已"的早晨，这位苦苦怀人的女子，"既见君子"之时，那种喜出望外之情，真可谓溢于言表。难以形容，唯一唱三叹而长歌之。

越人歌

（先秦）佚名

　　《越人歌》和楚国的其他民间诗歌一起成为《楚辞》的艺术源头，该诗是由越语译成楚语的，所以是中国最早的翻译作品，体现了不同民族人民和谐共处的状况，表达了跨越阶级的爱情。其古越语发音在汉代刘向《说苑》中有记载。

今夕何夕兮，搴[1]舟中流。

今日何日兮，得与王子同舟。

蒙羞被好兮，不訾诟耻[2]。

心几[3]烦而不绝兮，得知王子[4]。

山有木兮木有枝，心说[5]君兮君不知。

【注释】

[1]　搴（qiān）：拔。搴舟，犹言荡舟。

[2]　被（pī）：同"披"，覆盖。訾（zǐ）：说坏话。诟（gòu）耻：耻辱。

[3]　几（jī）：同"机"。

[4]　王子：此处指公子黑肱（？—前529年），字子皙，春秋时期楚国的王子，父亲楚共王。

[5]　说：同"悦"，喜欢。

【导读】

　　楚国王子子皙初至封地鄂时，举行舟游。榜枻越人则以认识新来的领主并为之效劳为荣。在盛会上，越人歌手对鄂君拥楫而歌。一位懂得楚语的越人给子皙翻译，子皙被这真诚的歌声所感动，按照楚人的礼节，双手扶了扶越人的双肩，又庄重地把一幅绣满美丽花纹的绸缎被面披在他身上。

上邪

（汉）佚名

《上邪》是汉代的一首乐府民歌。这是一首情歌，是女主人公忠贞爱情的自誓之词。

上邪[1]！我欲与君相知[2]，长命无绝衰[3]。
山无陵[4]，江水为竭，冬雷震震[5]，夏雨[6]雪，天地合[7]，乃敢[8]与君绝。

【注释】

[1]　上邪（yé）：天啊。上：指天。邪：语气助词，表示感叹。
[2]　相知：相爱。
[3]　命：古与"令"字通，使。衰（cuī）：衰减、断绝。
[4]　陵（líng）：山峰、山头。
[5]　震震：形容雷声。
[6]　雨（yù）雪：降雪。雨，名词活用作动词。
[7]　天地合：天与地合二为一。
[8]　乃敢：才敢，"敢"字是委婉的用语。

【导读】

　　《上邪》是一首民间情歌，是一首感情强烈、气势奔放的爱情诗。诗中女子为了表达她对情人忠贞不渝的感情，指天发誓，指地为证，要永远和情人相亲相爱。此诗自"山无陵"起一连列举出五件不可能的事情来表明自己生死不渝的爱情，充满了磐石般坚定的信念和火焰般炽热的激情。全诗准确地表达了热恋中人特有的绝对化心理，新颖泼辣，气势豪放，感人肺腑，被誉为"短章中神品"。

古诗十九首(二首)

（东汉）佚名

　　《古诗十九首》是汉代文人创作并被南朝萧统选录编入《文选》的十九首诗的统称。这十九首诗习惯上以首句为标题，语言朴素自然，描写生动真切，展现了浑然天成的艺术风格，被刘勰称为"五言之冠冕"（《文心雕龙》）。它们的主题不仅包括游子之歌和思妇之辞，表达了游子的羁旅情怀和思妇的闺愁，也反映了当时社会的世态炎凉。例如，《明月何皎皎》通过描绘他乡明月激发了主人公强烈的思乡之情；《行行重行行》以妻子口吻诉说对远行丈夫的思念，表现了妻子的孤凄哀怨和离愁别恨；《明月皎夜光》通过对同门好友行为变化的描写，表现了诗人对世态炎凉和社会变迁的深刻体验。

　　《古诗十九首》是乐府古诗文人化的显著标志，深刻地再现了文人在汉末社会思想大转变时期，追求的幻灭与意志的沉沦、心灵的觉醒与痛苦，抒发了人生最基本、最普遍的几种情感和思绪。《古诗十九首》以其深刻的现实性和艺术价值，成为中国古代文学史上的重要文化遗产。

行行重行行

行行重行行，与君生别离[1]。
相去万余里，各在天一涯[2]。
道路阻且长[3]，会面安可知[4]？
胡马依北风，越鸟巢南枝[5]。
相去日已远，衣带日已缓[6]。
浮云蔽白日[7]，游子不顾反。
思君令人老[8]，岁月忽已晚[9]。
弃捐勿复道，努力加餐饭[10]。

【注释】

　　[1]　生别离：犹言"永别离"。所谓"生别离"，并非指人生一般的别离，而是有别后难以再聚的含义，所以下面说"会面安可知"。生，硬的意思。

　　[2]　涯：边的意思。

　　[3]　阻：指道路上的障碍。长：指道路间的距离很远。

　　[4]　知：一作"期"，义同。

　　[5]　"胡马"两句：用比喻来代替抒情，"胡马""越鸟"尚且如此，难道"游子"就不思念

故乡吗？依，一作"嘶"，依恋的意思。"胡马"产于北地，"越鸟"来自南方。

[6] "相去"两句：上句谓别离之久，下句言思念之深。久别思深，人一天天地瘦下去，衣带自然也就一天天地感到松弛了。远，指时间而言。日，日益，一天又一天，渐渐的意思。

[7] 浮云蔽白日：隐喻丈夫在外另有新欢，象征彼此间情感的障碍。

[8] 思君令人老：这句是承前"衣带日已缓"而说的。老，并不是说年龄，而是指心情的忧伤、形体的消瘦、仪容的憔悴。

[9] 岁月：指眼前的时间。忽已晚：言流转之速，当作"年关将近"理解更合适些。

[10] 弃捐勿复道：意思是不管自己如何申诉相思之苦，所思念的人不会因此而归来，那么说来说去有什么必要呢？"弃"和"捐"同义，犹言丢下。勿复道：不必再说。加餐饭：是当时习用的一种最亲切的安慰人的话。

【导读】

这是一首在东汉末年动荡岁月中的相思离乱之歌。尽管在流传过程中失去了作者的名字，但"情真、景真、事真、意真"（陈绎《诗谱》），读之使人悲感无端，反复低回，为女主人公真挚痛苦的爱情呼唤所感动。

淳朴清新的民歌风格，重叠反复的节奏形式，简单优美的语言，同一相思别离用或显、或寓、或直、或曲、或托物比兴的方法层层深入，正是这首诗具有永恒艺术魅力的原因所在。而首叙初别之情，次叙路远会难，再叙相思之苦，末以宽慰期待作结，离合奇正，表现了转换变化之妙。其不迫不露、句意平远的艺术风格，表现出东方女性热恋时极度思念的心理特点。

迢迢牵牛星

迢迢[1]牵牛星，皎皎河汉女[2]。
纤纤擢[3]素手，札札弄机杼[4]。
终日不成章，泣涕零如雨[5]。
河汉清且浅，相去复几许[6]？
盈盈一水间，脉脉[7]不得语。

【注释】

[1] 迢迢：远也。迢，遥远，或高貌、高峻貌。

[2] 皎皎：明也。河汉：就是银河。女：织女星的简称，天琴座的主星，在银河北，和牵牛星相对。

[3] 擢(zhuó)：本义为抽引、拉拔，这里引申为"举"的意思。

[4] 札札(zhá)：象声词，机织声。机杼：指织布机。杼，织布上的梭子。

[5] 零如雨：形容涕泪纵横的样子。零，落也。

[6] 几许：犹言几何，谓距离之近。

[7]　脉脉：相视貌。一本作"默默"。

【导读】

　　这首诗在艺术特色上为表达天上悲情、人间写照的主题，有许多值得后人借鉴的地方。首先，运用浪漫手法展开丰富的联想。诗用浪漫手法借天上的故事来喻现实生活，抒发了织女的别恨哀怨及向往夫妻团聚的感情。诗的联想也十分丰富，写人、写景、写情、写感，几乎是句句明写织女，而又句句不离牛郎。看似随意而实则匠心独运，"文温以丽，意悲而远"。其次，抒情和写景结合。诗不拘于神话传说的故事，而立足于织女的感情。不仅通过织女怅望牛郎、无心弄机杼、泣泪落如雨、脉脉不得语等场景描写来揭示织女的心情感受，抒发织女的离情别绪，也注意了和景物描写结合起来，通过"皎皎河汉""清且浅""盈盈一水间"等景语的衬托和渲染，来达到抒发情感的目的。全诗似句句在写景，又句句在写情，情语景语融合无间。诗写景自然清秀，抒情委婉含蓄，却又协调一致，浑然一体。再次，诗的语言优美自然、精练工切而又富于韵味。尤其诗中"迢迢""皎皎""纤纤""札札""盈盈""脉脉"叠词，不论是对写景还是对抒情，都十分精练准确，韵味无穷，妙不可言。景新意深，全诗如行云流水，自然流畅，不愧为古五言诗成熟之作。古人在读《古诗十九首》时说："学者当以此等诗常自涵养，自然笔下高妙。"

春江花月夜

（唐）张若虚

　　张若虚（约 647 年—约 730 年），扬州（今江苏扬州）人，初唐诗人。以《春江花月夜》知名，与贺知章、张旭、包融并称为"吴中四士"。他的诗仅存二首，收录于《全唐诗》中，其中，《春江花月夜》是一篇脍炙人口的名作。它沿用陈隋乐府旧题，抒写真挚动人的离情别绪及富有哲理意味的人生感慨，语言清新优美，韵律婉转悠扬，洗去了宫体诗的浓脂艳粉，给人以澄澈空明、清丽自然的感觉，被誉为"孤篇盖全唐"。

　　春江潮水连海平，海上明月共潮生。
　　滟滟[1]随波千万里，何处春江无月明！
　　江流宛转绕芳甸[2]，月照花林皆似霰[3]。
　　空里流霜[4]不觉飞，汀[5]上白沙看不见。
　　江天一色无纤尘[6]，皎皎空中孤月轮[7]。
　　江畔何人初见月？江月何年初照人？
　　人生代代无穷已[8]，江月年年只相似[9]。
　　不知江月待何人，但见[10]长江送流水。
　　白云一片去悠悠[11]，青枫浦上[12]不胜愁。
　　谁家今夜扁舟子[13]？何处相思明月楼[14]？
　　可怜楼上月徘徊[15]，应照离人[16]妆镜台[17]。
　　玉户[18]帘中卷不去，捣衣砧[19]上拂还来。
　　此时相望不相闻[20]，愿逐[21]月华[22]流照君。
　　鸿雁长飞光不度，鱼龙潜跃水成文[23]。
　　昨夜闲潭[24]梦落花，可怜春半不还家。
　　江水流春去欲尽，江潭落月复西斜[25]。
　　斜月沉沉藏海雾，碣石[26]潇湘[27]无限路[28]。
　　不知乘月[29]几人归，落月摇情[30]满江树。

【注释】

[1]　滟（yàn）滟：波光荡漾的样子。

[2]　芳甸（diàn）：芳草丰茂的原野。甸：郊外之地。

[3]　霰（xiàn）：天空中降落的白色不透明的小冰粒。形容月光下春花晶莹洁白。

[4]　流霜：飞霜，古人以为霜和雪一样，是从空中落下来的，所以叫流霜。在这里比

喻月光皎洁，月色朦胧、流荡，所以不觉得有霜霰飞扬。

[5]　汀(tīng)：水边平地，小洲。

[6]　纤尘：微细的灰尘。

[7]　月轮：指月亮，因为月圆时像车轮，所以称为月轮。

[8]　穷已：穷尽。

[9]　江月年年只相似：另一种版本为"江月年年望相似"。

[10]　但见：只见、仅见。

[11]　悠悠：渺茫、深远。

[12]　青枫浦：地名，今湖南浏阳县境内有青枫浦。这里泛指游子所在的地方。浦上：水边。

[13]　扁舟子：飘荡江湖的游子。扁舟：小舟。

[14]　明月楼：月夜下的闺楼。这里指闺中思妇。

[15]　月徘徊：指月光偏照闺楼，徘徊不去，令人不胜其相思之苦。

[16]　离人：此处指思妇。

[17]　妆镜台：梳妆台。

[18]　玉户：形容楼阁华丽，以玉石镶嵌。

[19]　捣衣砧(zhēn)：捣衣石、捶布石。

[20]　相闻：互通音信。

[21]　逐：追随。

[22]　月华：月光。

[23]　文：通"纹"。

[24]　闲潭：幽静的水潭。

[25]　复西斜：此中"斜"应为押韵读作"xiá"（当时的洛阳方言是标准国语，斜在洛阳方言中就读作 xiá）。

[26]　碣(jié)石：与"潇湘"一南一北，暗指路途遥远，相聚无望。

[27]　潇湘：湘江与潇水。

[28]　无限路：极言离人相距之远。

[29]　乘月：趁着月光。

[30]　摇情：激荡情思，犹言牵情。

【导读】

　　《春江花月夜》运用富有生活气息的清丽之笔，以月为主体，以江为场景，描绘了一幅幽美邈远、惝恍迷离的春江月夜图，抒写了游子思妇真挚动人的离情别绪以及富有哲理意味的人生感慨，表现了一种迥绝的宇宙意识，营造了一个深沉、寥廓、宁静的境界。

　　此诗题目以春、江、花、月、夜这五种事物集中体现了人生最动人的良辰美景，构成了诱人探寻的奇妙的艺术境界。整首诗由景、情、理依次展开，第一部分写了春江的美景，第二部分写了面对江月由此产生的感慨，第三部分写了人间思妇游子的离愁别绪。

　　全诗紧扣春、江、花、月、夜的背景来写，而又以月为主体。"月"是诗中情景兼融之物，它跳动着诗人的脉搏，在全诗中犹如一条生命纽带，通贯上下，诗情随着月轮的升落而起伏曲折。月在一夜之间经历了升起—高悬—西斜—落下的过程。在月的照耀下，江水、沙滩、天空、原野、枫树、花林、飞霜、白沙、扁舟、高楼、镜台、砧石、长飞的鸿雁、潜跃的鱼龙、不眠的思妇以及漂泊的游子，组成了完整的诗歌形象，展现出一幅充满人生哲理与生活情趣的画卷。

　　《春江花月夜》的章法结构，以整齐为基调，以错杂显变化。诗的韵律节奏也饶有特色。全诗共三十六句，四句一换韵，共换九韵。全诗随着韵脚的转换变化、平仄的交错运用，一唱三叹，前呼后应，既回环反复，又层出不穷，音乐节奏感强烈而优美。这种语音与韵味的变化，又是切合着诗情的起伏，可谓声情与文情丝丝入扣，婉转谐美。在句式上，大量使用排比句、对偶句和流水对，起承转合皆妙，文章气韵无穷。

登科[1]后

（唐）孟郊

孟郊(751年—814年)，字东野，湖州武康人(一说洛阳人)，唐代著名诗人。孟郊两试进士不第，四十六岁时才中进士，曾任溧阳县尉。由于不能施展他的抱负，遂放迹林泉间，徘徊赋诗。以致公务多废，县令乃以假尉代之。后因河南尹郑余庆之荐，任职河南，晚年生活多在洛阳度过。唐宪宗元和九年，郑余庆再度招他往兴元府任参军，乃偕妻往赴，行至阌乡县(今河南灵宝)，暴疾而卒，葬洛阳东。张籍私谥为"贞曜先生"。孟郊工诗，因其诗作多写世态炎凉，民间苦难，故有"诗囚"之称，与贾岛并称"郊寒岛瘦"。孟诗现存500多首，以短篇五古最多，今传本《孟东野诗集》10卷。

昔日龌龊不足夸[2]，今朝放荡思无涯[3]。
春风得意马蹄疾[4]，一日看尽长安花。

【注释】

[1]　登科：唐朝实行科举考试制度，考中进士称及第，经吏部复试取中后授予官职称登科。

[2]　龌龊(wò chuò)：原意是肮脏，这里指不如意的处境。不足夸：不值得提起。

[3]　放荡(dàng)：自由自在，不受约束。思无涯：兴致高涨。

[4]　得意：指考取功名，称心如意。疾：飞快。

【导读】

《登科后》是唐代诗人孟郊于贞元十二年(796年)进士及第时所作的一首七绝。此诗前两句将作者过去失意落魄的处境和现今考取功名的得意情境进行对比，表现今朝跃入新天地时的思绪沸腾；后两句说他在春风里洋洋得意地跨马疾驰，一天就看完了长安的似锦繁花，表现出极度欢快的心情。全诗节奏轻快，一气呵成，在"思苦奇涩"的孟诗中别具一格。

三、四句的诗歌形象之脍炙人口，除了它酣畅淋漓地抒发了一时间的欢快情绪外，也是与它同时具有的象征意味分不开的。所谓"春风"，既是自然界的春风，也是诗人感到的可以大有作为的适宜的政治气候的象征。所谓"得意"，既有考中进士以后的洋洋自得，也有得遂平生所愿，进而展望前程的踌躇满志。因而诗歌所展示的艺术形象，就不仅仅限于考中进士以后在春风骀荡中策马疾驰于长安道上的孟郊本人，而且也是时来运转、长驱在理想道路上的具有普遍意义的艺术形象了。

李白诗二首

李白(701年—762年)，字太白，号青莲居士，又号"谪仙人"，是唐代伟大的浪漫主义诗人，被后人誉为"诗仙"，与杜甫并称为"李杜"。李白其人爽朗大方，爱饮酒作诗，喜交友。李白深受黄老列庄思想影响，有《李太白集》传世，诗作多以醉时写得，代表作有《望庐山瀑布》《行路难》《蜀道难》《将进酒》《梁甫吟》《早发白帝城》等。

月下独酌

花间一壶酒，独酌无相亲。
举杯邀明月，对影成三人。
月既不解饮，影徒随我身。
暂伴月将影[1]，行乐须及春。
我歌月徘徊，我舞影零乱。
醒时相交欢，醉后各分散。
永结无情游[2]，相期[3]邈[4]云汉[5]。

【注释】

[1]　月将影：月与影。
[2]　无情游：指月亮与影子不通人情，却可以和士人结伴游乐。
[3]　相期：相互期望。
[4]　邈(miǎo)：遥远。
[5]　云汉：天河，此处指天上仙境。

【导读】

《月下独酌》共四首，这是第一首，约作于唐玄宗天宝三载(744年)春。这时李白供奉翰林，遭受谗谤，故月下独酌以排遣忧闷。作者将明月拟人化而与之"交欢"，世无知者之意见于言外。"举杯邀明月，对影成三人"是历代传诵的名句。沈德潜《唐诗别裁集》云："脱口而出，纯乎天籁。"

侠客行[1]

赵客缦胡缨[2]，吴钩霜雪明[3]。银鞍照白马，飒沓[4]如流星。

十步杀一人，千里不留行。事了拂衣去，深藏身与名。

闲过信陵[5]饮，脱剑膝前横。将炙啖朱亥，持觞劝侯嬴[6]。

三杯吐然诺，五岳倒为轻[7]。眼花耳热后，意气素霓[8]生。

救赵挥金槌，邯郸先震惊。千秋二壮士，烜赫大梁城[9]。

纵死侠骨香，不惭世上英。谁能书阁下，白首太玄经[10]。

【注释】

[1]　这是一首描写和歌颂侠客的古体五言诗。"行"在这里不是行走的行，而是歌行体的行，"侠客行"就是"侠客的歌"。

[2]　赵客：燕赵之地的侠客。自古燕赵多慷慨悲歌之士。《庄子·说剑》中有"昔赵文王好剑，剑士夹门而客三千余人。"缦：没有花纹。胡：古时对北方少数民族的通称。缨：系冠帽的带子。缦胡缨，即少数民族做工粗糙的没有花纹的带子。这句写侠客的冠带。

[3]　吴钩：宝刀名。霜雪明，谓宝刀的锋刃像霜雪一样明亮。

[4]　飒沓：群飞的样子，形容马跑得快。

[5]　信陵：信陵君，战国四公子之一，为人礼贤下士，门下食客三千余人。

[6]　朱亥、侯嬴：都是信陵君的门客。朱本是一屠夫，侯原是魏国都城大梁东门门官，两人都受到信陵君的礼遇，都为信陵君所用。炙：烤肉。啖：吃。啖朱亥：让朱亥来吃。

[7]　"三杯"两句：几杯酒下肚就作出了承诺，并且把承诺看得比五岳还重。

[8]　素霓：白虹。古人认为，凡要出现不寻常的大事，就会有不寻常的天象出现，如"白虹贯日"。

[9]　烜赫：形容声名盛大。大梁城：魏国都城，今河南开封。

[10]　太玄经：西汉扬雄的一部哲学著作。扬雄曾在皇帝藏书的天禄阁任校刊工作。

【导读】

　　李白此诗约作于公元 744 年(唐玄宗天宝三载)游齐州时。唐代游侠之风盛行，这与唐代西域交通发达、全国经济日益繁荣、城市商业兴旺的时代背景有关。李白少年时代，颇受关陇文化风习的影响，因此，他自幼勤苦读书，"观百家"外，"十五好剑术"(《与韩荆州书》)"高冠佩雄剑"(《忆襄阳旧游赠马少府巨》)，甚至，他一生都不离剑，"抚剑夜吟啸，雄心日千里"(《赠张相镐》其二)，"长剑一杯酒，男儿方寸心"(《赠崔侍御》)，堪称"文武不殊途"，集于李白一身了。在事业心和抱负的驱使下，尚任侠的少年都企求干一番豪纵、快意的事，得到社会上的普遍赞誉。李白这首《侠客行》就是在以任侠意识为尚的背景之下创作的。这首诗抒发了他对侠客的倾慕，对拯危济难、用世立功生活的向往。

杜甫诗二首

　　杜甫(712年—770年)，字子美，自号少陵野老，唐代伟大的现实主义诗人，与李白合称"李杜"。原籍湖北襄阳，后徙河南巩县。唐玄宗天宝十四载(755年)，安史之乱爆发，潼关失守，杜甫先后辗转多地。唐肃宗乾元二年(759年)杜甫弃官入川，虽然躲避了战乱，生活相对安定，但仍然心系苍生，胸怀国事，创作了《登高》《春望》《北征》《三吏》《三别》等作品。虽然杜甫是个现实主义诗人，但他也有狂放不羁的一面，从其名作《饮中八仙歌》不难看出杜甫的豪气干云。

　　杜甫的思想核心是儒家的仁政思想，他有"致君尧舜上，再使风俗淳"的宏伟抱负。杜甫虽然在世时名声并不显赫，但后来声名远播，对中国文学和日本文学都产生了深远的影响。杜甫共有约1500首诗歌留存了下来，大多收于《杜工部集》。杜甫在中国古典诗歌中的影响非常深远，被后人称为"诗圣"，他的诗被称为"诗史"。后世称其杜拾遗、杜工部，也称他杜少陵、杜草堂。

房兵曹胡马

胡马大宛[1]名，锋棱瘦骨[2]成。
竹批[3]双耳峻，风入[4]四蹄轻。
所向无空阔[5]，真堪托死生[6]。
骁腾[7]有如此，万里可横行。

【注释】

[1]　大宛(dà yuān)：汉代西域国名。大宛产良马，尤以汗血马最著名。

[2]　锋棱瘦骨：马瘦而有神，不像凡马空有肥肉。

[3]　竹批：即竹削，形容马耳如斜削的竹筒。古人以两耳尖锐为良马的特征。后魏贾思勰《齐民要术》卷六："(马)耳欲得小而促，状如斩竹筒。"

[4]　风入四蹄轻：形容快马奔驰时，四蹄起风。

[5]　无空阔：在此马前面，没有什么空阔地带，极言迅捷无比。

[6]　托死生：指此马能使人脱险，可以托付生命。

[7]　骁：骁勇。腾：腾跃。骁腾：形容马的奔跑速度飞快。

【导读】

　　这首诗作于唐玄宗开元二十八年(740年)至二十九年(741年)间。兵曹是"兵曹参军"的省称，房兵曹生平未详。胡马，西北少数民族地区所产的马。杜甫诗集中咏马诗多达十一首，这是其中的传诵名篇之一。以写生笔墨，活画出骏马英姿，而作者的品德、胸襟、抱负即寓于其中。

自京赴奉先[1]县咏怀五百字

杜陵有布衣[2]，老大意转拙[3]。许身一何愚！窃比稷与契[4]。

居然成濩落[5]，白首甘契阔[6]。盖棺事则已[7]，此志常觊豁[8]。

穷年忧黎元[9]，叹息肠内热。取笑同学翁，浩歌弥[10]激烈。

非无江海志[11]，潇洒[12]送日月。生逢尧舜[13]君，不忍便永诀[14]。

当今廊庙具[15]，构厦[16]岂云缺？葵藿[17]倾太阳，物性固莫夺[18]。

顾惟蝼蚁辈[19]，但自求其穴。胡为慕大鲸[20]，辄拟偃溟渤[21]？

以兹悟生理[22]，独耻事干谒[23]。兀兀[24]遂至今，忍为尘埃没？

终愧巢与由[25]，未能易其节[26]。沉饮聊自遣[27]，放歌破愁绝[28]。

岁暮百草零，疾风高冈裂。天衢阴峥嵘[29]，客子中夜[30]发。

霜严衣带断，指直不得结。凌晨过骊山[31]，御榻在嵽嵲[32]。

蚩尤塞[33]寒空，蹴[34]踏崖谷滑。瑶池气郁律，羽林相摩戛[35]。

君臣留欢娱，乐动殷胶葛[36]。赐浴皆长缨[37]，与宴非短褐[38]。

彤庭所分帛[39]，本自寒女出。鞭挞其夫家，聚敛贡城阙[40]！

圣人筐篚恩[41]，实欲邦国活[42]。臣如忽至理[43]，君岂弃此物？

多士盈朝廷，仁者宜战栗[44]！况闻内金盘[45]，尽在卫霍[46]室。

中堂舞神仙[47]，烟雾蒙玉质[48]。暖客貂鼠裘，悲管逐清瑟[49]。

劝客驼蹄羹，霜橙压香橘。朱门酒肉臭，路有冻死骨。

荣枯咫尺[50]异，惆怅难再述！北辕就泾渭[51]，官渡又改辙[52]。

群冰从西下，极目[53]高崒兀[54]。疑是崆峒[55]来，恐触天柱[56]折。

河梁幸未坼[57]，枝撑声窸窣[58]。行旅相攀援[59]，川广不可越。

老妻寄异县[60]，十口隔风雪。谁能久不顾？庶[61]往共饥渴。

入门闻号咷，幼子饿已卒！吾宁[62]舍一哀，里巷[63]亦呜咽。

所愧为人父，无食致夭折。岂知秋禾登，贫窭有仓卒[64]。

生常免租税，名不隶[65]征伐。抚迹犹酸辛，平人固骚屑[66]。

默思失业徒[67]，因念远戍卒[68]。忧端齐终南[69]，澒洞不可掇[70]。

【注释】

[1]　京：指唐朝的京城长安。奉先：今陕西蒲城。

[2]　杜陵：汉宣帝陵墓。杜甫远祖杜预是京兆杜陵人，故杜甫自称"杜陵布衣"。布衣：平民百姓。

[3]　拙：迂腐。

[4]　许身：私自期望。窃：私自。稷与契：辅佐舜的两位贤臣。

[5]　居然：果然。濩落(huò luò)：即瓠落，语出《庄子·逍遥游》，大而无当的意思。

[6]　契阔：辛苦。

[7]　盖棺：指死。事则已：事情就算完了。

[8]　觊：希望。豁：达到。

[9]　穷年：一年到头。黎元：百姓。

[10]　浩歌：高歌。弥：越发。

[11]　江海志：隐逸的愿望。

[12]　潇洒：自由自在。

[13]　尧舜：古时的两个贤君，这里指唐玄宗。

[14]　永诀：长别。

[15]　廊庙：庙堂，指朝廷。具：才具。

[16]　构厦：建造大房子。

[17]　葵：又名卫足葵，其叶向阳。藿(huò)：豆叶。

[18]　夺：强使改变。

[19]　顾：转折词。惟：想到。蝼蚁辈：比喻目光短浅的人。

[20]　胡为：为什么要。大鲸：比喻有远大理想的人。

[21]　辄：每每。拟：想要。偃：栖息。溟渤：大海。

[22]　兹：此。悟生理：明白生活的真理。

[23]　事：从事。干谒(yè)：奔走权门，营求富贵。

[24]　兀兀：苦辛的样子。

[25]　巢与由：巢父和许由，尧时的两个隐士。

[26]　易其节：改变节操。

[27]　沉饮：喝醉酒。聊：姑且。自遣：自己排遣愁闷。

[28]　放歌：高歌。破：这里作排遣解。愁绝：高度的愁苦。

[29]　天衢(qú)：天空。峥嵘：高峻貌。这里借指寒气逼人。

[30]　客子：作者自指。中夜：半夜。

[31]　骊山：在长安东，今陕西临潼境内。

[32]　御榻：皇帝的坐榻。嵽嵲(dié niè)：形容山高，这里指骊山。

[33]　蚩尤：这里借指大雾。传说蚩尤与黄帝交战，蚩尤作大雾。塞：充满。

[34]　蹴(cù)：踩。

[35]　瑶池：传说中西王母宴客的地方，这里借指骊山华清宫中的温泉。气郁律：热气蒸腾的样子。羽林：羽林军，皇帝的卫队。摩戛(mó jiá)：兵器互相撞碰。

[36]　殷：声音洪大。胶葛：广大貌。这里指乐器在广大空间震荡。

[37]　长缨：长帽带，贵人的服饰。

[38]　短褐：粗布短衣，贫贱者的衣服。

[39]　彤庭：朝廷。彤：红色。宫殿的庭柱都用朱红色油漆，故称"彤庭"。帛：一种丝织品。

[40]　聚敛：搜刮。贡：献。城阙：指京城。

[41]　圣人：对皇帝的敬称。筐篚（kuāng fěi）：两种竹制的器皿。筐篚恩：指皇帝用筐篚盛物赏赐大臣。

[42]　邦国：国家。活：治理好。

[43]　至理：重要的道理。

[44]　"仁者"句：谓有仁爱之心的朝臣，看到这种情况应有所震动。

[45]　内：内府，皇帝藏财物的府库。金盘：珍贵器皿。

[46]　卫、霍：汉武帝时的贵戚，这里借指杨国忠等人。

[47]　神仙：指舞女。

[48]　烟雾：指轻而薄的纱罗衣裳。蒙：披覆。玉质：洁白的身体。

[49]　"悲管"句：指管乐和弦乐协奏。逐：伴随。

[50]　荣：荣华。枯：憔悴。咫尺：古代八寸叫"咫"，这里比喻近。

[51]　北辕：车向北行。泾、渭：二水名，在临潼汇合。

[52]　官渡：官府设立的渡口。改辙：改了道。

[53]　极目：放眼望去。

[54]　崒兀（zú wù）：高峻的样子。

[55]　崆峒（kōng tóng）：山名，在今甘肃省岷县。

[56]　天柱：出自《淮南子·天文训》："昔者共工与颛顼争为帝，怒而触不周之山，天柱折，地维绝。"

[57]　河梁：河上的小桥。坼（chè）：冲毁。

[58]　枝撑：桥柱。窸窣（xī sū）：桥梁摇晃的声音。

[59]　行旅：行路人。相攀援：互相牵引援助。

[60]　寄异县：指客居奉先县。

[61]　庶：希望。

[62]　宁：岂。

[63]　里巷：邻居们。

[64]　窭（jù）：贫穷。仓卒：发生意外。

[65]　隶：属。

[66]　抚迹：追忆往事。骚屑：不得安宁。

[67]　失业徒：丧失了产业的人。

[68]　远戍卒：远守边防的战士。

[69]　忧端：愁绪。终南：山名，在今陕西西安市南。

[70]　溟洞（hòng dòng）：广大无边。掇（duō）：收拾。

【导读】

　　唐玄宗天宝五载(746年)，杜甫怀抱"致君尧舜上，再使风俗淳"的理想来到长安，渴望"立登要路津"。但事与愿违，他屡受挫折，连生活也难以维持，"朝叩富儿门，暮随肥马尘。残杯与冷炙，到处潜悲辛"。十载长安生活，诗人亲身体验并广泛接触了下层人民的苦难，洞察了"朱门务倾夺，赤族迭罹殃"的社会矛盾，在天宝十四载(755年)十一月赴奉先县看望寄居在那里的妻子时，写出了这篇划时代的杰作。诗歌先从"咏怀"入手，"穷年忧黎元，叹息肠内热"，诗人把个人的不幸、人民的苦难和统治者的腐朽、唐王朝的危机联系了起来。接着写"纪行"：先写唐明皇及其权臣、贵戚、宠妃在华清宫的骄奢荒淫生活，再写"路有冻死骨"及到家后幼子已饿死的惨象。在鲜明的前后对照之后，诗人深感唐王朝岌岌可危，悲愤之情不可抑止，全诗以"忧端齐终南，澒洞不可掇"结束。

边塞诗三首

燕歌行[1]·并序
（唐）高适

　　高适（704年—765年），字达夫，一字仲武，渤海蓚（今河北景县）人，后迁居宋州宋城（今河南商丘睢阳）。安东都护高侃之孙，唐代大臣、诗人。曾任刑部侍郎、散骑常侍，封渤海县侯，世称高常侍。于唐代宗永泰元年正月病逝，卒赠礼部尚书，谥号"忠"。作为著名边塞诗人，高适与岑参并称"高岑"，与岑参、王昌龄、王之涣合称"边塞四诗人"。其诗笔力雄健、气势奔放，洋溢着盛唐时期所特有的奋发进取、蓬勃向上的时代精神。高适有文集二十卷。

　　开元二十六年，客有从元戎[2]出塞而还者，作《燕歌行》以示适，感征戍之事，因而和焉。

　　汉家[3]烟尘[4]在东北，汉将辞家破残贼。
　　男儿本自重横行[5]，天子非常赐颜色[6]。
　　摐[7]金[8]伐[9]鼓下榆关[10]，旌旆[11]逶迤[12]碣石[13]间。
　　校尉[14]羽书飞瀚海，单于猎火照狼山[15]。
　　山川萧条极[16]边土，胡骑凭陵[17]杂风雨[18]。
　　战士军前半死生[19]，美人帐下犹歌舞！
　　大漠穷秋塞草腓[20]，孤城落日斗兵稀[21]。
　　身当恩遇[22]常轻敌，力尽关山未解围。
　　铁衣远戍辛勤久，玉箸[23]应啼别离后。
　　少妇城南欲断肠，征人蓟北[24]空回首。
　　边庭飘飖那可度，绝域苍茫无所有！
　　杀气三时[25]作阵云，寒声一夜传刁斗[26]。
　　相看白刃血纷纷，死节从来岂顾勋[27]？
　　君不见沙场征战苦，至今犹忆李将军[28]。

【注释】

　　[1]　燕歌行：乐府旧题。诗前有作者原序："开元二十六年，客有从御史大夫张公出塞而还者，作《燕歌行》以示适，感征戍之事，因而和焉。"张公，指幽州节度使张守珪，曾拜辅国大将军、右羽林大将军，兼御史大夫。一般以为本诗所讽刺的是开元二十六年，张守珪部将赵堪等矫命，逼平卢军使击契丹余部，先胜后败，守珪隐败状而妄奏功。这种看法并不很准确。

[2] 元戎：军事元帅。

[3] 汉家：汉朝，唐人诗中经常借汉说唐。

[4] 烟尘：代指战争。

[5] 横行：任意驰走，无所阻挡。

[6] 非常赐颜色：超过平常的厚赐礼遇。

[7] 摐(chuāng)：撞击。

[8] 金：指钲一类铜制打击乐器。

[9] 伐：敲击。

[10] 榆关：山海关，通往东北的要隘。

[11] 旌旆(jīng pèi)：旌是旗杆顶上饰羽的旗。旆是末端状如燕尾的旗。这里都是泛指各种旗帜。

[12] 逶迤：蜿蜒不绝的样子。

[13] 碣石：山名。

[14] 校尉：次于将军的武官。

[15] 狼山：又称狼居胥山，后人对其具体位置有不同说法，或说在今蒙古国境内的肯特山，或说在今河套西北狼山。此处"瀚海""狼山"等地名，未必是实指。

[16] 极：穷尽。

[17] 凭陵：仗势侵凌。

[18] 杂风雨：形容敌人来势凶猛，如风雨交加。一说，敌人乘风雨交加时冲过来。

[19] 半生死：意思是半生半死，伤亡惨重。

[20] 腓(féi)(一作衰)：指枯萎。隋虞世基《陇头吟》："穷求塞草腓，塞外胡尘飞"。

[21] 斗兵稀：作战的士兵越打越少了。

[22] 身当恩遇：指主将受朝廷的恩宠厚遇。

[23] 玉箸：白色的筷子(玉筷)，比喻思妇的泪水如注。

[24] 蓟北：唐蓟州在今天津市以北一带，此处当泛指唐朝东北边地。

[25] 三时：指晨、午、晚，即从早到夜，历时很久。三，不表确数。

[26] 刁斗：军中夜里巡更敲击报时、煮饭用的铜器。

[27] 岂顾勋：难道还顾及自己的功勋。

[28] 李将军：指汉朝李广，他能捍御强敌，爱抚士卒，匈奴称他为汉之飞将军。

【导读】

　　《燕歌行》是高适的代表作，不仅是高适的"第一大篇"（近人赵熙评语），而且是整个唐代边塞诗中的杰作，千古传诵，良非偶然。此诗主要是揭露主将骄逸轻敌，不恤士卒，致使战事失利。全篇大致可分为四段。首段八句写出师。其中，前四句说战尘起于东北，将军奉命征讨，天子特赐光彩，已见得宠而骄，为后文轻敌伏笔；后四句接写出征阵容，旌旗如云，鼓角齐鸣，一路上浩浩荡荡，大模大样开赴战地，为失利时的狼狈情景作反衬。第二段八句写战斗经过。其中，前四句写战初敌人来势凶猛，唐军伤亡惨重；后四句说至晚已兵少力竭，不得解围。第三段八句写征人、思妇两地相望，重会无期。末段四句，前两句写战士在生还无望的处境下，已决心以身殉国；后两句诗人感慨，对战士的悲惨命运深寄同情。全诗气势畅达，笔力矫健，气氛悲壮淋漓，主旨深刻含蓄。

陇西行四首·其二

（唐）陈陶

陈陶（约 812 年—约 885 年），字嵩伯，号三教布衣。《全唐诗》卷七百四十五"陈陶"传作"岭南（一云鄱阳，一云剑浦）人"。然而从其《闽川梦归》等诗题，以及称建水（在今福建南平市东南，即闽江上游）一带山水为"家山"（《投赠福建路罗中丞》）来看，他当是剑浦（今福建南平）人，而岭南（今广东广西一带）或鄱阳（今江西波阳）只是他的祖籍。早年游学长安，善天文历象，尤工诗。举进士不第，遂恣游名山。唐宣宗大中（847 年—860 年）时，陈陶隐居洪州西山（在今江西新建县西），后不知所终。他有诗十卷，已散佚，后人辑有《陈嵩伯诗集》一卷。

誓扫匈奴[1]不顾身，五千貂锦[2]丧胡尘。
可怜无定河[3]边骨，犹是春闺[4]梦里人！

【注释】

[1] 匈奴：指西北边境部族。
[2] 貂锦：这里指战士，指装备精良的精锐之师。
[3] 无定河：在陕西北部。
[4] 春闺：这里指战死者的妻子。

【导读】

《陇西行四首》是唐代诗人陈陶的组诗作品，其中第二首诗广为传诵。该诗首二句以精练概括的语言，叙述了一个慷慨悲壮的激战场面。汉军誓死杀敌，奋不顾身，但结果五千将士全部身丧"胡尘"。"誓扫""不顾"，表现了唐军将士忠勇敢战的气概和献身精神。汉代羽林军穿锦衣貂裘，这里借指精锐部队。部队如此精良，战死者达五千之众，足见战斗之激烈和伤亡之惨重。

接着，笔锋一转，逼出正意："可怜无定河边骨，犹是春闺梦里人。"这里没有直写战争带来的悲惨景象，也没有渲染家人的悲伤情绪，而是匠心独运，把"河边骨"和"春闺梦"联系起来，写闺中妻子不知征人战死，仍然在梦中想见已成白骨的丈夫，使全诗产生震撼心灵的悲剧力量。知道亲人死去，固然会引起悲伤，但确知亲人的下落，毕竟是一种告慰。而这里，长年音讯杳然，征人早已变成无定河边的枯骨，妻子却还在梦境之中盼他早日归来团聚。灾难和不幸降临到身上，不但毫不觉察，反而满怀着热切美好的希望，这才是真正的悲剧。

碛[1]中作
（唐）岑参

岑参（约715年—约770年），荆州江陵人，唐代诗人，被誉为边塞派诗人，与高适并称"高岑"。岑参工诗，长于七言歌行，对边塞风光、军旅生活以及异域的文化风俗有亲切的感受，故其边塞诗尤多佳作。

走马[2]西来欲到天，辞家见月两回圆[3]。
今夜不知何处宿，平沙万里绝人烟[4]。

【注释】

[1]　碛（qì）：沙石地，沙漠。这里指银山碛，又名银山，在今新疆库木什附近。
[2]　走马：骑马。
[3]　辞家：告别家乡，离开家乡。见月两回圆：表示两个月。月亮每个月十五圆一次。
[4]　平沙：平坦广阔的沙漠、大漠。绝：没有。人烟：住户的炊烟，泛指有人居住的地方。

【导读】

在唐代诗坛上，岑参的边塞诗以奇情异趣独树一帜。他两次出塞，对边塞生活有深刻的体会，对边疆风物怀有深厚的感情。这首《碛中作》，就写下了诗人在万里沙漠中勃发的诗情。此诗描写作者辞家赴安西在大漠中行进时的情景，表达了作者初赴边塞的新奇之感和远离家乡的思亲之情，同时也显现出一种从军的豪情。诗人精心摄取了沙漠行军途中的一个剪影，向读者展示他戎马倥偬的动荡生活。诗于叙事写景中巧妙地寄寓细微的心理活动，含而不露，蕴藉感人。《碛中作》仅四句，但每句诗都有不同的艺术特点。起句有一股勃发的激情和大无畏的精神，雄奇壮美而豪迈；次句情深意远，含蕴丰富；三句以设问兜转，宕开前句，有转折回旋的韵致；结句似答非答，以景作结，于暮色苍茫之中，使人感到气象壮阔。整首诗显示出悲壮苍凉的艺术风格。

苏轼词二首

苏轼(1037年—1101年)，字子瞻、和仲，号铁冠道人、东坡居士，世称苏东坡、苏仙，眉州眉山(四川省眉山市)人，北宋著名文学家、书法家、画家。

宋仁宗嘉祐二年(1057年)，苏轼进士及第，曾在凤翔、杭州、密州、徐州、湖州等地任职。宋神宗元丰三年(1080年)，因"乌台诗案"被贬为黄州团练副使。宋哲宗即位后曾任翰林学士、侍读学士、礼部尚书等职，并出知杭州、颍州、扬州、定州等地，晚年因新党执政被贬惠州、儋州。宋徽宗时获大赦北还，途中于常州病逝。宋高宗时追赠太师，谥号"文忠"。

苏轼是北宋中期文坛领袖，在诗、词、散文、书、画等方面均取得很高成就。其文纵横恣肆；诗题材广阔，清新豪健，善用夸张比喻，独具风格，与黄庭坚并称"苏黄"；词开豪放一派，与辛弃疾同是豪放派代表，并称"苏辛"；散文著述宏富，豪放自如，与欧阳修并称"欧苏"，为"唐宋八大家"之一；苏轼善书，为"宋四家"之一；擅长文人画，尤擅墨竹、怪石、枯木等。作品有《东坡七集》《东坡易传》《东坡乐府》《潇湘竹石图卷》《古木怪石图卷》等。

蝶恋花·春景

花褪残红青杏小[1]。燕子飞时，绿水人家绕。枝上柳绵吹又少[2]。天涯何处无芳草[3]。墙里秋千墙外道。墙外行人，墙里佳人笑。笑渐不闻声渐悄。多情[4]却被无情[5]恼。

【注释】

[1] 花褪残红青杏小：指杏花刚刚凋谢，青色的小杏正在成形。暗指暮春季节。

[2] 枝上柳绵吹又少：柳枝上的绵絮被春风吹得越发少了。也就是说春天即将过去。柳绵：柳絮。

[3] 天涯何处无芳草：指春暖大地，处处长满了萋萋芳草。

[4] 多情：指旅途行人过分多情。

[5] 无情：指大墙内荡秋千的佳人毫无觉察。

【导读】

苏轼的词以豪放著称。这首《蝶恋花》，代表了他词作清新婉约的一面，表现了诗人创作上多方面的才能。这首词借惜春伤情，抒写诗人远行途中的失意心境，上片惜春，下片抒写诗人的感伤。面对残红褪尽，春意阑珊的景色，诗人惋惜韶光流逝，感慨宦海沉浮，把自己的身世之感注入词中。该诗艺术构思新颖，使寻常景物含有深意，别有一种耐人玩味的情韵。

八声甘州·寄参寥子[1]

　　有情风、万里卷潮来，无情送潮归。问钱塘江上，西兴浦口，几度斜晖[2]。不用思量今古，俯仰[3]昔人非。谁似东坡老，白首忘机[4]。

　　记取西湖西畔，正春山好处，空翠烟霏[5]。算诗人相得[6]，如我与君稀。约他年、东还海道，愿谢公、雅志莫相违。西州路[7]，不应回首，为我沾衣。

【注释】

　　[1]　参寥子：东坡在杭州的僧友。

　　[2]　几度斜晖：几多黄昏。苏轼与参寥子在钱塘和西兴度过了多少黄昏。

　　[3]　俯仰：指一低头和一抬头之间，谓时间短促。

　　[4]　忘机：消除机心。指一种清静无为、淡泊宁静的心境。

　　[5]　空翠烟霏：在碧青天空下面一派烟雾迷茫的景象。

　　[6]　算：认作、算是。相得：相处得很好。

　　[7]　西州路：《晋书·谢安传》说谢安病危还都，路过西州门时，"自以本志不遂，深自慨失"后死去。谢安重视的外甥羊昙，一次酒醉走过西州门，忆起往事，悲感不已，以马鞭扣扇，诵曹植诗曰："生存华屋处，零落归山丘。"恸哭而去。此处东坡以谢安和羊昙的故事为喻，表明他将来必定要退隐杭州。

【导读】

　　这是一首寄赠之作，作于宋哲宗元祐六年（1091年）。参寥是僧道潜的字，以精深的道义和清新的文笔为苏轼所推崇，与苏轼过从甚密，结为莫逆之交。苏轼贬谪黄州时，参寥不远千里赶去，追随他数年。元祐六年苏轼由杭州知州召为翰林学士承旨，将离杭州赴汴京时，作此词赠予参寥。这首词表现了作者超然物外的人生态度和寄情山水的人生理想。上下阕均以写景发端，议论继后，景语中有情语，议论时亦辅之以超旷、闲逸、感喟之情，大气包举，襟怀高妙，风格豪迈超旷。

　　这首词最大的特点就是以平淡的文字抒写深厚的情意，气势雄放，意境浑然。词人与参寥有着共同的志趣，他们的友谊是十分真挚的。词人所抒之情发自内心，这种真挚的感情并不因文字的平淡而失去其深沉、雄厚之力。

蝶恋花·伫倚危楼风细细

（北宋）柳永

柳永（约 984 年—约 1053 年），原名三变，字景庄，后改名柳永，字耆卿，因排行第七，又称柳七，福建崇安人，北宋著名词人，婉约派代表人物。柳永是第一位对宋词进行全面革新的词人，也是两宋词坛上创用词调最多的词人。柳永大力创作慢词，将敷陈其事的赋法移植于词，同时充分运用俚词俗语，以适俗的意象、淋漓尽致的铺叙、平淡无华的白描等独特的艺术技法，对宋词的发展产生了深远影响。

伫倚危楼[1]风细细，望极[2]春愁，黯黯[3]生天际[4]。草色烟光[5]残照里，无言谁会[6]凭阑[7]意。

拟把[8]疏狂[9]图一醉，对酒当歌，强乐[10]还无味。衣带渐宽[11]终不悔，为伊消得[12]人憔悴。

【注释】

[1]　伫（zhù）倚危楼：长时间依靠在高楼的栏杆上。伫：久立。危楼：高楼。

[2]　望极：极目远望。

[3]　黯黯：迷蒙不明，形容心情沮丧忧愁。

[4]　生天际：从遥远无边的天际升起。

[5]　烟光：飘忽缭绕的云霭雾气。

[6]　会：理解。

[7]　阑：同"栏"。

[8]　拟把：打算。

[9]　疏狂：狂放不羁。

[10]　强（qiǎng）乐：勉强欢笑。强：勉强。

[11]　衣带渐宽：指人逐渐消瘦。

[12]　消得：值得，能忍受得了。

【导读】

这是一首怀人之作。词人把漂泊异乡的落魄感受，同怀念意中人的缠绵情思结合在一起写，采用"曲径通幽"的表现方式，抒情写景，感情真挚。词中的"春愁"即"相思"，词人却迟迟不肯说破，只是从字里行间向读者透露一星半点的暗示，眼看快要说破，却又煞住，调转笔墨，如此影影绰绰，扑朔迷离，千回百折，直到最后一句，才使真相大白。在词的最后两句，相思之情逐渐抵达顶峰时戛然而止，却又激情回荡，具有很强的感染力，让人读过之后余味犹存。

渔家傲[1]·秋思

（北宋）范仲淹

范仲淹（989年—1052年），字希文，汉族，苏州吴县人，北宋杰出的思想家、政治家、文学家。范仲淹政绩卓著，文学成就突出。他倡导的"先天下之忧而忧，后天下之乐而乐"的思想和仁人志士节操，对后世影响深远。他有《范文正公文集》传世。

宋真宗大中祥符八年（1015年），范仲淹苦读及第，授广德军司理参军，后历任兴化县令、秘阁校理、陈州通判、苏州知州等职，因秉公直言而屡遭贬斥；宋仁宗康定元年（1040年），与韩琦共任陕西经略安抚招讨副使，采取"屯田久守"方针，巩固西北边防；宋仁宗庆历三年（1043年），出任参知政事，发起"庆历新政"。不久后，新政受挫，范仲淹被贬出京，历知邠州、邓州、杭州、青州。宋仁宗皇祐四年（1052年），改知颍州，范仲淹扶疾上任，于途中逝世，年六十四。范仲淹被追赠兵部尚书、楚国公，谥号"文正"，世称范文正公。

塞[2]下秋来风景异，衡阳雁去[3]无留意。四面边声[4]连角起，千嶂[5]里，长烟落日孤城闭。

浊酒一杯家万里，燃然未勒[6]归无计。羌管[7]悠悠[8]霜满地，人不寐[9]，将军白发征夫泪。

【注释】

[1] 渔家傲：又名《吴门柳》《忍辱仙人》《荆溪咏》《游仙关》。

[2] 塞：边界要塞之地，这里指西北边疆。

[3] 衡阳雁去：传说秋天北雁南飞，至湖南衡阳回雁峰而止，不再南飞。

[4] 边声：边塞特有的声音，如大风、号角、羌笛、马啸的声音。

[5] 千嶂：绵延而峻峭的山峰，崇山峻岭。

[6] 燃然未勒：指战事未平，功名未立。燃然：即燃然山，今名杭爱山，在今蒙古国境内。据《后汉书·窦宪传》记载，东汉窦宪率兵追击匈奴单于，去塞三千余里，登燃然山，刻石勒功而还。

[7] 羌管：即羌笛，古代西部羌族的一种乐器。

[8] 悠悠：形容声音飘忽不定。

[9] 寐：睡，不寐指睡不着。

【导读】

　　此词作于宋仁宗康定元年(1040年)至庆历三年(1043年)间，词人任陕西经略副使兼延州知州。他在镇守西北边疆期间，既号令严明又爱抚士兵，深为西夏所惮服，称他"腹中有数万甲兵"。这首词就是他身处军中的感怀之作。

　　此词上片写景，作者用近乎白描的手法，描摹出一幅寥廓荒僻、萧瑟悲凉的边塞鸟瞰图；下片抒情，将直抒胸臆和借景抒情相结合，抒发的是作者壮志难酬的感慨和忧国的情怀。

　　这首边塞词既表现将军的英雄气概及征夫的艰苦生活，也暗寓对宋王朝重内轻外政策的不满，爱国激情、浓重乡思，兼而有之，构成了将军与征夫思乡却渴望建功立业的复杂而又矛盾的情绪。这种情绪主要是通过全词景物的描写、气氛的渲染，婉曲地传达出来。纵观全词，意境开阔苍凉，形象生动鲜明，描绘出作者耳闻目睹、亲身经历的场景，表达了作者自己和戍边将士们的内心感情，读起来真切感人。

辛弃疾词二首

辛弃疾（1140年—1207年），原字坦夫，后改字幼安，号稼轩，山东东路济南府历城县人。南宋豪放派词人、将领，有"词中之龙"之称。与苏轼合称"苏辛"，与李清照并称"济南二安"。

辛弃疾生于金国，早年与党怀英齐名北方，号称"辛党"。青年时参与耿京起义，抗金归宋，献《美芹十论》《九议》等，条陈战守之策。先后在江西、湖南、福建等地为守臣，平定茶商赖文政起事，又创制飞虎军以稳定湖湘地区。由于他与当政的主和派政见不合，故而屡遭劾奏，数次起落，最终退隐山居。宋宁宗开禧三年（1207年），辛弃疾抱憾病逝，年六十八。辛弃疾于宋恭帝时获赠少师，谥号"忠敏"。

辛弃疾一生以恢复国家统一为志，以功业自诩，却命运多舛、壮志难酬。但他始终没有动摇恢复中原的信念，而是把满腔激情和对国家兴亡、民族命运的关切、忧虑，全部寄寓于词作之中。其词艺术风格多样，以豪放为主，风格沉雄豪迈又不乏细腻柔媚之处。其词题材广阔又善化用典故入词，抒写爱国热情，倾诉壮志难酬的悲愤，对当时执政者的屈辱求和颇多谴责，也有不少吟咏祖国河山的作品。辛弃疾现存词六百多首，有词集《稼轩长短句》等传世。

贺新郎[1]

邑[2]中园亭，仆[3]皆为赋此词。一日，独坐停云[4]，水声山色，竞来相娱。意溪山欲援例者，遂作数语，庶几仿佛渊明思亲友之意云。

甚矣吾衰矣[5]。怅平生、交游零落，只今余几！白发空垂三千丈，一笑人间万事。问何物、能令公喜[6]？我见青山多妩媚[7]，料青山、见我应如是。情与貌，略相似。

一尊搔首东窗[8]里。想渊明《停云》诗就，此时风味。江左[9]沉酣求名者，岂识浊醪[10]妙理。回首叫、云飞风起。不恨古人吾不见，恨古人不见吾狂耳。知我者，二三子[11]。

【注释】

[1] 贺新郎：后人创调，又名《金缕曲》《乳燕飞》《貂裘换酒》。传作以《东坡乐府》所收为最早，惟句豆平仄，与诸家颇多不合，因以《稼轩长短句》为准。一百十六字，前后片各六仄韵。大抵用入声部韵者较激壮，用上、去声部韵者较凄郁，贵能各适物宜耳。

[2] 邑：指铅山县。辛弃疾在江西铅山期思渡建有别墅，带湖居所失火后举家迁之。

[3] 仆：自称。

[4]　停云：停云堂，在瓢泉别墅。

[5]　甚矣吾衰矣：这是孔丘慨叹自己"道不行"的话（出自《论语》："甚矣吾衰矣，久矣吾不复梦见周公。"）。作者借此感叹自己壮志难酬。

[6]　问何物、能令公喜：还有什么东西能让我感到快乐。

[7]　妩媚：潇洒多姿。

[8]　搔首东窗：借指陶潜《停云》诗就，自得之意。

[9]　江左：原指江苏南部一带，此指南朝之东晋。

[10]　浊醪（láo）：浊酒。

[11]　知我者，二三子：引《论语》的典故，"二三子以我为隐乎"。

【导读】

　　此词约作于宋宁宗庆元四年（1198年），是为瓢泉新居的"停云堂"题写的，仿陶渊明《停云》"思亲友"之意而作。此时辛弃疾被投闲置散已四年。"独坐停云"，触景生情，信手拈来，遂成此篇，反映了词人落职后的寂寞心境和对时局的深刻怨恨。

　　辛弃疾的词喜用典故，在宋词中别具一格。此词几乎全篇化用典故，却让人无丝毫雕琢生砌之感，正是词人的功力所在。结句"知我者，二三子"，有人认为是当时与词人志同道合的好朋友陈亮等人，但如果扩大视野，可以将古人陶渊明、屈原等，都算在内。辛弃疾慨叹当时志同道合的朋友不多，与屈原慨叹"众人皆醉我独醒"的心情类似，同出于为国家和民族的危亡忧虑。

鹧鸪天[1]·代人赋

晚日[2]寒鸦一片愁。柳塘新绿[3]却温柔。若教眼底无离恨[4]，不信人间有白头[5]。

肠已断，泪难收。相思重上小红楼。情知[6]已被山遮断，频倚阑干[7]不自由。

【注释】

[1]　鹧鸪天：小令词调，双片五十五字，上片四句三平韵，下片五句三平韵。唐人郑嵎诗"春游鸡鹿塞，家在鹧鸪天"，调名取于此。又名"思佳客""思越人""剪朝霞""骊歌一叠"。

[2]　晚日：夕阳。

[3]　新绿：初春草木显现的嫩绿色。

[4]　教：使，令。眼底：眼中，眼睛跟前。

[5]　白头：犹白发。形容年老。

[6]　情知：深知，明知。

[7]　阑干：栏杆。阑同"栏"。

【导读】

　　《鹧鸪天·代人赋》表面上是"代人赋"，实际上词人是在写自己的理想得不到实现。在中国古代诗词中，一直有用香草美人寄托理想的传统，作者表面是在写美人相思的苦闷，实则寄托的是词人无法实现的政治理想。《鹧鸪天·代人赋》在风格上也比较特别，是豪放派词人辛弃疾的一首优美婉约词。

念奴娇·过洞庭

(南宋)张孝祥

张孝祥(1132年—1170年)，字安国，别号于湖居士，汉族，历阳乌江(今安徽和县乌江镇)人，南宋著名词人，书法家。张孝祥善诗文，尤工词，风格宏伟豪放，为"豪放派"代表词人，有《于湖居士文集》《于湖词》等传世。

宋高宗绍兴二十四年(1154年)，张孝祥状元及第，授承事郎，签书镇东军节度判官。由于上书为岳飞辩冤，为权相秦桧所忌，诬陷其父张祁有反谋，并将其父下狱。次年，秦桧死，授秘书省正字。历任秘书郎、著作郎、集英殿修撰、中书舍人等职。宋孝宗时，任中书舍人直学士院。宋孝宗隆兴元年(1163年)，张浚出兵北伐，被任为建康留守。又为荆南、湖北路安抚使，此外还出任过抚州、平江府、静江府、潭州等地的地方长官，颇有政绩。宋孝宗乾道五年(1169年)，以显谟阁直学士致仕。次年在芜湖病逝，年仅三十八岁。

洞庭[1]青草，近中秋，更无一点风色[2]。玉鉴琼[3]田三万顷，着我扁舟[4]一叶。素月[5]分辉，明河[6]共影，表里[7]俱澄澈。悠然心会，妙处难与君说。

应念岭表[8]经年，孤光[9]自照，肝胆皆冰雪[10]。短发萧骚襟袖冷[11]，稳泛沧浪[12]空阔。尽挹西江[13]，细斟北斗[14]，万象[15]为宾客。扣舷独啸[16]，不知今夕何夕[17]。

【注释】

[1]　洞庭：湖名，在湖南岳阳西南。

[2]　风色：风势。

[3]　琼：美玉。

[4]　着：附着。扁舟：小船。

[5]　素月：洁白的月亮。

[6]　明河：天河。明河一作"银河"。

[7]　表里：里里外外。此处指天上月亮和银河的光辉映入湖中，上下一片澄明。

[8]　岭表：岭外，即五岭以南的两广地区，作者此前为官广西。岭表一作"岭海"。

[9]　孤光：指月光。

[10]　肝胆：一作"肝肺"。冰雪：比喻心地光明磊落像冰雪般纯洁。

[11]　萧骚：稀疏。萧骚一作"萧疏"。襟袖冷：形容衣衫单薄。

[12]　沧浪：青苍色的水。沧浪一作"沧溟"。

[13]　挹：舀。挹一作"吸"。西江：长江连通洞庭湖，中上游在洞庭以西，故称西江。

[14]　北斗：星座名，由七颗星排成像舀酒的斗的形状。

[15]　万象：万物。

[16]　扣：敲击。扣一作"叩"。啸：撮口作声。啸一作"笑"。

[17]　"不知"句：赞叹夜色美好，使人沉醉，竟忘掉一切（包括时间）。

【导读】

　　此词是张孝祥的代表作。宋孝宗乾道二年（1166 年），张孝祥因受政敌谗害而被免职。他从桂林北归，途经洞庭湖，即景生情，于是写下了这首词。

　　张孝祥的词上承苏轼，下启辛弃疾，是南宋词坛豪放派的代表人物之一。这首词上阕主要写景，景中寓情；下阕着重抒情，意转激昂。通篇景中见情，笔势雄奇，境界空阔，表现了作者胸襟洒落、气宇轩昂。

　　尤其"尽挹西江，细斟北斗，万象为宾客"一句，乃全词的高潮所在，西江水作酒，北斗星作盅，天下万物邀请宾客，举杯畅饮。扣舷而啸，将心中郁闷尽散入虚无之中，其气势之恢宏，让人心胸登时为之开朗。

清平乐·年年雪里

（南宋）李清照

　　李清照（1084 年—约 1155 年），号易安居士，汉族，齐州济南（今山东省济南市章丘区）人，宋代女词人，婉约词派代表，有"千古第一才女"之称。

　　李清照出生于书香门第，早期生活优裕，小时候就在良好的家庭环境中打下文学基础；出嫁后与夫赵明诚共同致力于书画金石的搜集整理。金兵入据中原时，流寓南方，境遇孤苦。李清照工诗善文，更擅长词。她不但有高深的文学修养，而且有大胆的创造精神。其所作词，前期多写其悠闲生活，后期多悲叹身世，情调感伤。形式上善用白描手法，自辟途径，语言清丽。论词强调协律，崇尚典雅，提出词"别是一家"之说，反对以作诗文之法作词。李清照能诗，留存不多，部分篇章感时咏史，情辞慷慨，与其词风不同。有《易安居士文集》《易安词》，已散佚。后人有《漱玉词》辑本，今有《李清照集校注》。

　　年年雪里，常插梅花醉。挼[1]尽梅花无好意，赢得满衣清泪。
　　今年海角天涯[2]，萧萧两鬓生华[3]。看取晚来风势，故应难看梅花[4]。

【注释】

　　[1]　挼（ruó）：揉搓。
　　[2]　海角天涯：犹天涯海角。本指僻远之地，这里当指临安。
　　[3]　萧萧两鬓生华：形容鬓发花白稀疏的样子。
　　[4]　"看取"二句："看取"是观察的意思，观察自然界的"风势"，虽然出于对"梅花"的关切和爱惜，但此处"晚来风势"的深层语义，当与《菩萨蛮·归鸿声断残云碧》和《忆秦娥·临高阁》的"西风"类似，均当喻指金兵对南宋的进逼。因此，词尾的"梅花"除了上述作为头饰和遣愁之物外，尚含有一定的象征之意。故应：还应。

【导读】

　　关于这首词，大多研究者认为是李清照南渡后的作品。词人借赏梅自叹身世，截取早年、中年、晚年三个不同时期赏梅的典型画面，深刻地表现了自己早年的欢乐、中年的悲戚、晚年的沦落，对自己一生的哀乐作了形象的概括与总结。

　　词人依次描写赏梅的不同感受，运用的是对比手法。赏梅而醉、对梅落泪和无心赏梅，三个生活阶段，三种不同感受，形成鲜明的对比，在对比中表现词人生活的巨大变化。从上下两阕的安排看，运用的是衬托的手法，上阕写过去，下阕写现在，但又不是今昔并重，而是以昔衬今，表现出当时作者飘零沦落、衰老孤苦的处境和饱经磨难的忧郁心情。一首小词，把个人身世与梅花紧紧联系在一起，在梅花上寄托了遭际与情思，构思甚巧而寄托甚深。

唐多令[1]·芦叶满汀洲

（南宋）刘过

刘过（1154年—1206年），南宋文学家，字改之，号龙洲道人。吉州太和（今江西泰和县）人，长于庐陵（今江西吉安），去世于江苏昆山，墓尚在。四次应举不中，流落江湖间，布衣终身。曾为陆游、辛弃疾所赏，亦与陈亮、岳珂友善。词风与辛弃疾相近，抒发抗金抱负狂逸俊致，与刘克庄、刘辰翁享有"辛派三刘"之誉。

安远楼[2]小集[3]，侑觞歌板[4]之姬黄其姓者，乞词于龙洲道人[5]，为赋此《唐多令》。同柳阜之、刘去非、石民瞻、周嘉仲、陈孟参、孟容。时八月五日也。

芦叶满汀洲[6]，寒沙带浅流。二十年重过南楼[7]。柳下系船犹未稳，能几日，又中秋。黄鹤断矶[8]头，故人今在否？旧江山浑是[9]新愁。欲买桂花同载酒，终不似，少年游。

【注释】

[1] 唐多令，词牌名，也写作《糖多令》，又名《南楼令》，双调，六十字，上下片各四平韵，亦有前片第三句加一衬字者。

[2] 安远楼：在今武昌黄鹄山上，又称南楼。姜夔《翠楼吟》词序云："淳熙十三年（1186年）冬，武昌安远楼成。"当时武昌是南宋和金人交战的前方。

[3] 小集：此指小宴。

[4] 侑（yòu）觞歌板：指酒宴上劝饮执板的歌女。侑觞：劝酒。歌板：执板奏歌。

[5] 龙洲道人：刘过自号。

[6] 汀洲：水中小洲。

[7] "二十年"句：南楼初建时期，刘过曾漫游武昌，过了一段"黄鹤楼前识楚卿，彩云重叠拥娉婷"（《浣溪沙》）的豪纵生活。南楼，指安远楼。

[8] 黄鹤断矶：黄鹤矶，在武昌城西，上有黄鹤楼。断矶，形容矶头荒凉。

[9] 浑是：全是。

【导读】

这是一首登临名作。作者借重过武昌南楼之机，感慨时事，抒写昔是今非和怀才不遇的思想感情。词开头是两个对偶句，略点景物，写登楼之所见，但既无金碧楼台，也没写清嘉的山水，呈现在人们面前的只是一泓寒水，满目荒芦而已。

"少年"相对而言是一个比较宽泛的概念。刘过初到南楼，年方三十，故可称为少年。且可与上片之"二十年重过南楼"相绾合，论其章法，确有草蛇灰线之妙。如此结尾，既沉郁又浑成，令人读之有无穷哀感。刘过的爱国词篇，多为豪爽奔放、痛快淋漓之作。但这首《唐多令》却写得蕴藉含蓄，耐人咀嚼。与其他爱国词比较，的确别具一格，故而流传甚广。《唐多令》原为僻调，罕有填者，自刘词出而和者如林，其调乃显。刘辰翁即追和七阕，周密而因其有"重过南楼"之语，为更名曰《南楼令》，可见此词影响之大。

天净沙[1]·秋[2]

（元）白朴

　　白朴（1226年—约1306年），原名恒，字仁甫，后改名朴，字太素，号兰谷，汉族，祖籍隩州（今山西河曲），汴梁（今河南开封）人，晚岁寓居金陵（今江苏南京），终身未仕。他是元代著名的杂剧作家，与关汉卿、马致远、郑光祖并称为"元曲四大家"。代表作主要有《唐明皇秋夜梧桐雨》《裴少俊墙头马上》《董秀英花月东墙记》《天净沙·秋》等。

　　孤村落日残霞[3]，轻烟老树寒鸦[4]，一点飞鸿影下[5]。青山绿水，白草[6]红叶[7]黄花[8]。

【注释】

　　[1]　天净沙：曲牌名。
　　[2]　秋：题目。
　　[3]　残霞：快消散的晚霞。
　　[4]　寒鸦：天寒即将归林的乌鸦。
　　[5]　飞鸿：天空中的鸿雁。飞鸿影下：雁影掠过。
　　[6]　白草：枯萎而不凋谢的白草。
　　[7]　红叶：枫叶。
　　[8]　黄花：菊花。

【导读】

　　《天净沙·秋》是元代曲作家白朴创作的一首写景散曲，作者通过撷取十二种景物，描绘出一幅格调从萧瑟、寂寥到明朗、清丽的秋景图。这是一首描写当时社会的抒情曲，写出了诗人由冷寂惆怅到积极向上、乐观开朗心情变化。这篇散曲用笔精深，风格独具，婉约清丽，意境新颖，颇有词的意境，可与被誉为"秋思之祖"的马志远的《天净沙·秋思》媲美。

纳兰性德词二首

纳兰性德(1655 年—1685 年)，叶赫那拉氏，原名成德，避太子保成讳改名为性德，字容若，满洲正黄旗人，号楞伽山人。1685 年，纳兰性德亡于寒疾，年仅三十一岁。作为清初第一词人，又是武功出众的御前一品带刀侍卫的纳兰性德，生于温柔富贵之家，笔下却满篇哀伤；身处花柳繁华之地，心灵却游于喧嚣之外；真正的八旗子弟，却喜结交落魄文人；行走于仕途，却一生为情所累；风华正茂之时，却匆匆离世。一位几乎拥有世间一切的惆怅男子，留下一段三百年来倾倒无数后人的传奇。

浣溪沙·谁念西风独自凉

谁[1]念西风独自凉？萧萧[2]黄叶闭疏窗[3]，沉思往事立残阳。

被酒[4]莫惊春睡[5]重，赌书[6]消得[7]泼茶香，当时只道是寻常。

【注释】

[1]　谁：此处指亡妻。

[2]　萧萧：风吹叶落发出的声音。

[3]　疏窗：刻有花纹的窗户。

[4]　被酒：中酒、醉酒。

[5]　春睡：醉困沉睡，脸上如春色。

[6]　赌书：此处为李清照和赵明诚的典故。李清照《金石录后序》云："余性偶强记，每饭罢，坐归来堂，烹茶，指堆积书史，言某事在某书某卷第几页第几行，以中否角胜负，为饮茶先后。中即举杯大笑，至茶倾覆怀中，反不得饮而起，甘心老是乡矣！故虽处忧患困穷而志不屈。"此句以此典为喻说明往日与亡妻有着像李清照一样的美满的夫妻生活。

[7]　消得：消受，享受。

【导读】

这篇《浣溪沙》是纳兰悼亡词中的一篇佳作。由问句起，先写此时的孤独，接以黄叶、疏窗、残阳之秋景，触及景物而勾起沉思，氛围是孤寂凄清的。继而追忆往事，写短短三年夫妻在一起短暂而无穷欢乐的时光。下片写词人对往事的追忆。伤心的词人知道自己无力挽回一切，只有把所有的哀思与无奈化为最后一句"当时只道是寻常"。这七个字我们读来尚且为之心痛，何况词人自己，更是字字血泪。

浣溪沙·谁道飘零不可怜

西郊冯氏园[1]看海棠，因忆《香严词》[2]有感。

谁道飘零不可怜，旧游[3]时节好花天，断肠人[4]去自经年[5]。

一片晕红[6]才[7]著雨[8]，几丝柔绿[9]乍和烟，倩魂[10]销尽[11]夕阳前。

【注释】

[1] 西郊冯氏园：明万历时大珰冯保之园，旧址位于今北京广安门外小屯。园主人冯氏园艺精湛，使得此园曾名极一时。龚鼎孳在京师时曾多次到该处看海棠。

[2] 《香严词》：清初龚鼎孳词集《香严词存稿》的简称，后易名《定山诗余》，中有《菩萨蛮·上巳前一日西郊冯氏园看海棠》《罗敷媚·朱右司马招集西郊冯氏园看海棠》等数首词。

[3] 旧游：昔日之游。

[4] 断肠人：形容伤心悲痛到极点的人。

[5] 经年：一年或一年以上。

[6] 晕红：形容海棠花的色泽。

[7] 才：一作"疑"。

[8] 著雨：春雨微著。

[9] 柔绿：柔嫩的绿柳。一说嫩绿的叶子。此句一作"晚风吹掠鬓云偏"。

[10] 倩魂：指少女美好的心魂。典出陈玄祐《离魂记》里倩娘离魂的故事。

[11] 销尽：茫然若失。

【导读】

纳兰曾与龚鼎孳乘兴畅游冯氏园看海棠。龚氏去世后，纳兰故地重游，念及昔日情形，不免触景伤情，故作此词。整篇词婉媚空灵，恍惚迷离，令人荡气回肠。王俨斋曾评价它"柔情一缕，能令九转肠回。虽山抹微云，君不能道也"。

洛神赋

（三国）曹植

曹植（192年—232年），字子建，沛国谯县（今安徽亳州市）人，是曹操与其正妻卞氏所生第三子，生前曾为陈王，去世后谥号"思"，因此又称陈思王。

曹植是三国时期著名文学家，作为建安文学的代表人物之一与集大成者，他在两晋南北朝时期，被推崇到文章典范的地位。其代表作有《洛神赋》《白马篇》《赠白马王彪》等。后人因其文学上的造诣而将他与曹操、曹丕合称为"三曹"。其诗以笔力雄健和词采华美见长，留有诗集三十卷，已佚，今存《曹子建集》为宋人所编。曹植的散文同样具有"情兼雅怨，体被文质"的特色，加上文种丰富多样，成就杰出，乃至南朝宋文学家谢灵运有"天下才有一石，曹子建独占八斗"的评价；文学批评家钟嵘亦赞其"粲溢今古，卓尔不群"，并在《诗品》中把他列为品第最高的诗人。清初学者王士祯尝论汉魏以来二千年间诗家堪称"仙才"者，唯曹植、李白、苏轼三人而已。

黄初[1]三年，余朝京师，还济洛川。古人有言，斯水之神，名曰宓妃[2]。感宋玉对楚王神女之事[3]，遂作斯赋，其词曰：

余从京域，言归东藩，背伊阙[4]，越轘辕[5]，经通谷[6]，陵景山[7]。日既西倾，车殆马烦。尔乃税驾乎蘅皋[8]，秣驷乎芝田[9]，容与乎阳林[10]，流眄[11]乎洛川。于是精移神骇，忽焉思散。俯则未察，仰以殊观。睹一丽人，于岩之畔。乃援御者而告之曰："尔有觌于彼者乎？彼何人斯，若此之艳也！"御者对曰："臣闻河洛之神，名曰宓妃。然则君王之所见也，无乃是乎？其状若何，臣愿闻之。"

余告之曰：其形也，翩若惊鸿，婉若游龙[12]，荣曜秋菊，华茂春松[13]。髣髴兮若轻云之蔽月，飘飖兮若流风之回雪[14]。远而望之，皎若太阳升朝霞。迫而察之，灼若芙蕖出渌波。秾纤得衷，修短合度[15]。肩若削成，腰如约素[16]。延颈秀项，皓质呈露，芳泽无加，铅华弗御[17]。云髻峨峨，修眉联娟[18]，丹唇外朗，皓齿内鲜。明眸善睐，靥辅承权[19]，瑰姿艳逸[20]，仪静体闲。柔情绰态，媚于语言。奇服旷世，骨像应图[21]。披罗衣之璀粲兮，珥瑶碧之华琚[22]。戴金翠之首饰，缀明珠以耀躯。践远游之文履[23]，曳雾绡之轻裾。微幽兰之芳蔼兮[24]，步踟蹰于山隅。于是忽焉纵体，以遨以嬉。左倚采旄[25]，右荫桂旗。攘皓腕于神浒兮，采湍濑之玄芝。[26]

余情悦其淑美兮，心振荡而不怡。无良媒以接欢兮，托微波而通辞。愿诚素[27]之先达兮，解玉佩以要[28]之。嗟佳人之信修兮，羌习礼而明诗[29]。抗琼珶以和予兮[30]，指潜渊而为期。执眷眷之款实兮，惧斯灵之我欺[31]。感交甫之弃言兮[32]，怅犹豫而狐疑。收和颜而静志兮，申礼防以自持[33]。

于是洛灵感焉，徙倚彷徨。神光离合，乍阴乍阳。竦轻躯以鹤立，若将飞而未翔。践椒涂之郁烈，步蘅薄而流芳[34]。超长吟以永慕兮，声哀厉而弥长[35]。尔乃众灵杂沓，命俦啸侣[36]。或戏清流，或翔神渚，或采明珠，或拾翠羽。从南湘之二妃，携汉滨之游女[37]。叹匏瓜之无匹兮[38]，咏牵牛之独处。扬轻袿之猗靡兮[39]，翳修袖以延伫。体迅飞凫，飘忽若神。凌波微步，罗袜生尘[40]。动无常则，若危若安。进止难期，若往若还。转眄流精，光润玉颜。含辞未吐，气若幽兰。华容婀娜，令我忘餐。

于是屏翳收风，川后静波[41]。冯夷鸣鼓，女娲清歌[42]。腾文鱼以警乘，鸣玉鸾以偕逝[43]。六龙俨其齐首，载云车之容裔[44]。鲸鲵踊而夹毂[45]，水禽翔而为卫。于是越北沚[46]，过南冈，纡素领，回清阳[47]，动朱唇以徐言，陈交接之大纲[48]。恨人神之道殊兮，怨盛年之莫当[49]。抗罗袂以掩涕兮，泪流襟之浪浪。悼良会之永绝兮，哀一逝而异乡。无微情以效爱兮，献江南之明珰。虽潜处于太阴，长寄心于君王[50]。忽不悟其所舍，怅神宵而蔽光[51]。

于是背下陵高[52]，足往神留。遗情想像，顾望怀愁。冀灵体之复形，御轻舟而上溯。浮长川而忘返，思绵绵而增慕。夜耿耿而不寐，沾繁霜而至曙。命仆夫而就驾，吾将归乎东路。揽騑辔以抗策，怅盘桓而不能去[53]。

【注释】

[1]　黄初：魏文帝曹丕的年号，公元220年—226年。

[2]　洛神：传说古帝伏羲氏之女，伏羲氏又名宓（fú）羲氏，其女溺死洛水而为神，故名洛神，又名宓妃。

[3]　相传为宋玉所作的《高唐赋》和《神女赋》，两书均记载宋玉与楚襄王对答梦遇巫山神女的故事。

[4]　伊阙：山名，又称阙塞山、龙门山，在今河南洛阳南面。

[5]　轘（huán）辕：山名，在今河南偃师县东南。

[6]　通谷：山谷名，在今河南洛阳城南。

[7]　陵：登临。景山：山名，在今河南偃师县南。

[8]　尔乃：于是就，为承接连词。税驾：指解下驾车的马，停车。税：同"脱"。驾：车乘总称。蘅皋：生有杜蘅的河岸。蘅：杜蘅，香草名。皋：岸。

[9]　秣驷：喂马。驷：一车四马，此泛指驾车之马。芝田：种着灵芝草的田地，此指野草繁茂之地。或说是地名，为今河南巩县西南的芝田镇。

[10]　容与：悠然安闲貌。阳林：地名。

[11]　流眄：放目四望。眄（miàn）：斜视。一作"流盼"，目光流转顾盼。

[12]　"翩若"二句：翩然若惊飞的鸿雁，蜿蜒如游动的蛟龙。意思是说洛神体态轻盈婉转。

[13]　"荣曜"二句：容光焕发如秋日下之菊花，体态华美如春风中之松树。曜（yào）：日光照耀。这两句是写洛神容光焕发充满生气。

[14] "髣髴"二句：时隐时现像轻云遮住月亮，浮动飘忽似回风旋舞雪花。髣髴：仿佛，若隐若现的样子。这两句写洛神的体态婀娜多姿，行动飘忽。

[15] "秾纤"二句：写洛神的高矮肥瘦都恰到好处。秾：花木繁盛，此指人体丰腴。纤：细小，此指身材苗条。修短：高矮。

[16] "肩若"二句：肩窄如削成，腰细如束绢。削成：形容两肩瘦削下垂貌。约素：一束白绢。素：白细丝织品。这两句写洛神肩膀直垂和腰肢圆润之美。

[17] "芳泽"二句：意思是洛神既不施脂，也不敷粉。泽：润肤之油脂。铅华：敷肤之铅粉，古时烧铅成粉，故称铅华。弗御：不施。御：用。

[18] 联娟：指修眉微微弯曲貌。

[19] "明眸"二句：一双善于顾盼的闪亮眼睛，两个面颊下甜甜的酒窝。眸：目中瞳子。睐(lài)：顾盼。靥(yè)：酒窝。辅：面颊。承权：在颧骨之下。权：颧骨。

[20] 瓌：同"瑰"，奇妙。艳逸：艳丽飘逸。

[21] 骨像：骨格形貌。应图：指与画中人相当。

[22] 珥：珠玉耳饰，此用如动词，意为佩戴。瑶、碧、琚：均为美玉。华琚：刻有花纹的佩玉。

[23] 践：穿。远游：鞋名。文履：饰有花纹图案的鞋。

[24] 微：轻微。芳蔼：香气。此句意为洛神身上微微散发出幽兰的香气。

[25] 采旄(máo)：彩旗。采：同"彩"。旄：旗杆上旄牛尾饰物，此处指旗子。

[26] "攘皓腕"二句：在河滩上伸出纤纤素手，采撷水边的黑色芝草。神浒：神所游之水边地。浒：水边泽畔。湍濑：石上急流。玄芝：黑色芝草，相传为神草。

[27] 诚素：真诚的情意。素：同"愫"，情愫。

[28] 要：同"邀"。

[29] "嗟佳人"二句：可叹佳人实在美好，既明礼义又善言辞。信修：确实美好。修：美好。羌：发语词。习礼：懂得礼法。明诗：善于言辞。

[30] 抗：举起。琼珶(dì)：美玉。和：应答。

[31] "执眷眷"二句：我怀着眷眷诚意，又恐受神女欺骗。眷眷：依恋貌。款实：诚实。斯灵：此神，指宓妃。我欺：欺我。

[32] 交甫：郑交甫。《文选》李善注引《神仙传》言：郑交甫游于江滨时偶遇神女，但因他"不知何人也，目而挑之，女遂解佩与之。交甫行数步，空怀无佩，女亦不见"。弃言：背弃承诺。

[33] "收和颜"二句：说自己因有感于郑交甫曾遇神女背弃诺言之事，心中不觉惆怅迟疑，于是敛容定神，以礼义自我约束。静志：镇定情志。申：施展。礼防：礼法，因礼能防乱，故称礼防。自持：自我约束。

[34] "践椒"二句：踏着充满花椒浓香的小径，走过杜蘅草丛而使芳气流动。椒途：长满香椒的道路，或言是指涂有椒泥的道路。椒：花椒，有浓香。蘅薄：杜蘅丛生之地。流芳：散发香气。

[35] "超长吟"二句：怅然长吟以表达深深的思慕，声音哀婉而悠长。超：惆怅。永

慕：长久思慕。厉：疾。弥：更加。

[36]　"尔乃"二句：于是众神纷至杂沓，呼朋引伴。众灵：众仙。杂沓：纷纭，多而乱貌。俦：伙伴。

[37]　"从南湘"二句：洛神身旁跟着娥皇、女英二妃，又手挽汉水女神。南湘之二妃：指娥皇和女英，为尧的两个女儿，嫁于舜为妻，后舜南巡，死于苍梧，二妃往寻，自投湘水而死，遂为湘水之神。汉滨之游女：汉水之女神，即前注中所谓郑交甫所遇之神女。

[38]　此句意为鲍瓜星之无偶而叹息。鲍瓜：星名，又名天鸡，在河鼓星东。

[39]　袿(guī)：指妇女的上衣。猗(yī)靡：随风飘动貌。

[40]　"凌波"二句：在水波上微步行走，溅起的水沫附在罗袜上，如同尘埃。凌：踏。尘：指细微四散的水沫。

[41]　"屏翳"二句：风神屏翳收敛了晚风，水神川后止息了波涛。屏翳：传说中的神灵，司职说法不一，或说云师，或说雷师，或说雨师，曹植此文中视为风神。川后：传说中的河神。

[42]　"冯夷"二句：冯夷击响神鼓，女娲发出清泠歌声。冯夷：传说中的水神。女娲：传说中的女神，相传笙簧是她所造，故文中说"女娲清歌"。

[43]　"腾文鱼"二句：飞腾的文鱼警卫着洛神的车乘，众神随着叮当作响的玉鸾一齐离去。文鱼：传说中一种能飞的鱼。警乘：警卫车乘。玉鸾：鸾鸟形的玉制车铃，动则发声。偕逝：俱往。偕：俱，一起。

[44]　云车：传说天神以云为车。容裔：即"容与"，舒缓安详之貌。

[45]　鲸鲵：即鲸鱼，雄者称鲸，雌者称鲵(ní)。毂(gǔ)：车轮中用以贯轴的圆木，这里代指车。

[46]　沚：水中小块陆地。

[47]　"纡素领"二句：洛神转动白皙的脖颈，清秀的眉目不断顾盼。纡：回。素领：白皙的颈项。清阳：形容女性清秀的眉目。

[48]　此句意为陈诉着往来交接的纲要。交接：结交往来。

[49]　盛年：少壮之年。莫当：无匹，无偶，意为两人不能结合。

[50]　"虽潜处"二句：虽然幽居神仙之所，但将永远怀念君王。潜处：深处，幽居。太阴：众神所居之处。君王：指作者曹植。

[51]　"忽不悟"二句：洛神说完忽然不知去处，我为众灵一时消失隐去光彩而深感惆怅。不悟：未察觉，未见。所舍：停息之处。宵：同"消"，消失。蔽光：隐去光彩。

[52]　此句意为舍低登高。背下：离开低处。陵高：登上高地。

[53]　"揽騑辔"二句：当手执马缰，举鞭策驱之时，却又怅然若失，徘徊依恋，不忍离去。騑(fēi)：古代驾车称辕外之马为騑或骖，此泛指驾车之马。抗策：举鞭。盘桓：徘徊貌。

【导读】

　　《洛神赋》为曹植辞赋中最为杰出的作品。作者以浪漫主义的手法，通过梦幻的境界，描写人神之间的真挚爱情，但终因"人神殊道"无法结合而惆怅分离。《洛神赋》吸收屈原《九歌》和宋玉《神女》之艺术手法，故既有《九歌》中《湘君》《湘夫人》等诗篇那种浓厚的抒情成分，同时又具有《神女》赋对女性美的精妙刻画，不愧为描绘女性之美的名篇。

　　文中对洛神的美丽作了全方位的精妙刻画。首先，以一连串生动奇逸的比喻，对洛神的整体形象作了精彩纷呈的形容：她风姿绰约，"翩若惊鸿，婉若游龙"，如"轻云之蔽月"，似"流风之回雪"，给人以轻盈、飘逸、流转、绰约的动感；她容貌明艳，宛如"荣曜秋菊，华茂春松"，若"太阳升朝霞"，似"芙蓉出渌波"，给人以明丽、清朗、华艳、妖冶的色感。接着，进一步使用传统的直接描绘手法，对洛神的体态、容貌、服饰和举止进行了细致的刻画。她身材曼妙："秾纤得衷，修短合度。肩若削成，腰如约素"；她皮肤洁白："延颈秀项，皓质呈露"；她容貌美艳："云髻峨峨，修眉联娟。丹唇外朗，皓齿内鲜。明眸善睐，靥辅承权"；她服饰华丽："奇服旷世，骨像应图。披罗衣之璀粲兮，珥瑶碧之华琚。戴金翠之首饰，缀明珠以耀躯。践远游之文履，曳雾绡之轻裾"；她举止娴静："瑰姿艳逸，仪静体闲。柔情绰态，媚于语言"；她文明有修养："嗟佳人之信修兮，羌习礼而明诗"，等等，把洛神描绘得近似完美无瑕。

　　《洛神赋》可说是汉代铺排大赋向六朝抒情小赋转化之桥梁，对后世有着广泛深远的影响，晋代大书法家王献之和大画家顾恺之，都曾将《洛神赋》作为题材形诸楮墨，为书苑和画坛增添了不可多得的精品。

出师表[1]

（三国）诸葛亮

诸葛亮（181 年—234 年），字孔明，号卧龙，徐州琅琊阳都（今山东临沂市沂南县）人，三国时期蜀国丞相，杰出的政治家、军事家、外交家、文学家、书法家、发明家。

诸葛亮早年随叔父诸葛玄到荆州，诸葛玄死后，诸葛亮就在隆中隐居。后刘备三顾茅庐请出诸葛亮，联孙抗曹，于赤壁之战大败曹军。形成三国鼎足之势，蜀章武元年（221 年），刘备在成都建立蜀汉政权，诸葛亮被任命为丞相，主持朝政。蜀后主刘禅继位，诸葛亮被封为武乡侯。诸葛亮前后六次北伐中原，多以粮尽无功。终因积劳成疾，于蜀建兴十二年（234 年）病逝于五丈原（今陕西宝鸡岐山境内），享年 54 岁。刘禅追封其为忠武侯，后世常以武侯尊称诸葛亮。东晋政权因其军事才能特追封他为武兴王。

诸葛亮散文代表作有《出师表》《诫子书》等。曾发明木牛流马、孔明灯等，并改造连弩，叫作诸葛连弩，可一弩十矢俱发。诸葛亮一生"鞠躬尽瘁、死而后已"，是中国传统文化中忠臣与智者的代表人物。

先帝[2]创业未半而中道崩殂[3]，今天下三分，益州疲弊[4]，此诚[5]危急存亡之秋[6]也。然侍卫之臣不懈[7]于内，忠志之士忘身于外者，盖[8]追先帝之殊遇[9]，欲报之于陛下也。诚宜开张圣听[10]，以光先帝遗德，恢弘志士之气，不宜妄自菲薄，引喻失义[11]，以塞忠谏之路也。

宫中府中[12]，俱为一体；陟[13]罚臧否[14]，不宜异同。若有作奸犯科及为忠善者，宜付有司[15]论其刑赏，以昭陛下平明之理；不宜偏私，使内外异法也。

侍中、侍郎[16]郭攸之、费祎、董允等，此皆良实，志虑忠纯，是以先帝简拔以遗[17]陛下：愚以为宫中之事，事无大小，悉以咨之，然后施行，必能裨补阙漏[18]，有所广益。

将军向宠，性行淑均[19]，晓畅军事，试用于昔日，先帝称之曰"能"，是以众议举宠为督：愚以为营中之事，悉以咨之，必能使行阵[20]和睦，优劣得所。

亲贤臣，远小人，此先汉所以兴隆也；亲小人，远贤臣，此后汉所以倾颓也。先帝在时，每与臣论此事，未尝不叹息痛恨于桓、灵也。侍中、尚书、长史、参军，此悉贞良死节之臣，愿陛下亲之、信之，则汉室之隆，可计日而待也。

臣本布衣，躬耕于南阳，苟全性命于乱世，不求闻达于诸侯。先帝不以臣卑鄙[21]，猥自枉屈，三顾臣于草庐之中，咨臣以当世之事，由是感激[22]，遂许先帝以驱驰[23]。后值倾覆，受任于败军之际，奉命于危难之间，尔来二十有一年矣。

先帝知臣谨慎，故临崩寄臣以大事也。受命以来，夙夜忧叹，恐托付不效，以伤先帝之明；故五月渡泸，深入不毛。今南方已定，兵甲已足，当奖率三军，北定中原，庶竭驽钝，攘除奸凶，兴复汉室，还于旧都。此臣所以报先帝而忠陛下之职分也。至于斟酌损益，进尽忠言，则攸之、祎、允之任也。

愿陛下托臣以讨贼兴复之效，不效，则治臣之罪，以告先帝之灵。若无兴德之言，则责攸之、祎、允等之慢，以彰其咎；陛下亦宜自谋，以咨诹善道[24]，察纳雅言，深追先帝遗诏。臣不胜受恩感激。

今当远离，临表涕零，不知所言。

【注释】

[1] 出：出征。师：军队。表：古代向帝王上书陈情言事的一种文体。

[2] 先帝：指蜀汉开国君主刘备。先：称已死的人，多用于尊长。

[3] 崩殂（cú）：死。崩：古代称帝王、皇后之死。殂：死亡。

[4] 益州疲弊：指蜀汉国力薄弱，处境艰难。益州：这里指蜀汉。疲弊：人力疲惫，民生凋敝。

[5] 此：这。诚：确实、实在、果真。

[6] 秋：时刻。

[7] 懈：懈怠、放松。

[8] 盖：副词，表示整句系解释原因，原来是。

[9] 殊遇：特殊的对待，即优待、厚遇。

[10] 开张圣听：扩大圣明的听闻，意思是要后主广泛地听取别人的意见。开张：扩大。圣：圣明。

[11] 引喻失义：说话不恰当。引喻：引用、比喻，这里是说话的意思。引：称引。喻：譬喻。义：适宜、恰当。

[12] 宫中：指皇宫中。府中：指朝廷中。

[13] 陟（zhì）：提升，提拔。

[14] 臧否（pǐ）：善恶。

[15] 有司：职有专司，就是专门管理某种事情的官。

[16] 侍中、侍郎：都是官名。

[17] 遗（wèi）：给予。

[18] 必能裨补阙漏：一定能够弥补缺点和疏漏之处。

[19] 性行（xíng）淑均：性情品德善良平正。

[20] 行（háng）阵：指军队。

[21] 卑鄙：身份低微，见识短浅。卑：身份低下。鄙：见识短浅。

[22] 感激：感动激奋。

[23] 驱驰：驱车追赶，这里是奔走效劳的意思。

[24] 咨诹善道：询问（治国的）好道理。诹：询问。

【导读】

　　本文是诸葛亮在第一次出师北伐前对刘禅上的表文。在文中，诸葛亮劝说后主刘禅广开言路，严明赏罚，亲贤远佞，以继承先帝刘备的遗志；陈述了自己对先帝的感激之情和"兴复汉室"的决心，同时表明了自己忧心国事、鞠躬尽瘁的忠心。

陈情表

（西晋）李密

李密（224年—287年？），字令伯，一名李虔，犍为武阳（今四川彭山）人。西晋著名学者谯周的学生，博览五经，尤好《左传》。曾任蜀汉的尚书郎。晋灭蜀后，武帝司马炎征其为太子洗马。密以祖母年高，无人奉养，遂不应命。其祖母死后，又被征至洛阳为太子洗马，出为温县（今属河南）令，迁汉中太守。后因作诗得罪晋武帝，被免官。《三国志》《晋书》均有传。

臣密言：臣以险衅[1]，夙遭闵凶[2]。生孩六月，慈父见背[3]；行年四岁，舅夺母志。祖母刘，愍臣孤弱[4]，躬亲[5]抚养。臣少多疾病，九岁不行，零丁孤苦，至于成立。既无伯叔，终鲜兄弟[6]，门衰祚薄[7]，晚有儿息。外无期功强近之亲[8]，内无应门五尺之僮。茕茕孑立[9]，形影相吊[10]。而刘夙婴疾病[11]，常在床蓐[12]，臣侍汤药，未曾废离。

逮奉圣朝[13]，沐浴清化[14]。前太守[15]臣逵，察臣孝廉[16]，后刺史[17]臣荣，举臣秀才。臣以供养无主[18]，辞不赴命。诏书特下，拜臣郎中[19]，寻蒙国恩，除臣洗马[20]，猥以微贱[21]，当侍东宫[22]，非臣陨首[23]所能上报。臣具以表闻，辞不就职。诏书切峻[24]，责臣逋慢[25]，郡县逼迫，催臣上道；州司临门，急于星火。臣欲奉诏奔驰，则刘病日笃[26]，欲苟顺私情，则告诉[27]不许。臣之进退，实为狼狈[28]。

伏惟圣朝以孝治天下，凡在故老，犹蒙矜育[29]，况臣孤苦，特为尤甚。且臣少仕伪朝[30]，历职郎署，本图宦达，不矜名节[31]。今臣亡国贱俘，至微至陋[32]。过蒙拔擢，宠命优渥[33]，岂敢盘桓[34]，有所希冀！但以刘日薄西山，气息奄奄[35]，人命危浅[36]，朝不虑夕。臣无祖母，无以至今日；祖母无臣，无以终余年。母孙二人，更相为命[37]，是以区区[38]不能废远[39]。

臣密今年四十有四，祖母刘今年九十有六，是臣尽节于陛下之日长，报养刘之日短也。乌鸟私情[40]，愿乞终养[41]。臣之辛苦，非独蜀之人士及二州牧伯[42]所见明知，皇天后土实所共鉴。愿陛下矜愍愚诚[43]，听臣微志，庶刘侥幸，保卒余年。臣生当陨首，死当结草[44]。臣不胜犬马[45]怖惧之情，谨拜表以闻。

【注释】

[1] 险衅：艰难祸患。
[2] 夙：早，指幼年时。闵凶：忧患凶丧之事。
[3] 见背：谓父母或长辈去世，此指父死。
[4] 愍：怜悯。孤弱：孤苦弱小，无父曰孤。

［5］ 躬亲：亲自。

［6］ 终鲜：既无。

［7］ 门衰：指家门衰落。祚薄：福气浅薄。

［8］ 期（jī）功：古代丧服的名称。期：服丧一年。功：按关系亲疏分大功与小功，大功服丧九个月，小功服丧五个月，也用来称五服之内的宗亲。强近：较为亲近。

［9］ 茕茕：孤单的样子。孑立：孤独。

［10］ 形影相吊：身子与影子互相安慰，形容非常孤单。吊：慰问。

［11］ 夙婴疾病：早就被疾病所缠绕。婴：缠绕，遭受。

［12］ 蓐：草垫子。

［13］ 逮：及。奉：侍奉，敬奉。圣朝：指西晋王朝。

［14］ 清化：清明的教化，此为溢美之词。

［15］ 太守：郡的最高行政长官。

［16］ 孝廉：汉代选拔人才的科目之一。孝：善事父母。廉：品行纯洁。魏晋仍沿袭此制度。

［17］ 刺史：州的长官。

［18］ 供养无主：供养祖母的事无人主理。

［19］ 郎中：官名，魏晋时系侍从之官。

［20］ 除：授职。洗马：官名，本作"先马"。汉沿秦制，为东宫属官，职如谒者，太子出则为前导。晋时改掌图籍。

［21］ 猥：鄙陋卑贱，此为自谦之辞。微贱：指身份低贱。

［22］ 东宫：太子所住之地，此指太子。

［23］ 陨首：掉脑袋，身死。上报：报答皇上之恩。

［24］ 切峻：急切严厉。

［25］ 逋慢：怠慢不敬。

［26］ 日笃：日益加重。笃：重，厚。

［27］ 告诉：向长官申诉请求。

［28］ 狼狈：指进退两难的情状。

［29］ 矜育：怜悯养育。

［30］ 少仕伪朝：年少时在西蜀做官。伪朝：被灭掉的蜀汉王朝。

［31］ 矜：自夸。名节：名誉与节操。此句言自己并非以名节自夸是不仕二朝之人。

［32］ 微、陋：都是低贱的意思。

［33］ 优渥：优厚。

［34］ 盘桓：犹豫，迟疑不前。

［35］ 奄奄：气息微弱的样子。

［36］ 危浅：垂危。浅：时间短。

［37］ 更相为命：相依为命。

［38］ 区区：微小，引申为一点。

［39］废远：弃而远离。此句言一刻也不能离祖母而远去。

［40］乌乌私情：指乌鸦的反哺之情，常用以比喻人之孝心。

［41］终养：养老送终。

［42］二州牧伯：两个州的长官，指上文的太守逵和刺史荣二人。牧伯：一州之长。

［43］矜悯：怜惜同情。愚诚：一片诚心。愚字为谦词。

［44］结草：死后报恩之意。

［45］犬马：臣子对君上的自卑之称。

【导读】

　　此表全篇突出一个"情"字，为了打动晋武帝，也为了避免晋武帝责怪李密以"矜名节"为借口，不与新王朝合作，以致招来杀身之祸，李密反复强调对祖母的孝情和祖孙相依为命的亲情。晋朝标榜"以孝治天下"，如此陈述孝情与亲情，使晋武帝无话可说，而且可以引起晋武帝的同情。此书上达之后，"武帝览其表曰：'密不空有名者也。嘉其诚款，赐奴婢二人，使郡县供其祖母奉膳。'"（李善注引《华阳国志》）故此表在"昭明心曲"（《文心雕龙·章表》）方面是成功的。此表写得娓娓入情，语言生动形象，精粹自然。其中"茕茕孑立，形影相吊""日薄西山，气息奄奄""人命危浅，朝不虑夕"等，最为脍炙人口。

归去来兮辞

（东晋）陶渊明

　　陶渊明（352 或 365 年—427 年），字元亮，又名潜，私谥"靖节"，世称靖节先生，浔阳柴桑（今江西省九江市）人。东晋末至南宋初期伟大的诗人、辞赋家。曾任江州祭酒、建威参军、镇军参军、彭泽县令等职，最末一次出仕为彭泽县令，八十多天后便弃职而去，从此归隐田园。他是中国第一位田园诗人，被称为"古今隐逸诗人之宗"，有《陶渊明集》。

　　余家贫，耕植不足以自给。幼稚盈室，瓶无储粟[1]，生生所资，未见其术[2]。亲故多劝余为长吏，脱然有怀[3]，求之靡途[4]。会有四方之事，诸侯以惠爱为德，家叔以余贫苦，遂见用于小邑。于时风波未静，心惮远役，彭泽去家百里，公田之利，足以为酒。故便求之。及少日，眷然有归欤之情。何则？质性自然，非矫厉所得。饥冻虽切，违己交病[5]。尝从人事，皆口腹自役[6]。于是怅然慷慨，深愧平生之志。犹望一稔，当敛裳宵逝[7]。寻程氏妹丧于武昌，情在骏奔，自免去职。仲秋至冬，在官八十余日。因事顺心，命篇曰《归去来兮》。乙巳岁十一月也。

　　归去来兮[8]，田园将芜胡不归[9]？既自以心为形役，奚惆怅而独悲？悟已往之不谏，知来者之可追。实迷途其未远，觉今是而昨非。舟遥遥以轻飏，风飘飘而吹衣。问征夫以前路，恨晨光之熹微[10]。

　　乃瞻衡宇[11]，载欣载奔。僮仆欢迎，稚子候门。三径就荒，松菊犹存。携幼入室，有酒盈樽[12]。引壶觞以自酌，眄庭柯以怡颜。倚南窗以寄傲[13]，审容膝之易安。园日涉以成趣，门虽设而常关。策扶老以流憩，时矫首而遐观。云无心以出岫[14]，鸟倦飞而知还。景翳翳以将入[15]，抚孤松而盘桓。

　　归去来兮，请息交以绝游。世与我而相遗，复驾言兮焉求？悦亲戚之情话[16]，乐琴书以消忧。农人告余以春及，将有事于西畴。或命巾车[17]，或棹[18]孤舟。既窈窕以寻壑，亦崎岖而经丘。木欣欣以向荣，泉涓涓而始流。善万物之得时，感吾生之行休。

　　已矣乎[19]！寓形宇内复几时？曷不委心任去留？胡为乎遑遑[20]欲何之？富贵非吾愿，帝乡不可期。怀良辰以孤往，或植杖而耘耔。登东皋以舒啸[21]，临清流而赋诗。聊乘化以归尽，乐夫天命复奚疑！

【注释】

[1]　幼稚：指孩童。盈：满。瓶：指盛米用的陶制容器，如甏（bèng）、瓮之类。

[2]　生生：犹言维持生计。前一"生"字为动词，后一"生"字为名词。资：凭借。术：这

里指经营生计的本领。

[3] 脱然：不经意的样子。有怀：心有所动（指有了做官的念头）。

[4] 靡途：没有门路。

[5] 交病：指思想上遭受痛苦。

[6] 口腹自役：为了满足口腹的需要而驱使自己。

[7] 敛裳：收拾行装。宵：星夜。逝：离去。

[8] 归去来兮：意思是"回去吧"。来：助词，无义。兮：语气词。

[9] 田园将芜胡不归：田园将要荒芜了，为什么不回去？芜：田地荒废。胡：同"何"，为什么。

[10] 熹微：天色微明。

[11] 乃瞻衡宇：刚刚看见了自家的房子。乃：于是、然后。瞻：远望。衡宇：横木为门的房屋，指简陋的房屋。衡：通"横"。宇：屋檐，这里指居处。

[12] 盈樽：满杯。

[13] 寄傲：寄托傲然自得的心情。傲：指傲世。

[14] 云无心以出岫（xiù）：云气自然而然地从山里冒出。无心：无意地。岫：有洞穴的山，这里泛指山峰。

[15] 景翳（yì）翳以将入：阳光黯淡，太阳快落下去了。景：日光。翳翳：阴暗的样子。

[16] 情话：知心话。

[17] 巾车：有车帷的小车。

[18] 棹：本义船桨。这里名词用作动词，意为划桨。

[19] 已矣乎：算了吧！助词"矣"与"乎"连用，加强感叹语气。

[20] 遑遑：不安的样子。

[21] 登东皋（gāo）以舒啸：登上东面的高地放声长啸。皋：高地。啸：撮口发出的长而清越的一种声音。舒：放。

【导读】

　　这篇文章作于作者辞官之初，叙述了他辞官归隐后的生活情趣和内心感受，表现了他对官场的认识以及对人生的思索，表达了他洁身自好、不同流合污的精神情操。作品通过描写具体的景物和活动，创造出一种宁静恬适、乐天自然的意境，寄托了他的生活理想。语言朴素，辞意畅达，匠心独运而又通脱自然。感情真挚，意境深远，有很强的感染力。结构安排严谨周密，散体序文重在叙述，韵文辞赋则全力抒情，二者各司其职，成"双美"之势。

祭十二郎文

（唐）韩愈

韩愈（768 年－824 年），字退之，河南河阳（今河南孟州）人，两《唐书》有传。唐德宗贞元八年（792 年）进士第，两为节度使幕僚，贞元十八年（802 年）授四门博士，迁监察御史，因论事贬阳山令。唐宪宗元和元年（806 年）召为国子博士，后历仕河南令、比部郎中史馆修撰、考功郎中、中书舍人等。元和十二年（817 年）随彰义军节度使裴度讨淮西，迁刑部侍郎。元和十四年（819 年）因谏迎佛骨贬潮州刺史，量移袁州刺史。后穆宗即位，召为国子祭酒，历兵部侍郎、京兆尹、礼部侍郎，唐穆宗长庆四年（824 年）卒。韩愈诗文兼擅。其诗豪健雄放，与孟郊齐名，并称"韩孟"。韩愈推尊儒学，力排佛老，反对六朝以来的骈文，提倡古文，与柳宗元同为当时文坛盟主，世称"韩柳"。苏轼谓韩愈"文起八代之衰"（《潮州韩文公庙碑》），对后世散文影响巨大。

年月日，季父[1]愈闻汝丧之七日，乃能衔哀致诚，使建中远具时羞[2]之奠，告汝十二郎之灵：

呜呼！吾少孤[3]，及长，不省所怙[4]，惟兄嫂是依。中年，兄殁[5]南方，吾与汝俱幼，从嫂归葬河阳[6]，既又与汝就食江南，零丁孤苦，未尝一日相离也。吾上有三兄，皆不幸早世。承先人后者，在孙惟汝，在子惟吾，两世一身，形单影只。嫂尝抚汝指吾而言曰："韩氏两世，惟此而已！"汝时尤小，当不复记忆。吾时虽能记忆，亦未知其言之悲也。

吾年十九，始来京城；其后四年，而归视[7]汝。又四年，吾往河阳省[8]坟墓，遇汝从嫂丧来葬。又二年，吾佐董丞相于汴州[9]，汝来省吾。止一岁，请归取其孥[10]。明年，丞相薨[11]，吾去汴州，汝不果来。是年，吾佐戎徐州[12]，使取汝者始行，吾又罢去，汝又不果来。吾念汝从于东，东亦客也，不可以久。图久远者，莫如西归，将成家而致汝[13]。呜呼！孰谓汝遽[14]去吾而殁乎！吾与汝俱少年，以为虽暂相别，终当久相与处，故舍汝而旅食京师，以求斗斛之禄[15]。诚知其如此，虽万乘之公相，吾不以一日辍汝而就也[16]。

去年孟东野往[17]，吾书与汝曰："吾年未四十，而视茫茫，而发苍苍，而齿牙动摇。念诸父与诸兄，皆康强而早世。如吾之衰者，其能久存乎？吾不可去，汝不肯来，恐旦暮死，而汝抱无涯之戚也！"孰谓少者殁而长者存，强者夭而病者全乎！呜呼！其信然邪[18]？其梦邪？其传之非其真邪？信也，吾兄之盛德而夭其嗣乎？汝之纯明而不克蒙其泽乎[19]？少者、强者而夭殁，长者、衰者而存全乎？未可以为信也。梦也，传之非其真也，东野之书，耿兰之报，何为而在吾侧也？呜呼！其信然矣！吾兄之盛德而夭其嗣矣！汝之纯明宜业其家者，不克蒙其泽矣！所谓天者诚难测，而神者诚难明矣！所谓理者不可推，而寿者不可知矣！虽然，吾自今年来，苍苍者或化而为白矣，动摇者或脱而落矣。毛血日益衰，志气日益微，几何不从汝而死也[20]！死而有知，其几何离；其无知，悲不几时，而不悲者无穷期矣。汝之子始十岁，吾之子始五岁。少而强者不可保，如此孩提者，又可冀其成立邪！呜呼哀哉！呜呼哀哉！

汝去年书云："比得软脚病[21]，往往而剧。"吾曰："是疾也，江南之人，常常有之。"未始以为忧也。呜呼！其竟以此而殒其生乎？抑别有疾而至斯乎？汝之书，六月十七日也。东野云：汝殁以六月二日；耿兰之报无月日。盖东野之使者，不知问家人以月日；如耿兰之报，不知当言月日。东野与吾书，乃问使者，使者妄称以应之耳。其然乎？其不然乎？今吾使建中祭汝，吊汝之孤与汝之乳母。彼有食，可守以待终丧[22]，则待终丧而取以来；如不能守以终丧，则遂取以来。其馀奴婢，并令守汝丧。吾力能改葬，终葬汝于先人之兆[23]，然后惟其所愿[24]。

呜呼！汝病吾不知时，汝殁吾不知日；生不能相养以共居，殁不得抚汝以尽哀；敛[25]不凭其棺，窆[26]不临其穴。吾行负神明，而使汝夭；不孝不慈，而不得与汝相养以生，相守以死。一在天之涯，一在地之角，生而影不与吾形相依，死而魂不与吾梦相接。吾实为之，其又何尤[27]！彼苍者天，曷其有极[28]！

自今已往，吾其无意于人世矣！当求数顷之田于伊、颍[29]之上，以待馀年，教吾子与汝子，幸其成；长吾女与汝女，待其嫁，如此而已。呜呼！言有穷而情不可终，汝其知也邪！其不知也邪！呜呼哀哉！尚飨[30]！

【注释】

[1]　季父：排行最小的叔父。

[2]　羞：同"馐"，美味的食品。

[3]　孤：幼年丧父。

[4]　省（xǐng）：知道。怙（hù）：依靠。《诗·小雅·蓼莪》里有"无父何怙"，后来就常用来形容对父亲的依靠。

[5]　殁：死。

[6]　河阳：即今河南孟州，为韩愈籍贯所在，有韩氏祖茔。

[7]　视：探望。

[8]　省（xǐng）：探望，此引申为凭吊。

[9]　董丞相：指董晋，曾任御史中丞、御史大夫，兼任过汴州刺史。汴州：州治在今河南开封。

[10]　孥（nú）：妻和子的统称。

[11]　丞相薨（hōng）：指董晋卒。唐德宗贞元十五年（799年）二月董晋卒，汴州军乱，韩愈失去幕职。

[12]　佐戎徐州：贞元十五年秋，韩愈再受宁武军（治徐州）节度使张建封辟为节度推官。佐戎：辅助军事。

[13]　致汝：接你来。

[14] 遽：突然。

[15] 斗斛之禄：指自己贞元十七年（801年）入京选官，调四门博士。斗斛：古代量器，十斗为一斛。此指官微职卑，俸禄极少。

[16] 辍：停止，这里指离开。就：就职，上任。

[17] 孟东野即孟郊。贞元十八年（802年）孟郊调任溧阳尉，韩愈有《送孟东野序》一文。溧阳今属江苏，唐时属江南西道，为宣州属县，所以韩愈托孟郊捎书。

[18] 其信然邪：犹言难道这是真的吗？其为语首助词，下文数"其"字意思相同。

[19] 不克：不能。蒙其泽：蒙受先人的遗泽，即继承先人事业。

[20] 几何：若干、多少。此处表示少。

[21] 比：最近。软脚病：一种脚病。

[22] 终丧：古礼，人死三年除服（除去孝服），称为终丧。

[23] 先人之兆：指祖先坟茔。即归葬于河阳旧籍的意思。

[24] 惟其所愿：听从他们（指守以终丧的乳母、奴婢等）的意愿。

[25] 敛：同"殓"。

[26] 窆（biǎn）：下棺落葬。

[27] 尤：怨恨，怪罪。

[28] 彼苍者天，曷其有极：你青苍的上天啊，我的痛苦哪有尽头啊。语出《诗经·唐风·鸨羽》："悠悠苍天，曷其有极。"

[29] 伊、颍：伊水和颍水，都在河南境内。求数顷之田于伊、颍是归隐不做官的意思。

[30] 尚飨：旧时祭文等结束语，表示希望死者享用祭品。

【导读】

　　这篇祭文作于唐德宗贞元十九年（803年），时韩愈为四门博士。韩愈父亲韩仲卿有子三人：韩会、韩介、韩愈，十二郎名老成，原为韩介次子，韩会无子，老成遂出嗣韩会为子。韩愈幼年丧父，由长兄韩会夫妇抚养成人。老成年龄稍小于韩愈，叔侄二人关系非常亲密。祭文改以往的韵文为散文，追叙了自己和侄子韩老成幼年时的孤苦无依、成年后的聚少离多，以饱含血泪的字句描写了得知老成死讯时极度悲伤的心情，感人至深。

始得西山宴游记

（唐）柳宗元

　　柳宗元（773 年—819 年），字子厚，唐代河东（今山西运城）人，杰出诗人、哲学家、儒学家乃至成就卓著的政治家，唐宋八大家之一。著名作品有《永州八记》等六百多篇文章，经后人辑为三十卷，名为《柳河东集》。因为他是河东人，人称柳河东。柳宗元与韩愈并称为"韩柳"，与王维、孟浩然、韦应物并称"王孟韦柳"。柳宗元一生留存诗文作品达 600 余篇，其文的成就大于诗。骈文有近百篇，散文论说性强，笔锋犀利，讽刺辛辣。

　　柳宗元因参加王叔文革新运动，于唐宪宗元和元年（806 年）被贬到永州担任司马。到永州后，其母病故，王叔文被处死，他自己也不断受到统治者的诽谤和攻击，心情压抑。永州山水幽奇雄险，许多地方还鲜为人知。柳宗元在这漫长的戴罪期间，便到处游览，搜奇探胜，借以开拓胸襟，得到精神上的慰藉。《永州八记》就是这种心态之下的游历结晶，包含《始得西山宴游记》《钴鉧潭记》《钴鉧潭西小丘记》《至小丘西小石潭记》《袁家渴记》《石渠记》《石涧记》《小石城山记》。这篇文章是《永州八记》的第一篇，写于唐宪宗元和四年（809 年）。

　　自余为僇人[1]，居是州，恒惴栗[2]。其隙[3]也，则施施而行，漫漫而游。日与其徒上高山，入深林，穷回溪，幽泉怪石，无远不到。到则披草而坐，倾壶而醉。醉则更相枕以卧，卧而梦。意有所极，梦亦同趣。觉而起，起而归。以为凡是州之山水有异态者，皆我有也，而未始知西山之怪特。

　　今年九月二十八日，因坐法华西亭，望西山，始指异之。遂命仆人过湘江，缘染溪，斫[4]榛莽[5]，焚茅茷[6]，穷山之高而止。攀援而登，箕踞[7]而遨，则凡数州之土壤，皆在衽席[8]之下。其高下之势，岈然[9]洼然，若垤[10]若穴，尺寸千里，攒[11]蹙[12]累积，莫得遁隐。萦青缭白，外与天际，四望如一。然后知是山之特立，不与培塿[13]为类。悠悠乎与颢气[14]俱，而莫得其涯；洋洋乎与造物者游，而不知其所穷。引觞[15]满酌，颓然就醉，不知日之入。苍然暮色，自远而至，至无所见，而犹不欲归。心凝形释，与万化[16]冥合[17]。然后知吾向之未始游，游于是乎始，故为之文以志。是岁，元和[18]四年也。

【注释】

　　[1]　僇人：同"戮人"，受过刑辱的人，罪人。作者因永贞革新失败，被贬为永州司马，故自称僇人。僇：通"戮"，耻辱。

　　[2]　惴栗：恐惧不安。惴：恐惧。栗：发抖。此意为害怕政敌落井下石。

　　[3]　隙：指空闲时间。

　　[4]　斫：砍伐。

[5]   榛莽：指杂乱丛生的荆棘灌木。

[6]   茅茷：指长得繁密杂乱的野草。茷：草叶茂盛。

[7]   箕踞：指坐时随意伸开两腿，形簸箕，是一种不拘礼节的坐法。正规坐法是臀部要压在脚后跟上，两腿不能伸直。箕：簸箕。踞：蹲坐。

[8]   衽席：坐垫、席子。

[9]   岈（xiā）然：高山深邃的样子。岈，《广韵》："岈，蛤岈，山深之状。"

[10]   垤：蚁封，即蚂蚁洞边的小土堆。"若垤"承"岈然"，"若穴"承"洼然"。

[11]   攒：聚集在一起。

[12]   蹙：紧缩在一起。

[13]   培塿：小土堆。

[14]   灏气：同"浩气"，指天地间的大气。

[15]   引觞：拿起酒杯。

[16]   万化：万物变化，指自然界万物。

[17]   冥合：不知不觉地融合为一体。

[18]   元和：唐宪宗李纯年号。

【导读】

及至唐代，游记体散文开始走向内蕴深厚、形式精美的定型阶段。其中最具独立意义的代表作，就是柳公的《永州八记》。本文叙事写景，都饱含着作者的感情色彩，表现了作者寂寞惆怅、孤标傲世的情怀。在"苍然暮色，自远而近，至无所见"时分，作者的酒大概醒了，但仍无归意。因为在万籁俱寂的暮色中，他的灵府中已没有丝毫杂念，形体已似乎消散，像与宇宙万物融合在一起。这种"心凝形释，与万物冥合"，摒弃了一切尘世纷扰，产生了主宾俱化、物我两忘的强烈感受，从此使他明确选择了以后漫游山水的明确目的——就是从大自然中去发现美，又以自然美寄托自己的节操，升华自己的灵魂。

项脊轩志

（明）归有光

归有光（1507年—1571年），字熙甫，又字开甫，别号震川，又号项脊生，世称"震川先生"。汉族，苏州府昆山县（今江苏昆山）宣化里人。明朝中期散文家、官员。归有光崇尚唐宋古文，其散文风格朴实，感情真挚，是明代"唐宋派"代表作家，被称为"今之欧阳修"，后人称赞其散文为"明文第一"。与唐顺之、王慎中并称为"嘉靖三大家"，又与胡友信齐名，世称"归胡"。著有《震川先生集》《三吴水利录》等。

项脊轩，旧南阁子也。室仅方丈，可容一人居。百年老屋，尘泥渗漉，雨泽下注；每移案，顾视，无可置者。又北向，不能得日，日过午已昏。余稍为修葺，使不上漏。前辟四窗，垣墙周庭，以当南日，日影反照，室始洞然。又杂植兰桂竹木于庭，旧时栏楯[1]，亦遂增胜。借[2]书满架，偃仰啸歌，冥然兀坐，万籁有声；而庭阶寂寂（一作阶寂寂），小鸟时来啄食，人至不去。三五之夜，明月半墙，桂影斑驳，风移影动，珊珊可爱。

然余居于此，多可喜，亦多可悲。先是庭中通南北为一。迨诸父异爨[3]，内外多置小门，墙往往而是。东犬西吠，客逾庖而宴，鸡栖于厅。庭中始为篱，已为墙，凡再变矣。家有老妪，尝居于此。妪，先大母婢也，乳二世，先妣抚之甚厚。室西连于中闺，先妣尝一至。妪每谓余曰："某所，而母立于兹。"妪又曰："汝姊在吾怀，呱呱而泣，娘以指叩门扉曰：'儿寒乎？欲食乎？'吾从板外相为应答。"语未毕，余泣，妪亦泣。余自束发读书轩中，一日，大母过余曰："吾儿，久不见若影，何竟日默默在此，大类女郎也？"比去，以手阖门，自语曰："吾家读书久不效，儿之成，则可待乎！"顷之，持一象笏[4]至，曰："此吾祖太常公宣德间执此以朝，他日汝当用之！"瞻顾遗迹，如在昨日，令人长号[5]不自禁。

轩东，故尝为厨，人往，从轩前过。余扃[6]牖[7]而居，久之，能以足音辨人。轩凡四遭火，得不焚，殆[8]有神护者。

项脊生曰："蜀清守丹穴，利甲天下，其后秦皇帝筑女怀清台；刘玄德与曹操争天下，诸葛孔明起陇中。方二人之昧昧于一隅也，世何足以知之，余区区处败屋中，方扬眉、瞬目，谓有奇景。人知之者，其谓与坎井之蛙何异？"

余既为此志，后五年，吾妻来归，时至轩中，从余问古事，或凭几学书。吾妻归宁，述诸小妹语曰："闻姊家有阁子，且何谓阁子也？"其后六年，吾妻死，室坏不修。其后二年，余久卧病无聊，乃使人复葺南阁子，其制稍异于前。然自后余多在外，不常居。

庭有枇杷树，吾妻死之年所手植也，今已亭亭如盖矣。

【注释】

[1] 栏楯(shǔn)：栏杆，直的叫"栏"，横的叫"楯"。

[2] 借：同"藉"，堆积。

[3] 异爨(cuàn)：不在同一处做饭，意为分了家。爨：烧火做饭。

[4] 象笏：象牙制的笏。笏：朝臣用的手板，上面可记事以备忘。

[5] 长号(háo)：大哭。

[6] 扃(jiōng)：关闭。

[7] 牖(yǒu)：窗户，这里泛指门窗。

[8] 殆(dài)：副词，表示推测语气，大概。

【导读】

　　全文以作者青年时代朝夕所居的书斋项脊轩为经，以归家几代人的人事变迁为纬，真切再现了祖母、母亲、妻子的音容笑貌，也表达了作者对于三位已故亲人的深沉怀念。作者借一轩以记三代之遗迹，睹物怀人，悼亡念存，叙事娓娓而谈，用笔清淡简洁，表达了深厚的感情。全文语言自然本色，不事雕饰，不用奇字险句，力求朴而有致，淡而有味，营造出一种清疏淡雅的感觉。

思考练习

1. 请选择一首你喜欢的古典诗词谈谈你的语感。

2. 你怎样看王国维先生说的"有我之境"与"无我之境"？

3. 请举实例说说"追忆"在中国古典文学作品中的作用。

4. 读诗、写诗真有安顿心灵的作用吗？请谈谈你的看法。

5. 中华文化源远流长，党的二十大报告也指出要推进文化自信自强。那么，在中国古代最负盛名的两位诗人李白和杜甫中间，你更喜欢哪一位？为什么？

拓展阅读

1. 余冠英：《诗经选》（中华书局，2021 年）。

2. 王国维：《人间词话 汇编汇校汇评》（生活·读书·新知三联书店，2013 年）。

3. ［美］叶嘉莹：《迦陵著作集：迦陵论诗丛稿（第二版）》（北京大学出版社，2014 年）。

4. ［美］宇文所安：《追忆——中国古典文学中的往事再现》（郑学勤译）（生活·读书·新知三联书店，2000 年）。

5. 林语堂：《苏东坡传》(湖南文艺出版社，2018 年)。

6. 骆玉明：《古诗词课》(江苏凤凰文艺出版社，2023 年)。

7. 许倬云：《万古江河》(湖南人民出版社，2017 年)。

8. 徐复观：《中国艺术精神》(辽宁人民出版社，2019 年)。

9. 余英时：《士与中国文化》(上海人民出版社，2003 年)。

10. 尚永亮：《诗映大唐春——唐诗与唐人生活》(北京大学出版社，2017 年)。

11. 程千帆：《读宋诗随笔》(陕西师范大学出版社，2018 年)。

12. 曹胜高，岳洋峰：《汉乐府全集》(崇文书局，2018 年)。

第三章　文 学 的 光 辉

家国情怀

雪落在中国的土地上

艾青

　　艾青(1910 年—1996 年)生于浙江金华，现代文学家、诗人。1928 年中学毕业后考入国立杭州西湖艺术院。1933 年第一次用笔名发表长诗《大堰河——我的保姆》。1932 年在上海加入中国左翼美术家联盟，从事革命文艺活动。1935 年出版了第一本诗集《大堰河》。1957年被错划为右派。曾赴黑龙江、新疆生活和劳动，创作中断了二十余年。1979 年平反后，任中国作家协会副主席、国际笔会中心副会长等职。1985 年获法国文学艺术最高勋章。1996年 5 月 5 日凌晨 4 时 15 分因病逝世，享年 86 岁。

　　雪落在中国的土地上，
　　寒冷在封锁着中国呀……

　　风，
　　像一个太悲哀了的老妇，
　　紧紧地跟随着
　　伸出寒冷的指爪
　　拉扯着行人的衣襟，
　　用着像土地一样古老的话
　　一刻也不停地絮聒着……

　　那从林间出现的，
　　赶着马车的

你中国的农夫，
戴着皮帽，
冒着大雪
要到哪儿去呢？

告诉你
我也是农人的后裔——
由于你们的
刻满了痛苦的皱纹的脸
我能如此深深地
知道了
生活在草原上的人们的
岁月的艰辛。

而我
也并不比你们快乐啊
——躺在时间的河流上
苦难的浪涛
曾经几次把我吞没而又卷起——
流浪与监禁
已失去了我的青春的
最可贵的日子，
我的生命
也像你们的生命
一样的憔悴呀。

雪落在中国的土地上，
寒冷在封锁着中国呀……

沿着雪夜的河流，
一盏小油灯在徐缓地移行，
那破烂的乌篷船里
映着灯光，垂着头
坐着的是谁呀？

——啊，你
蓬发垢面的少妇，

是不是
你的家
——那幸福与温暖的巢穴
已被暴戾的敌人
烧毁了么？
是不是
也像这样的夜间，
失去了男人的保护，
在死亡的恐怖里
你已经受尽敌人刺刀的戏弄？

咳，就在如此寒冷的今夜，
无数的
我们的年老的母亲，
都蜷伏在不是自己的家里，
就像异邦人
不知明天的车轮
要滚上怎样的路程……
——而且
中国的路
是如此的崎岖，
是如此的泥泞呀。

雪落在中国的土地上：
寒冷在封锁着中国呀……

透过雪夜的草原，
那些被烽火所啮啃着的地域，
无数的，土地的垦植者
失去了他们所饲养的家畜
失去了他们肥沃的田地
拥挤在
生活的绝望的污巷里；
饥馑的大地
朝向阴暗的天
伸出乞援的
颤抖着的两臂。

中国的痛苦与灾难
像这雪夜一样广阔而又漫长呀！

雪落在中国的土地上，
寒冷在封锁着中国呀……

中国，
我的在没有灯光的晚上
所写的无力的诗句
能给你些许的温暖么？

【导读】

　　《雪落在中国的土地上》写于1937年"七七事变"之后，是一个满怀正义和激愤之情的诗人所唱出的一支深沉而激越的歌。诗人借助现代派的表现手法，选取了几类人作为描写对象：北方林间的农夫、蓬发垢面的少妇、年老的母亲、失去了家畜和田地的垦殖者。通过一幅幅生动的画面和一个个生活形象，表现在死亡线上挣扎、苦斗、求生的中国劳苦大众的渴望、不平和愤懑。表达了对国土沦丧、人民苦难的无限忧虑。诗作注重新鲜意象的捕捉，通过自然的联想，将主观感情与客观形象融合为一体，以鲜明而丰富的诗歌形象，给读者以强烈的感受。

我用残损的手掌

戴望舒

戴望舒(1905年—1950年)，名承，字朝安，浙江杭州人。中国现代派象征主义诗人、翻译家等。

我用残损的手掌
摸索这广大的土地：
这一角已变成灰烬，
那一角只是血和泥；
这一片湖该是我的家乡，
（春天，堤上繁花如锦幛，
嫩柳枝折断有奇异的芬芳，）
我触到荇藻和水的微凉；
这长白山的雪峰冷到彻骨，
这黄河的水夹泥沙在指间滑出；
江南的水田，你当年新生的禾草
是那么细，那么软……现在只有蓬蒿；
岭南的荔枝花寂寞地憔悴，
尽那边，我蘸着南海没有渔船的苦水……
无形的手掌掠过无限的江山，
手指沾了血和灰，手掌沾了阴暗，
只有那辽远的一角依然完整，
温暖，明朗，坚固而蓬勃生春。
在那上面，我用残损的手掌轻抚，
像恋人的柔发，婴孩手中乳。
我把全部的力量运在手掌，
贴在上面，寄与爱和一切希望，
因为只有那里是太阳，是春，
将驱逐阴暗，带来苏生，
因为只有那里我们不像牲口一样活，
蝼蚁一样死……
那里，永恒的中国！

【导读】

　　《我用残损的手掌》是"雨巷诗人"戴望舒在日寇铁窗下向苦难祖国的抒怀之作。1942年4月，诗人在香港参加了抗日救亡运动，被投入监狱，受尽严刑拷打。1942年7月，诗人获保释，摸着自己遍体鳞伤的身体，回望支离破碎的山河，联想到祖国又何尝又不是如此。故而，戴望舒怀着对外族侵略的痛恨愤慨，对祖国和人民的同情爱怜，写下了这首诗。在诗中，诗人对于国土沦丧、生民涂炭的现实饱含忧伤和愤懑，对于坚持抗日的同胞寄予了热切的期望，能让读者感受到作者浓烈的爱国之情。

祖国啊，我亲爱的祖国

舒婷

舒婷（1952 年—）原名龚佩瑜，女，1952 年出生于福建石码镇，中国当代女诗人，朦胧诗派的代表人物。从小随父母定居于厦门，1969 年下乡插队，1972 年返城当工人，1979 年开始发表诗歌作品，1980 年至福建省文联工作，从事专业写作。

我是你河边上破旧的老水车，
数百年来纺着疲惫的歌；
我是你额上熏黑的矿灯，
照你在历史的隧洞里蜗行摸索；
我是干瘪的稻穗；是失修的路基；
是淤滩上的驳船
把纤绳深深
勒进你的肩膊；
——祖国啊！

我是贫困，
我是悲哀。
我是你祖祖辈辈
痛苦的希望啊，
是"飞天"袖间
千百年未落到地面的花朵，
——祖国啊！

我是你簇新的理想，
刚从神话的蛛网里挣脱；
我是你雪被下古莲的胚芽；
我是你挂着眼泪的笑涡；
我是新刷出的雪白的起跑线；
是绯红的黎明
正在喷薄；
——祖国啊！

我是你的十亿分之一，
是你九百六十万平方的总和；

你以伤痕累累的乳房

喂养了

迷惘的我、深思的我、沸腾的我；

那就从我的血肉之躯上

去取得

你的富饶、你的荣光、你的自由；

——祖国啊，

我亲爱的祖国！

【导读】

　　《祖国啊，我亲爱的祖国》是朦胧诗派的代表性诗人舒婷的作品，该诗写于 1979 年 7 月，诗歌借鉴浪漫主义手法，精选了一系列意象，描述了中国过去的贫穷、苦难和人民千百年来的梦想，展现了中国让人振奋的崛起和新生，诗中将个体的自我放在祖国的大形象里，并承担起使祖国繁荣富强的重任，表达了强烈的爱国之情和深沉的历史责任感。

席慕蓉诗二首

　　席慕蓉(1943 年—)，蒙古族，全名穆伦·席连勃，当代画家、诗人、散文家。原籍内蒙古察哈尔部。1963 年，席慕蓉从台湾师范大学美术系毕业，1966 年在比利时布鲁塞尔皇家艺术学院完成进修，获得比利时皇家金牌奖、布鲁塞尔市政府金牌奖等多项奖项。著有诗集、散文集、画册及选本等五十余种，《七里香》《无怨的青春》《一棵开花的树》等诗篇脍炙人口，成为经典。

　　席慕蓉的作品多写爱情、人生、乡愁，写得极美，淡雅剔透，抒情灵动，饱含着对生命的挚爱真情，影响了整整一代人的成长历程。

乡　愁

故乡的歌 是一支清远的笛
总在有月亮的晚上 响起

故乡的面貌 却是一种模糊的怅惘
仿佛雾里的 挥手别离

离别后
乡愁是一棵没有年轮的树
永不老去

【导读】

　　《乡愁》是当代诗人席慕蓉于 20 世纪 80 年代初创作的一首现代诗。诗歌用朴素自然的语言，表达出一种清幽深邃的意境，传递出远离故乡的游子心中缠绵醇厚的乡愁。她用"清远的笛"来形容"故乡的歌"，让人忆起唐代李益"不知何处吹芦管，一夜征人尽望乡"的悲壮苍凉；"模糊的怅惘"和"雾里的挥手别离"就像时刻弥漫心中的乡愁，如此真切却难以形容，只能在心中生成惆怅和迷惘；"乡愁是一棵没有年轮的树/永不老去"更是点睛之笔，时光在更替，人也会老去，只有心中的故乡永远不变，思乡之情绵绵无绝期。

狂风沙

风沙的来处有一个名字
父亲说儿啊那就是你的故乡

长城外草原千里万里
母亲说儿啊名字只有一个记忆

风沙起时　乡心就起
风沙落时　乡心却无处停息
寻觅的云啊流浪的鹰
我的挥手不只是为了呼唤
请让我与你们为侣　划遍长空
飞向那历历的关山

一个从没见过的地方竟是故乡
所有的知识只有一个名字
在灰暗的城市里我找不到方向
父亲啊母亲
那名字是我心中的刺

【导读】

　　《狂风沙》的作者席慕蓉祖籍内蒙古，在她的笔下，广袤无垠的大草原就是她的根，狂风沙的来处就是她的故乡，浪迹天涯的白云和雄鹰就是她的灵魂，可以乘风而起，飞越关山，回到她从未见过的故乡。席慕蓉的诗歌作品常常写到乡愁，但是她的乡愁往往带着内蒙古大草原的粗砺和豪迈，如黄沙漫天，如狂风呼啸，深刻表达出远离故土的人们内心深处的思念和疼痛。

北平的四季

郁达夫

郁达夫(1896年—1945年)，原名郁文，字达夫，中国现代作家，是新文学团体"创造社"的发起人之一，也是一位为抗日救国而殉难的爱国主义作家。文学代表作有《沉沦》《故都的秋》《春风沉醉的晚上》《过去》《迟桂花》《怀鲁迅》等。

对于一个已经化为异物的故人，追怀起来，总要先想到他或她的好处；随后再慢慢地想想，则觉得当时所感到的一切坏处，也会变作很可寻味的一些纪念，在回忆里开花。关于一个曾经住过的旧地，觉得此生再也不会第二次去长住了，身处入了远离的一角，向这方向的云天遥望一下，回想起来的，自然也同样地只是它的好处。

中国的大都会，我前半生住过的地方，原也不在少数；可是当一个人静下来回想起从前，上海的闹热，南京的辽阔，广州的乌烟瘴气，汉口武昌的杂乱无章，甚至于青岛的清幽，福州的秀丽，以及杭州的沉着，总归都还比不上北京——我住在那里的时候，当然还是北京——的典丽堂皇，幽闲清妙。

先说人的分子罢，在当时的北京，——民国十一二年前后——上自军财阀政客名优起，中经学者名人，文士美女教育家，下而至于负贩拉车铺小摊的人，都可以谈谈，都有一艺之长，而无憎人之貌；就是由荐头店荐来的老妈子，除上炕者是当然以外，也总是衣冠楚楚，看起来不觉得会令人讨嫌。

其次说到北京物质的供给哩，又是山珍海错，洋广杂货，以及萝卜白菜等本地产品，无一不备，无一不好的地方。所以在北京住上两三年的人，每一遇到要走的时候，总只感到北京的空气太沉闷，灰沙太暗淡，生活太无变化；一鞭出走，出前门便觉胸舒，过芦沟方知天晓，仿佛一出都门，就上了新生活开始的坦道似的；但是一年半载，在北京以外的各地——除了在自己幼年的故乡以外——去一住，谁也会得重想起北京，再希望回去，隐隐地对北京害起剧烈的怀乡病来。这一种经验，原是住过北京的人，个个都有，而在我自己，却感觉得格外的浓，格外的切。最大的原因或许是为了我那长子之骨，现在也还埋在郊外广谊园的坟山，而几位极要好的知己，又是在那里同时毙命的受难者的一群。

北平的人事品物，原是无一不可爱的，就是大家觉得最要不得的北平的天候，和地理联合上一起，在我也觉得是中国各大都会中所寻不出几处来的好地。为叙述的便利起见，想分成四季来约略地说说。

北平自入旧历的十月以后就是灰沙满地，寒风刺骨的节季了，所以北平的冬天，是一般人所最怕过的日子。但是要想认识一个地方的特异之处，我以为顶好是当这特异处表现得最圆满的时候去领略；故而夏天去热带，寒天去北极，是我一向所持的哲理。北平的冬天，冷虽则比南方要冷得多，但是北方生活的伟大幽闲，也只有在冬季，使人感受得最彻底。

先说房屋的防寒装置吧，北方的住屋，并不同南方的摩登都市一样，用的是钢骨水泥，冷热气管；一般的北方人家，总只是矮矮的一所四合房，四面是很厚的泥墙；上面花厅内都有一张暖坑，一所回廊；廊子上是一带明窗，窗眼里糊着薄纸，薄纸内又装上风门，另外就没有什么了。在这样简陋的房屋之内，你只教把炉子一生，电灯一点，棉门帘一挂上，在屋里住着，却一辈子总是暖炖炖象是春三四月里的样子。尤其会得使你感觉到屋内的温软堪恋的，是屋外窗外面乌乌在叫啸的西北风。天色老是灰沉沉的，路上面也老是灰的围障，而从风尘灰土中下车，一踏进屋里，就觉得一团春气，包围在你的左右四周，使你马上就忘记了屋外的一切寒冬的苦楚。若是喜欢吃吃酒，烧烧羊肉锅的人，那冬天的北方生活，就更加不能够割舍；酒已经是御寒的妙药了，再加上以大蒜与羊肉酱油合煮的香味，简直可以使一室之内，涨满了白濛濛的水蒸温气。玻璃窗内，前半夜，会流下一条条的清汗，后半夜就变成了花色奇异的冰纹。

到了下雪的时候哩，景象当然又要一变。早晨从厚棉被里张开眼来，一室的清光，会使你的眼睛眩晕。在阳光照耀之下，雪也一粒一粒地放起光来了，蛰伏得很久的小鸟，在这时候会飞出来觅食振翎，谈天说地，吱吱地叫个不休。数日来的灰暗天空，愁云一扫，忽然变得澄清见底，翳障全无；于是年轻的北方住民，就可以营屋外的生活了，溜冰，做雪人，赶冰车雪车，就在这一种日子里最有劲儿。

我曾于这一种大雪时晴的傍晚，和几位朋友，跨上跛驴，出西直门上骆驼庄去过一夜。北平郊外的一片大雪地，无数枯树林，以及西山隐隐现现的不少白峰头，和时时吹来的几阵雪样的西北风，所给与人的印象，实在是深刻，伟大，神秘到了不可以言语来形容。直到了十余年后的现在，我一想起当时的情景，还会得打一个寒颤而吐一口清气，如同在钓鱼台溪旁立着的一瞬间一样。

北平的冬宵，更是一个特别适合于看书，写信，追思过去，与作闲谈说废话的绝妙时间。记得当时我们兄弟三人，都住在北京，每到了冬天的晚上，总不远千里地走拢来聚在一道，会谈少年时候在故乡所遇所见的事事物物。小孩们上床去了，佣人们也都去睡觉了，我们弟兄三个，还会得再加一次煤再加一次煤地长谈下去。有几宵因为屋外面风紧天寒之故，到了后半夜的一二点钟的时候，便不约而同地会说出索性坐坐到天亮的话来。象这一种可宝贵的记忆，象这一种最深沉的情调，本来也就是一生中不能够多享受几次的昙花佳境，可是若不是在北平的冬天的夜里，那趣味也一定不会得象如此的悠长。

总而言之，北平的冬季，是想赏识赏识北方异味者之唯一的机会；这一季里的好处，这一季里的琐事杂忆，若要详细地写起来，总也有一部《帝京景物略》那么大的书好做；我只记下了一点点自身的经历，就觉得过长了，下面只能再来略写一点春和夏以及秋季的感怀梦境，聊作我的对这日就沦亡的故国的哀歌。

春与秋，本来是在什么地方都属可爱的时节，但在北平，却与别的地方也有点儿两样。北国的春，来得较迟，所以时间也比较得短。西北风停后，积雪渐渐地消了，赶牲口的车夫身上，看不见那件光板老羊皮的大袄的时候，你就得预备着游春的服饰与金钱；因为春来也无信,春去也无踪,眼睛一眨,在北平市内,春光就会得同飞马似的溜过。屋内的炉子,刚拆去不久,说不定你就马上得去叫盖凉棚的才行。而北方春天的最值得记忆的痕迹,是城厢内外的那一层新绿,同洪水似的新绿。北京城,本来就是一个只见树木不见屋顶的绿色的都会,一踏出九城的门户,四面的黄土坡上,更是杂树丛生的森林地了;在日光里颤抖着的嫩绿的波浪,油光光,亮晶晶,若是神经系统不十分健全的人,骤然间身入到这一个淡绿色的海洋涛浪里去一看,包管你要张不开眼,立不住脚,而昏蹶过去。

北京市内外的新绿,琼岛春阴,西山挹翠诸景里的新绿,真是一幅何等奇伟的外光派的妙画!但是这画的框子,或者简直说这画的画布,现在却已经完全掌握在一只满长着黑毛的巨魔的手里了!北望中原,究竟要到哪一日才能够重见得到天日呢?从地势纬度上讲来,北方的夏天,当然要比南方的夏天来得凉爽。在北平城里过夏,实在是并没有上北戴河或西山去避暑的必要。一天到晚,最热的时候,只有中午到午后三四点钟的几个钟头,晚上太阳一下山,总没有一处不是凉阴阴要穿单衫才能过去的;半夜以后,更是非盖薄棉被不可了。而北平的天然冰的便宜耐久,又是夏天住过北平的人所忘不了的一件恩惠。

我在北平,曾经过过三个夏天;象什刹海,菱角沟,二闸等暑天游耍的地方,当然是都到过的;但是在三伏的当中,不问是白天或是晚上,你只教有一张藤榻,搬到院子里的葡萄架下或藤花阴处去躺着,吃吃冰茶雪藕,听听盲人的鼓词与树上的蝉鸣,也可以一点儿也感不到炎热与薰蒸。而夏天最热的时候,在北平顶多总不过九十四五度,这一种大热的天气,全夏顶多顶多又不过十日的样子。

在北平,春夏秋的三季,是连成一片;一年之中,仿佛只有一段寒冷的时期,和一段比较得温暖的时期相对立。由春到夏,是短短的一瞬间,自夏到秋,也只觉得是过了一次午睡,就有点儿凉冷起来了。因此,北方的秋季也特别的觉得长,而秋天的回味,也更觉得比别处来得浓厚。前两年,因去北戴河回来,我曾在北平过过一个秋,在那时候,已经写过一篇《故都的秋》,对这北平的秋季颂赞过了一道了,所以在这里不想再来重复;可是北平近郊的秋色,实在也正象是一册百读不厌的奇书,使你愈翻愈会感到兴趣。秋高气爽,风日晴和的早晨,你且骑着一匹驴子,上西山八大处或玉泉山碧云寺去走走看;山上的红柿,远处的烟树人家,郊野里的芦苇黍稷,以及在驴背上驮着生果进城来卖的农户佃家,包管你看一个月也不会看厌。春秋两季,本来是到处都好的,但是北方的秋空,看起来似乎更高一点,北方的空气,吸起来似乎更干燥健全一点。而那一种草木摇落,金风肃杀之感,在北方似乎也更觉得要严肃,凄凉,沉静得多。你若不信,你且去西山脚下,农民的家里或古寺的殿前,自阴历八月至十月下旬,去住它三个月看看。古人的"悲哉秋之为气"以及"胡笳互动,牧马悲鸣"的那一种哀感,在南方是不大感觉得到的,但在北平,尤其是在郊外,你真会得感至极而涕零,思千里兮命驾。所以我说,北平的秋,才是真正的秋;南方的秋天,不过是英国话里所说的 Indian Summer 或叫作小春天气而已。

统观北平的四季,每季每节,都有它的特别的好处;冬天是室内饮食奄息的时期,秋天是郊外走马调鹰的日子,春天好看新绿,夏天饱受清凉。至于各节各季,正当移换中的一段时间哩,又是别一种情趣,是一种两不相连,而又两都相合的中间风味,如雍和宫的打鬼,净业庵的放灯,丰台的看芍药,万牲园的寻梅花之类。五六百年来文化所聚萃的北平,一年四季无一月不好的北平，我在遥忆，我也在深祝，祝她的平安进展，永久地为我们黄帝子孙所保有的旧都城。

【导读】

　　《北平的四季》是现代著名诗人郁达夫的一篇散文，写于 1936 年。这篇散文通过对北平四季的描绘，展现了作者对这座历史名城的热爱与眷念。作者以独特的观察力和描绘力，让读者仿佛看到了北平春天的桃花、夏天的荷花、秋天的菊花和冬天的雪景，写得栩栩如生。文章语言优美，情感真挚，让人读来仿佛置身于北平独特的四季魅力中。

握一把苍凉

司马中原

　　司马中原(1933年—2024年)，中国江苏人，本名吴延玫，著名作家。1933年出生于淮阴区渔沟镇。1949年去台，十九世纪六七十年代发表出版了大批小说，长篇有《狂风沙》《荒原》《魔夜》《骤雨》等，中篇有《山灵》《雷神》《霸头》等。

　　童年，总有那么一个夜晚，立在露湿的石阶上，望着升起的圆月，天真成了碧海，白苍苍的一丸月，望得人一心的胆寒。谁说月是冰轮，该把它摘来抱温着，也许残秋就不会因月色而亦显凄冷了。离枝的叶掌悄然飘坠在多苔的石上窸窣幽叹着，俄而听见高空洒落的雁声，鼻尖便无由地酸楚起来。后来忆起那夜的光景，只好以童梦荒唐自解，端的是荒唐么？成长的经验并不是很快意的。

　　把家宅的粉壁看成一幅幅斑驳的、奇幻的画，用童心去读古老的事物，激荡成无数泡沫般的幻想，渔翁、樵子、山和水以及水滨的钓客，但从没想过一个孩子怎样会变成老翁的。五十之后才哑然悟出：再丰繁的幻想也只有景况，缺少那种深细微妙的过程，你曾想抱温过秋空的冷月吗？串起这些，在流转的时空里，把它积成一种过程，今夜的稿笺上，便落下我曾经漆黑过的白发。

　　但愿你懂得我哽咽的呓语，不再笑我痴狂，就这样，我和中国恋爱过，一片碎瓦，一角残砖，一些在时空中消逝的人和物，我的记忆发酵着深入骨髓的恋情，一声故国，喷涌的血流已写成千百首诗章。

　　浮居岛上卅余年，时间把我蚀成家宅那面斑驳的粉壁，让年轻人把它当成一幅幅奇幻的画来看，有一座老得秃了头的山在北国，一座题有我名字的尖塔仍立在江南，我的青春是一排蝴蝶标本，我的记忆可曾飞入你的幻想？

　　恋爱不是一种快乐，青春也不是，如果你了解一个人穿经怎样的时空老去的，你就能仔细品味出某种特异的感觉，在不同时空的中国，你所恐惧的地狱曾经是我别无选择的天堂。不必在字面上去认识青春和恋爱，区分乡思和相思了。我在稿纸上长夜行军的时刻，我多疾的老妻是我携带的背囊，我唱着一首战歌，青春，中国的青春，但在感觉中，历史的长廊黑黝黝的，中国恋爱着你，连中国也没有快乐过。

　　忧患的意识就是这样生根的，我走过望不尽天边的平野，又从平野走向另一处天边；天辽野阔，扫一季落叶烧成在火中浮现的无数的人脸，悲剧对于我是一种温暖。而一把伞下旋出的甜蜜柔情，只是立于我梦图之外的幻影。但愿你懂得，皱纹是一册册无字的书，需要用心灵去辨识，去憬悟。恋爱可能是一种快乐，青春也是。但愿我的感觉得到你的感觉的指正。你是另一批正在飞翔的蝴蝶。

一夜我立在露台上望月，回首数十年，春也没春过，秋也没秋过，童稚的真纯失却了，只换得半生白白的冷。一刹间，心中浮起人生几度月当头的断句来，刻骨相思当真催人老去么？中国，我爱恋过的人和物，土地和山川，我是一茎白发的芦苇，犹自劲立在夜风中守望，而这里的秋空，没见鸿雁飞过。

把自己站立成一季的秋，从烟黄的旧页中，竟然捡出一片采自江南的红叶，时光是令人精神错乱的迷雾，没有流水和叶面的题诗，因此，我的青春根本缺少"红叶题诗"的浪漫情致，中国啊，我的心是一口生苔的古井，沉黑幽深，满涨着垂垂欲老的恋情。

一个雨夜，陪老妻找一家名唤"青春"的服装店，灯光在雨雾中炫射成带芒刺的光球，分不清立着还是挂着。妻忘了带地址，见人就问：青春在哪里？被问的人投以诧异的眼——两个霜鬓的夫妇，竟然向他询问青春？后来我们也恍然觉出了，凄凉地对笑起来，仿佛在一刹中捡取童稚时的疯和傻。最后终于找着那间窄门面的店子，玻璃橱窗里，挂满中国古典式的服装，猜想妻穿起它们来，将会有些戏剧的趣味。若说人生如戏，也就是这样了，她的笑瞳里竟也闪着泪光。三分的甜蜜，竟裹着七分的苍凉。我们走过的日子，走过的地方，恍惚都化成片片色彩，涂出我们共同爱恋过的人和物。中国不是一个名词，但愿你懂得，我们不是庄周，精神化蝶是根本无需哲学的。

握一把苍凉献给你，在这不见红叶的秋天，趁着霜还没降，你也许还能觉出一点我们手握的余温吧！

【导读】

《握一把苍凉》是一篇十分优美的散文，语言清雅空灵，读来颇有文质彬彬之感，像一位儒雅的老人，向读者缓缓诉说逝去的岁月，诉说对青春的眷恋和对祖国的思念，充满了怀旧与哲理意味。在作者的笔下，他的青春岁月与记忆里的祖国是合二为一的，童年的圆月与碧海、祖国的土地和山川、露湿的台阶、江南的红叶，都是记忆里最美的画面。全文无一句写乡愁，又句句是乡愁，喷薄欲出的情感却用克制忧伤的笔调来写，宛如细水长流，平淡隽永，让人心有戚戚。

听听那冷雨

余光中

　　余光中（1928年—2017年），当代著名作家、诗人、学者、翻译家，出生于南京，祖籍福建永春。因母亲原籍为江苏武进，故也自称"江南人"。余光中一生从事诗歌、散文、评论、翻译，自称为自己写作的"四度空间"，被誉为文坛的"璀璨五彩笔"。他驰骋文坛逾半个世纪，涉猎广泛，被誉为"艺术上的多妻主义者"。其文学生涯悠远、辽阔、深沉，为当代诗坛健将、散文家、著名批评家、优秀翻译家。现已出版诗集21种、散文集11种、评论集5种、翻译集13种，共40余种。代表作有《白玉苦瓜》（诗集）、《记忆像铁轨一样长》（散文集）及《分水岭上：余光中评论文集》（评论集）等，其诗作如《乡愁》《乡愁四韵》，散文如《听听那冷雨》《我的四个假想敌》等，广泛收录于大陆及港台语文课本。

　　惊蛰一过，春寒加剧。先是料料峭峭，继而雨季开始，时而淋淋漓漓，时而淅淅沥沥，天潮潮地湿湿，即使在梦里，也似乎把伞撑着。而就凭一把伞，躲过一阵潇潇的冷雨，也躲不过整个雨季。连思想也都是潮润润的。每天回家，曲折穿过金门街到厦门街迷宫式的长巷短巷，雨里风里，走入霏霏令人更想入非非。想这样子的台北凄凄切切完全是黑白片的味道，想整个中国整部中国的历史无非是一张黑白片子，片头到片尾，一直是这样下着雨的。这种感觉，不知道是不是从安东尼奥尼那里来的。不过那一块土地是久违了，二十五年，四分之一的世纪，即使有雨，也隔着千山万山，千伞万伞。二十五年，一切都断了，只有气候，只有气象报告还牵连在一起，大寒流从那块土地上弥天卷来，这种酷冷吾与古大陆分担。不能扑进她怀里，被她的裙边扫一扫也算是安慰孺慕之情吧。

　　这样想时，严寒里竟有一点温暖的感觉了。这样想时，他希望这些狭长的巷子永远延伸下去，他的思路也可以延伸下去，不是金门街到厦门街，而是金门到厦门。他是厦门人，至少是广义的厦门人，二十年来，不住在厦门，住在厦门街，算是嘲弄吧，也算是安慰。不过说到广义，他同样也是广义的江南人，常州人，南京人，川娃儿，五陵少年。杏花春雨江南，那是他的少年时代了。再过半个月就是清明。安东尼奥尼的镜头摇过去，摇过去又摇过来。残山剩水犹如是。皇天后土犹如是。纭纭黔首纷纷黎民从北到南犹如是。那里面是中国吗？那里面当然还是中国，永远是中国。只是杏花春雨已不再，牧童遥指已不再，剑门细雨渭城轻尘也都已不再。然则他日思夜梦的那片土地，究竟在哪里呢？

　　在报纸的头条标题里吗？还是香港的谣言里？还是傅聪的黑键白键马思聪的跳弓拨弦？还是安东尼奥尼的镜底勒马洲的望中？还是呢，故宫博物院的壁头和玻璃柜内，京戏的锣鼓声中太白和东坡的韵里？

　　杏花、春雨、江南，六个方块字，或许那片土就在那里面。而无论赤县也好神州也好中国也好，变来变去，只要仓颉的灵感不灭，美丽的中文不老，那形象、那磁石一般的向心力当必然长在。因为一个方块字是一个天地。太初有字，于是汉族的心灵他祖先的回忆和希望便有了寄托。譬如凭空写一个"雨"字，点点滴滴，滂滂沱沱，淅淅沥沥，一切云情雨意，就宛然其中了。视觉上的这种美感，岂是什么 rain 也好 pluie 也好所能满足？翻开一部《辞源》或《辞海》，金木水火土，各成世界，而一入"雨"部，古神州的天颜千变万化，便悉在望中，美丽的霜雪云霞，骇人的雷电霹雳，展露的无非是神的好脾气与坏脾气，气象台百读不厌门外汉百思不解的百科全书。

听听，那冷雨；看看，那冷雨；嗅嗅闻闻，那冷雨；舔舔吧，那冷雨。雨下在他的伞上，这城市百万人的伞上雨衣上屋上天线上，雨下在基隆港在防波堤在海峡的船上，清明这季雨。雨是女性，应该最富于感性。雨气空蒙而迷幻，细细嗅嗅，清清爽爽新新，有一点点薄荷的香味，浓的时候，竟发出草和树沐发后特有的淡淡土腥气，也许那竟是蚯蚓和蜗牛的腥气吧，毕竟是惊蛰了啊。也许地上的地下的生命，也许古中国层层叠叠的记忆皆蠢蠢而蠕，也许是植物的潜意识和梦吧，那腥气。

第三次去美国，在高高的丹佛他山居住了两年。美国的西部，多山多沙漠，千里干旱，天，蓝似盎格鲁萨克逊人的眼睛；地，红如印第安人的肌肤；云，却是罕见的白鸟。落基山簇簇耀目的雪峰上，很少飘云牵雾。一来高，二来干，三来森林线以上，杉柏也止步，中国诗词里"荡胸生层云"或是"商略黄昏雨"的意趣，是落基山上难睹的景象。落基山岭之胜，在石，在雪。那些奇岩怪石，相叠互倚，砌一场惊心动魄的雕塑展览，给太阳和千里的风看。那雪，白得虚虚幻幻，冷得清清醒醒，那股皑皑不绝一仰难尽的气势，压得人呼吸困难，心寒眸酸。不过要领略"白云回望合，青霭入看无"的境界，仍须来中国。台湾湿度很高，最饶云气氤氲雨意迷离的情调。两度夜宿溪头，树香沁鼻，宵寒袭肘，枕着润碧湿翠苍苍交叠的山影和万籁都歇的岑寂，仙人一样睡去。山中一夜饱雨，次晨醒来，在旭日未升的原始幽静中，冲着隔夜的寒气，踏着满地的断柯折枝和仍在流泻的细股雨水，一径探入森林的秘密，曲曲弯弯，步上山去。溪头的山，树密雾浓，翁郁的水气从谷底冉冉升起，时稠时稀，蒸腾多姿，幻化无定，只能从雾破云开的空处，窥见乍现即隐的一峰半壑，要纵览全貌，几乎是不可能的。至少入山两次，只能在白茫茫里和溪头诸峰玩捉迷藏的游戏。回到台北，世人问起，除了笑而不答心自闲，故作神秘之外，实际的印象，也无非山在虚无之间罢了。云萦烟绕，山隐水迢的中国风景，由来予人宋画的韵味。那天下也许是赵家的天下，那山水却是米家的山水。而究竟，是米氏父子下笔像中国的山水，还是中国的山水上纸像宋画，恐怕是谁也说不清楚了吧？

雨不但可嗅，可观，更可以听。听听那冷雨。听雨，只要不是石破天惊的台风暴雨，在听觉上总是一种美感。大陆上的秋天，无论是疏雨滴梧桐，或是骤雨打荷叶，听去总有一点凄凉，凄清，凄楚，于今在岛上回味，则在凄楚之外，再笼上一层凄迷了，饶你多少豪情侠气，怕也经不起三番五次的风吹雨打。一打少年听雨，红烛昏沉。二打中年听雨，客舟中江阔云低。三打白头听雨，在僧庐下，这便是亡宋之痛，一颗敏感心灵的一生：楼上，江上，庙里，用冷冷的雨珠子串成。十年前，他曾在一场摧心折骨的鬼雨中迷失了自己。雨，该是一滴湿漓漓的灵魂，窗外在喊谁。

雨打在树上和瓦上，韵律都清脆可听。尤其是铿铿敲在屋瓦上，那古老的音乐，属于中国。王禹偁在黄冈，破如椽的大竹为屋瓦。据说住在竹楼里面，急雨声如瀑布，密雪声比碎玉，而无论鼓琴，咏诗，下棋，投壶，共鸣的效果都特别好。这样岂不像住在竹筒里面，任何细脆的声响，怕都会加倍夸大，反而令人耳朵过敏吧。

雨天的屋瓦，浮漾湿湿的流光，灰而温柔，迎光则微明，背光则幽黯，对于视觉，是一种低沉的安慰。至于雨敲在鳞鳞千瓣的瓦上，由远而近，轻轻重重轻轻，夹着一股股的细流沿瓦槽与屋檐潺潺泻下，各种敲击音与滑音密织成网，谁的千指百指在按摩耳轮。"下雨了"，温柔的灰美人来了，她冰冰的纤手在屋顶拂弄着无数的黑键啊灰键，把晌午一下子奏成了黄昏。

在古老的大陆上，千屋万户是如此。二十多年前，初来这岛上，日式的瓦屋亦是如此。先是天黯了下来，城市像罩在一块巨幅的毛玻璃里，阴影在户内延长复加深。然后凉凉的水意弥漫在空间，风自每一个角落里旋起，感觉得到，每一个屋顶上呼吸沉重都覆着灰云。雨来了，最轻的敲打乐敲打这城市。苍茫的屋顶，远远近近，一张张敲过去，古老的琴，那细细密密的节奏，单调里自有一种柔婉与亲切，滴滴点点滴滴，似幻似真，若孩时在摇篮里，一曲耳熟的童谣摇摇欲睡，母亲吟哦鼻音与喉音。或是在江南的泽国水乡，一大筐绿油油的桑叶被噬于千百头蚕，细细琐琐屑屑，口器与口器咀咀嚼嚼。雨来了，雨来的时候瓦这么说，一片瓦说千亿片瓦说，说轻轻地奏吧沉沉地弹，徐徐地叩吧挞挞地打，间间歇歇敲一个雨季，即兴演奏从惊蛰到清明，在零落的坟上冷冷奏挽歌，一片瓦吟千亿片瓦吟。

在日式的古屋里听雨，听四月，霏霏不绝的黄梅雨，朝夕不断，旬月绵延，湿黏黏的苔藓从石阶下一直侵到舌底，心底。到七月，听台风台雨在古屋顶一夜盲奏，千寻海底的热浪沸沸被狂风挟来，掀翻整个太平洋只为向他的矮屋檐重重压下，整个海在他的蜗壳上哗哗泻过。不然便是雷雨夜，白烟一般的纱帐里听羯鼓一通又一通，滔天的暴雨滂滂沛沛扑来，强劲的电琵琶忐忑忑忑忑忑，弹动屋瓦的惊悸腾腾欲掀起。不然便是斜斜的西北雨斜斜，刷在窗玻璃上，鞭在墙上，打在阔大的芭蕉叶上，一阵寒潮泻过，秋意便弥漫日式的庭院了。

在日式的古屋里听雨，春雨绵绵听到秋雨潇潇，从少年听到中年，听听那冷雨。雨是一种单调而耐听的音乐，是室内乐是室外乐，户内听听，户外听听，冷冷，那音乐。雨是一种回忆的音乐，听听那冷雨，回忆江南的雨下得满地是江湖，下在桥上和船上，也下在四川在秧田和蛙塘，下肥了嘉陵江下湿布谷咕咕的啼声，雨是潮潮润润的音乐，下在渴望的唇上，舐舐那冷雨。

因为雨是最最原始的敲打乐从记忆的彼端敲起。瓦是最最低沉的乐器灰蒙蒙的温柔覆盖着听雨的人，瓦是音乐的雨伞撑起。但不久公寓的时代来临，台北你怎么一下子长高了，瓦的音乐竟成了绝响。千片万片的瓦翩翩，美丽的灰蝴蝶纷纷飞走，飞入历史的记忆。现在雨下下来下在水泥的屋顶和墙上，没有音韵的雨季。树也砍光了，那月桂，那枫树，柳树和擎天的巨椰，雨来的时候不再有丛叶嘈嘈切切，闪动湿湿的绿光迎接。鸟声减了啾啾，蛙声沉了咯咯，秋天的虫吟也减了唧唧。七十年代的台北不需要这些，一个乐队接一个乐队便遣散尽了。要听鸡叫，只有去《诗经》的韵里找。现在只剩下一张黑白片，黑白的默片。

正如马车的时代去后，三轮车的时代也去了。曾经在雨夜，三轮车的油布篷挂起，送她回家的途中，篷里的世界小得多可爱，而且躲在警察的辖区以外，雨衣的口袋越大越好，盛得下他的一只手里握一只纤纤的手。台湾的雨季这么长，该有人发明一种宽宽的双人雨衣，一人分穿一只袖子，此外的部分就不必分得太苛。而无论工业如何发达，一时似乎还废不了雨伞。只要雨不倾盆，风不横吹，撑一把伞在雨中仍不失古典的韵味。任雨点敲在黑布伞或是透明的塑胶伞上，将骨柄一旋，雨珠向四方喷溅，伞缘便旋成了一圈飞檐。跟女友共一把雨伞，该是一种美丽的合作吧。最好是初恋，有点兴奋，更有点不好意思，若即若离之间，雨不妨下大一点。真正初恋，恐怕是兴奋得不需要伞的，手牵手在雨中狂奔而去，把年轻的长发和肌肤交给漫天的淋淋漓漓，然后向对方的唇上颊上尝甜甜的雨水。不过那要非常年轻且激情，同时，也只能发生在法国的新潮片里吧。

大多数的雨伞想不会为约会张开。上班下班，上学放学，菜市来回的途中。现实的伞，灰色的星期三。握着雨伞，他听那冷雨打在伞上。索性更冷一些就好了，他想。索性把湿湿的灰雨冻成干干爽爽的白雨，六角形的结晶体在无风的空中回回旋旋地降下来。等须眉和肩头白尽时，伸手一拂就落了。二十五年，没有受故乡白雨的祝福，或许发上下一点白霜是一种变相的自我补偿吧。一位英雄，经得起多少次雨季？他的额头是水成岩削成还是火成岩？他的心底究竟有多厚的苔藓？厦门街的雨巷走了二十年与记忆等长，一座无瓦的公寓在巷底等他，一盏灯在楼上的雨窗子里，等他回去，向晚餐后的沉思冥想去整理青苔深深的记忆。

前尘隔海，古屋不再，听听那冷雨。

【导读】

　　《听听那冷雨》是台湾著名作家余光中的散文名篇，作者从自然界的"雨"入手，采用比喻、对照、联想、烘托等表现手法，调动听觉、视觉、味觉、嗅觉等多种感觉方式，写出了自己对"雨"的独特感受，表现出对故园、对乡土、对中国文化的赞美和追求，作品文字典雅而富于弹性，融古典语汇与白话于一炉，具有极好的音乐感和节奏感。

热爱生命

《飞鸟集》节选

泰戈尔

拉宾德拉纳特·泰戈尔(1861年—1941年)，印度诗人、文学家、社会活动家、哲学家和印度民族主义者。代表作有诗集《园丁集》《新月集》《采果集》《飞鸟集》《吉檀迦利》等，剧本有《牺牲及其他》《邮局》《暗室之王》等，杂著有《我的回忆》《家庭及世界》等。1913年，他凭借《吉檀迦利》成为第一位获得诺贝尔文学奖的亚洲人。

——如果错过太阳时你流了泪，那么你也要错过群星了。

——水里的游鱼是沉默的，陆地上的兽类是喧闹的，空中的飞鸟是歌唱着的；但是人类却兼有了海里的沉默、地上的喧闹与空中的音乐。

——如果你不等待着要说出完全的真理，那么把话说出来是很容易的。

——世界以它的痛苦同我接吻，而要求歌声做报酬。

——青烟对天空夸口，灰烬对大地夸口，都以为它们是火的兄弟。

——当我死时，世界呀，请在你的沉默中，替我留着"我已经爱过了"这句话吧。

——我们将有一天会明白，死永远不能夺去我们的灵魂所获得的东西，因为她所获得的，和她自己是一体。

【导读】

泰戈尔的诗形式短小、构思精巧，语言凝练，"洋溢着真实普遍的人类情感"(诺贝尔文学奖颁奖词)。《飞鸟集》初版于1916年，是一部富有哲理的英文格言诗集，共收录325首诗歌。《飞鸟集》写作特点大致有二：一是深邃隽永，言简意赅，哲学气氛浓郁；二是具体形象，生动活泼。

答案在风中飘扬

鲍勃·迪伦

鲍勃·迪伦（Bob Dylan，1941 年—），原名罗伯特·艾伦·齐默曼（Robert Allen Zimmerman），出生于美国明尼苏达州，美国摇滚、民谣艺术家，美国艺术文学院荣誉成员。

鲍勃在高中的时候就组建了自己的乐队。1959 年高中毕业后，就读于明尼苏达大学。在读大学期间，他对民谣产生了兴趣，开始在学校附近的民谣圈子演出，并首度以鲍勃·迪伦作为艺名。1961 年签约哥伦比亚唱片公司。1962 年推出处女专辑《鲍勃·迪伦》。2016 年，鲍勃·迪伦获得诺贝尔文学奖，成为第一位获得该奖项的音乐人。

一个男人要走多少路
才能被称为一个男人
一只白鸽要飞过多少片海
才能在沙滩安眠
炮弹要多少次掠过天空
才能被永远禁止
答案啊，我的朋友，在风中飘扬
答案在这风中飘扬

一座山要耸立多少年
才能被冲刷入海
一些人要生存多少年
才能最终获得自由
一个人要多少次回过头去
才能假装什么都没看见
答案啊，我的朋友，在风中飘扬
答案在这风中飘扬

一个人要仰望多少次
才能看见天空
一个人要有多少只耳朵
才能听见人们的悲泣
要牺牲多少条生命

才能知道太多的人已经死去

答案啊，我的朋友，在风中飘扬

答案在这风中飘扬

【导读】

　　《答案在风中飘扬》是鲍勃·迪伦的一首脍炙人口的歌曲，也是美国民谣史上最重要的作品之一，创作于 1962 年。这首歌曲以其独特的艺术风格和深刻的社会寓意，成为了反战与和平的象征，历经半个多世纪依然传唱不衰。歌曲表达了对战争和暴力的痛恨，以及对和平与自由的渴望。《答案在风中飘扬》虽然是一首歌曲，但是鲍勃·迪伦的歌词中充满了诗意的表达，他用简单明了却富有力量的语言，向世人传递希望，希望能以和平理性的态度来解决争端，不要再对世间的不幸视而不见、听而不闻，更不要再让无辜的人们继续丧生在战火之中。

啊，船长，我的船长

惠特曼

　　沃尔特·惠特曼（Walt Whitman，1819 年—1892 年），美国 19 世纪杰出诗人，他只接受过不到六年的正规教育，先后当过差役、木匠、排字工、乡村教师、报社编辑等。少年时受父亲民主主义思想熏陶，美国雄伟的自然景色和喧腾的社会生活对他的创作也有极大的影响。1855 年，惠特曼发表了《草叶集》（之后曾不断增改再版），热情讴歌了蓬勃发展的美国社会和民主自由理想。他采用并发展了"自由体"的诗歌形式，根据口语的抑扬顿挫，以短句而不以"顿"作为韵律的基础，不押脚韵，不定行分节，大量地使用叠句、平行句和夸张的形象语言，读来节奏自如，感情洋溢，气势磅礴，具有强烈的表现力和说服力，给英语诗歌带来了一次重大的革新，对我国的新诗运动也有很大的影响。

　　啊，船长，我的船长！我们险恶的航程已经告终，
　　我们的船渡过惊涛骇浪，我们寻求的奖赏已赢得手中。
　　港口已经不远，钟声我已听见，万千人众在欢呼呐喊，
　　望着我们的船从容返航，我们的船威严而且勇敢。
　　可是，心啊！心啊！心啊！
　　啊，殷红的血液流淌，
　　在甲板上，那里躺着我的船长，
　　他已倒下，已死去，已冷却。

　　啊，船长，我的船长！起来吧，请听听这钟声，
　　起来，——旌旗为你招展——号角为你长鸣。
　　为你，送来了这些花束和花环。
　　为你，熙攘的群众在呼唤，转动着多少殷切的脸。
　　这里，船长！亲爱的父亲！
　　你头颅下边是我的手臂！
　　这是甲板上的一场梦啊，
　　你已倒下，已死去，已冷却。

　　我们的船长不作回答，他的双唇惨白而寂静，
　　我的父亲不能感觉我的手臂，他已没有脉搏、没有生命，
　　我们的船已安全抛锚碇泊，航行已完成，已告终，

胜利的船从险恶的旅途归来，我们寻求的已赢得手中。

欢呼啊，海岸！轰鸣啊，洪钟！

可是，我却轻移悲伤的步履，

在甲板上，那里躺着我的船长，

他已倒下，已死去，已冷却。

【导读】

　　《啊，船长，我的船长》是一首充满象征意义的抒情诗，创作于 1865 年，是美国文学史上的经典之作。这首诗最初是为了纪念美国总统亚伯拉罕·林肯而作的，但它的主题和情感远远超越了当时的历史背景。它不仅是对特定历史人物的悼念，也是对国家和人民在面对逆境时坚强不息的精神的颂扬。通过这首诗，惠特曼传达了对领导者的敬意和对民众的鼓舞，以及对生命旅程中不可避免遇到的困难和挑战的深刻理解。

我想和你一起生活

玛·伊·茨维塔耶娃

　　茨维塔耶娃(1892 年—1941 年)，全名玛琳娜·伊万诺夫娜·茨维塔耶娃，出生于莫斯科，俄罗斯著名的诗人、散文家、剧作家。她的诗以生命和死亡、爱情和艺术、时代和祖国等大事为主题。其代表作有《路标集》《别离集》《天鹅营》等，《我想和你一起生活》是她最广为人知的作品。

　　我想和你一起生活
　　在某个小镇，
　　共享无尽的黄昏
　　和绵绵不绝的钟声。
　　在这个小镇的旅店里——
　　古老时钟敲出的
　　微弱响声
　　像时间轻轻滴落。
　　有时候，在黄昏，自顶楼某个房间传来笛声，
　　吹笛者倚著窗牖，
　　而窗口大朵郁金香。
　　此刻你若不爱我，我也不会在意。
　　在房间中央，一个磁砖砌成的炉子，
　　每一块磁砖上画著一幅画：
　　一颗心，一艘帆船，一朵玫瑰。
　　而自我们唯一的窗户张望，
　　雪，雪，雪。
　　你会躺成我喜欢的姿势：慵懒，
　　淡然，冷漠。
　　一两回点燃火柴的
　　刺耳声。
　　你香烟的火苗由旺转弱，
　　烟的末梢颤抖著，颤抖著
　　短小灰白的烟蒂——连灰烬
　　你都懒得弹落——

香烟遂飞舞进火中。

【导读】

　　《我想和你一起生活》是俄罗斯女诗人茨维塔耶娃的一首经典情诗，被誉为世界文学宝库中的珍品。这首诗以深邃的情感、生动的意象和灵动的语言，向读者传达了一种对生活的热爱和对爱情的渴望。在诗中茨维塔耶娃以细腻的笔触描绘了与心爱的人一起生活的美好场景，包括共享黄昏、钟声、古老时钟的微弱响声等细节，展现了一种宁静、温馨、浪漫的氛围。同时茨维塔耶娃运用了大量如"无尽的黄昏""绵绵不绝的钟声""古老时钟敲出的微弱响声"等意象，使得诗歌充满了画面感和音乐感。这些艺术手法的运用，使得诗歌既具有诗意的美感，又具有情感的深度。

西西弗的神话

阿尔贝·加缪

阿尔贝·加缪（1913年—1960年），法国存在主义小说家、戏剧家，代表作《局外人》，1957年获诺贝尔文学奖。

诸神处罚西西弗不停地把一块巨石推上山顶，而石头由于自身的重量又滚下山去，诸神认为再也没有比进行这种无效无望的劳动更为严厉的惩罚了。

荷马说，西西弗是最终要死的人中最聪明最谨慎的人。但另有传说说他屈从于强盗生涯。我看不出其中有什么矛盾。各种说法的分歧在于是否要赋予这地狱中的无效劳动者的行为动机以价值。人们首先是以某种轻率的态度把他与诸神放在一起进行谴责，并历数他们的隐私。阿索玻斯的女儿埃癸娜被朱庇特劫走。父亲对女儿的失踪大为震惊并且怪罪于西西弗，深知内情的西西弗对阿索玻斯说，他可以告诉他女儿的消息，但必须以给柯兰特城堡供水为条件，他宁愿得到水的圣浴，而不是天火雷电。他因此被罚下地狱，荷马告诉我们西西弗曾经扼住过死神的喉咙。普洛托忍受不了地狱王国的荒凉寂寞，他催促战神把死神从其战胜者手中解放出来。

还有人说，西西弗在临死前冒失地要检验他妻子对他的爱情。他命令她把他的尸体扔在广场中央。不举行任何仪式。于是西西弗重堕地狱。他在地狱里对那恣意践踏人类之爱的行径十分愤慨。他获得普洛托的允诺重返人间以惩罚他的妻子。但当他又一次看到这大地的面貌，重新领略流水、阳光的抚爱，重新触摸那火热的石头、宽阔的大海的时候，他就再也不愿回到阴森的地狱中去了。冥王的诏令、气愤和警告都无济于事。面对起伏的山峦，奔腾的大海和大地的微笑他又生活了多年。诸神于是进行干涉。墨丘利跑来揪住这冒犯者的领子，把他从欢乐的生活中拉了出来，强行把他重新投入地狱，在那里，为惩罚他而设的巨石已准备就绪。

我们已经明白：西西弗是个荒谬的英雄。他之所以是荒谬的英雄，还因为他的激情和他所经受的磨难。他藐视神明，仇恨死亡，对生活充满激情，这必然使他受到难以用言语尽述的非人折磨：他以自己的整个身心致力于一种没有效果的事业。而这是为了对大地的无限热爱必须付出的代价。人们并没有谈到西西弗在地狱里的情况。创造这些神话是为了让人的想象使西西弗的形象栩栩如生。在西西弗身上，我们只能看到这样一幅图画：一个紧张的身体千百次地重复一个动作——搬动巨石，滚动它并把它推至山顶；我们看到的是一张痛苦扭曲的脸，看到的是紧贴在巨石上的面颊，那落满泥土、抖动的肩膀，沾满泥土的双脚，完全僵直的胳膊，以及那坚实的满是泥土的人的双手。经过被渺渺空间和永恒的时间限制着的努力之后，目的就达到了。西西弗于是看到巨石在几秒钟内又向着下面的世界滚下，而他则必须把这巨石重新推向山顶。他于是又向山下走去。

正是因为这种回复、停歇，我对西西弗产生了兴趣。这一张饱经磨难近似石头般坚硬的面孔已经自己化成了石头！我看到这个人以沉重而均匀的脚步走向那无尽的苦难。这个时刻就像一次呼吸那样短促，它的到来与西西弗的不幸一样是确定无疑的，这个时刻就是意识的时刻。在每一个这样的时刻中，他离开山顶并且逐渐地深入到诸神的巢穴中去，他超出了他自己的命运。他比他搬动的巨石还要坚硬。

如果说，这个神话是悲剧的，那是因为它的主人公是有意识的。若他行的每一步都依靠成功的希望所支持，那他的痛苦实际上又在那里呢？今天的工人终生都在劳动，终日完成的是同样的工作，这样的命运并非不比西西弗的命运荒谬。但是，这种命运只有在工人变得有意识的偶然时刻才是悲剧性的。西西弗，这诸神中的无产者，这进行无效劳役而又进行反叛的无产者，他完全清楚自己所处的悲惨境地：在他下山时，他想到的正是这悲惨的境地。造成西西弗痛苦的清醒意识同时也就造就了他的胜利。不存在不通过蔑视而自我超越的命运。

如果西西弗下山推石在某些天里是痛苦地进行着的，那么这个工作也可以在欢乐中进行。这并不是言过其实。我还想象西西弗又回头走向他的巨石，痛苦又重新开始。当对大地的想象过于着重于回忆，当对幸福的憧憬过于急切，那痛苦就在人的心灵深处升起：这就是巨石的胜利，这就是巨石本身。巨大的悲痛是难以承担的重负。这就是我们的客西马尼之夜。但是，雄辩的真理一旦被认识就会衰竭。因此，俄狄浦斯不知不觉首先屈从命运。而一旦他明白了一切，他的悲剧就开始了。与此同时，两眼失明而又丧失希望的俄狄浦斯认识到，他与世界之间的唯一联系就是一个年轻姑娘鲜润的手。他于是毫无顾忌地发出这样震撼人心的声音："尽管我历尽艰难困苦，但我年逾不惑，我的灵魂深邃伟大，因而我认为我是幸福的。"索福克勒斯的俄狄浦斯与陀思妥耶夫斯基的基里洛夫都提出了荒谬胜利的法则。先贤的智慧与现代英雄主义汇合了。

人们要发现荒谬，就不能不想到要写某种有关幸福的教材。"哎，什么！就凭这些如此狭窄的道路……?"但是，世界只有一个。幸福与荒谬是同一大地的两个产儿。若说幸福一定是从荒谬的发现中产生的，那可能是错误的。因为荒谬的感情还很可能产生于幸福。"我认为我是幸福的"，俄狄浦斯说，而这种说法是神圣的。它回响在人的疯狂而又有限的世界之中。它告诫人们一切都还没有也从没有被穷尽过。它把一个上帝从世界中驱逐出去，这个上帝是怀着不满足的心理以及对无效痛苦的偏好而进入人间的。它还把命运改造成为一件应该在人们之中得到安排的人的事情。

西西弗无声的全部快乐就在于此。他的命运是属于他的。他的岩石是他的事情。同样，当荒谬的人深思他的痛苦时，他就使一切偶像哑然失声。在这突然重又沉默的世界中，大地升起千万个美妙细小的声音。无意识的、秘密的召唤，一切面貌提出的要求，这些都是胜利必不可少的对立面和应付的代价。不存在无阴影的太阳，而且必须认识黑夜。荒谬的人说"是"，但他的努力永不停息。如果有一种个人的命运，就不会有更高的命运，或至少可以说，只有一种被人看作是宿命的和应受到蔑视的命运。此外，荒谬的人知道，他是自己生活的主人。在这微妙的时刻，人回归到自己的生活之中，西西弗回身走向巨石，他静观这一系列没有关联而又变成他自己命运的行动，他的命运是他自己创造的，是在他的记忆的注视下聚合而又马上会被他的死亡固定的命运。因此，盲人从一开始就坚信一切人的东西都源于人道主义，就像盲人渴望看见而又知道黑夜是无穷尽的一样，西西弗永远行进。而巨石仍在滚动着。

　　我把西西弗留在山脚下！我们总是看到他身上的重负。而西西弗告诉我们，最高的虔诚是否认诸神并且搬掉石头。他也认为自己是幸福的。这个从此没有主宰的世界对他来讲既不是荒漠，也不是沃土。这块巨石上的每一颗粒，这黑黝黝的高山上的每一颗矿砂唯有对西西弗才形成一个世界。他爬上山顶所要进行的斗争本身就足以使一个人心里感到充实。应该认为，西西弗是幸福的。

【导读】

　　西西弗是希腊神话中的一位荒诞英雄，他由于触怒众神而受到严厉惩罚：他须把一块巨石推上山顶，巨石随即因自身的重量滚下山来，他须把巨石再次推上山顶，而巨石随即又滚下山来，屡推屡滚，反复而至于无穷。在作者阿尔贝·加缪的笔下，西西弗是一个注定要失败的命运抗争者，但他却毫不犹豫，毫无怨恨，不抱任何幻想，只对命运报以轻蔑的微笑，并且始终拥有巨大的精神力量。从西西弗的身上，每个人都会感触颇多，会有一股力量从心中油然而生。

热爱生命(节选)

杰克·伦敦

杰克·伦敦(Jack London，1876 年—1916 年)，原名约翰·格利菲斯·伦敦(John Griffith London)，美国现实主义作家。他一共写过 19 部长篇小说、150 多篇短篇小说和故事、3 部剧本等，主要作品有小说集《狼的儿子》，中篇小说《野性的呼唤》《热爱生命》《白牙》，长篇小说《海狼》《铁蹄》和《马丁·伊登》等。

他闭上眼睛，极其小心地让自己镇静下去。疲倦像涨潮一样，从他身体的各处涌上来，但是他刚强地打起精神，绝不让这种令人窒息的疲倦把他淹没。这种要命的疲倦，很像涨潮的大海，一浪高过一浪，一点点地淹没他的感觉和意识。

有时候，他几乎完全给淹没了，他只能用无力的双手划着，漂游过那黑茫茫的一片；可是，有时候，他又会凭着一种奇怪的心灵作用，另外找到一丝毅力，更坚强地划着。

他一动不动地仰面躺着，现在，他能够听到病狼一呼一吸地喘着气，慢慢地向他逼近。它愈来愈近，总是在向他逼近，好像经过了无穷的时间，但是他始终不动。

它已经到了他耳边，那条粗糙的干舌头正像砂纸一样地磨擦着他的两腮。他那两只手一下子伸了出来，或者，至少也是他凭着毅力要它们伸出来的。他的指头弯得像鹰爪一样，可是抓了个空。敏捷和准确是需要力气的，他没有这种力气。那只狼的耐心真是可怕；这个人的耐心也一样可怕。

这一天，有一半时间他一直躺着不动，尽力和昏迷斗争，等着那个要把他吃掉而他也希望能吃掉的东西。有时候，疲倦的浪潮涌上来，淹没了他，他会做起很长的梦；然而在整个过程中，不论醒着或是做梦，他都在等着那种喘息和那条粗糙的舌头来舔他。

他并没有听到这种喘息，他只是从梦里慢慢苏醒过来，觉得有条舌头在顺着他的一只手舔去。他静静地等着。狼牙轻轻地扣在他手上了；扣紧了；狼正在尽最后一点力量把牙齿咬进它等了很久的东西里面。可是这个人也等了很久，那只给咬破了的手也抓住了狼的牙床。

于是，慢慢地，就在狼无力地挣扎着，他的手无力地掐着的时候，他的另一只手已经慢慢摸过来，一下把狼抓住。五分钟之后，这个人已经把全身的重量都压在狼的身上。他的手的力量虽然还不足以把狼掐死，可是他的脸已经紧紧地压住了狼的咽喉，嘴里已经满是狼毛。

半小时后，这个人感到一小股暖和的液体慢慢流进他的喉咙。这东西并不好吃，就像硬灌到他胃里的铅液，而且是纯粹凭着意志硬灌下去的。后来，这个人翻了一个身，仰面睡着了。

捕鲸船"白德福号"上，有几个科学考察队的人员。他们从甲板上望见岸上有一个奇怪的东西。它正在向沙滩下面的水面挪动。他们没法分清它是哪一类动物，但是，因为他们都是研究科学的人，他们就乘了船旁边的一条捕鲸艇，到岸上去察看。

接着，他们发现一个活着的动物，可是很难把它称作人。它已经瞎了，失去了知觉。它就像一条大虫子在地上蠕动着前进。它用的力气大半都不起作用，但是它老不停，它一面摇晃，一面向前扭动，照它这样，一个钟头大概可以爬上二十英尺。

三个星期以后，这个人躺在捕鲸船"白德福号"的一个铺位上，眼泪顺着他的削瘦的面颊往下淌，他说出他是谁和他经过的一切。同时，他又含含糊糊地、不连贯地谈到了他的母亲，谈到了阳光灿烂的南加利福尼亚，以及橘树和花丛中的他的家园。

【导读】

《热爱生命》的故事背景设定在 19 世纪末的加拿大北部荒野，讲述了一个名叫比尔·西汉特的勘探者在荒野中的生存之旅。在一次前往育空地区的淘金旅途中，比尔遇到了无数的困难和挑战，包括恶劣的自然环境、饥饿、伤病和野兽的威胁。故事的核心在于比尔与一只巨大的灰狼之间的生死较量，这场搏斗不仅是对比尔体力和意志的考验，更是对生存本能的挑战。在这个故事中，杰克·伦敦描绘了自然界中的残酷现实，以及人类在与自然抗争中所展现出的勇敢和智慧。比尔在荒野中的经历，让我们认识到自然界的美好与危险并存，而人类在逆境中表现出的毅力与勇气，则是我们战胜困境的关键。它告诉我们，在生活的道路上，无论遇到多大的困难和挑战，我们都应该像比尔·西汉特一样，坚定信念，勇往直前，热爱并珍惜生命。这部小说不仅是一个感人至深的故事，更是一部鼓舞人心的精神启示录。

认识自我

我是一个任性的孩子

顾城

顾城（1956 年—1993 年），原籍上海，生于北京一个诗人之家，中国朦胧诗派的重要代表人物，被称为当代的"唯灵浪漫主义"诗人。顾城在新诗、旧体诗和寓言故事诗上都有很高的造诣，其《一代人》中的一句"黑夜给了我黑色的眼睛/我却用它寻找光明"成为中国新诗的经典名句。

顾城 17 岁开始写作生涯，1987 年开始游历欧洲进行文化交流，1988 年隐居新西兰激流岛，过自给自足的生活。1993 年 10 月 8 日，顾城在其新西兰寓所用斧头砍伤妻子谢烨致死，杀妻后自缢于一棵大树之下。

也许
我是被妈妈宠坏的孩子
我任性

我希望
每一个时刻
都像彩色蜡笔那样美丽

我希望
能在心爱的白纸上画画
画出笨拙的自由
画下一只永远不会
流泪的眼睛

一片天空
一片属于天空的羽毛和树叶
一个淡绿的夜晚和苹果

我想画下早晨
画下露水

所能看见的微笑
画下所有最年轻的
没有痛苦的爱情
画下想象中
我的爱人
她没有见过阴云
她的眼睛是晴空的颜色
她永远看着我
永远，看着
绝不会忽然掉过头去

我想画下遥远的风景
画下清晰的地平线和水波
画下许许多多快乐的小河
画下丘陵——
长满淡淡的茸毛
我让他们挨得很近
让它们相爱
让每一个默许
每一阵静静的春天的激动
都成为一朵小花的生日

我还想画下未来
我没见过她，也不可能
但知道她很美
我画下她秋天的风衣
画下那些燃烧的烛火和枫叶
画下许多因为爱她
而熄灭的心
画下婚礼
画下一个个早上醒来的节日——
上面贴着玻璃糖纸
和北方童话的插图

我是一个任性的孩子
我想涂去一切不幸
我想在大地上

画满窗子
让所有习惯黑暗的眼睛
都习惯光明

我想画下风
画下一架比一架更高大的山岭
画下东方民族的渴望
画下大海——
无边无际愉快的声音

最后，在纸角上
我还想画下自己
画下一只树熊
他坐在维多利亚深色的丛林里
坐在安安静静的树枝上
发愣
他没有家
没有一颗留在远处的心
他只有，许许多多
浆果一样的梦
和很大很大的眼睛

我在希望
在想
但不知为什么
我没有领到蜡笔
没有得到一个彩色的时刻
我只有我
我的手指和创痛
只有撕碎那一张张
心爱的白纸
让它们去寻找蝴蝶
让它们从今天消失

我是一个孩子
一个被幻想妈妈宠坏的孩子
我任性

【导读】

　　本诗充满简单纯净的孩子气。诗人以孩子的眼光和心灵去观察与感受这个世界，这个世界如同他在"心爱的白纸上"用"彩色蜡笔"描绘的那般宁静和谐、至纯至美：所有的声音都恬淡柔和，所有的色彩都五彩斑斓，所有的风景都如梦似幻，所有的生命都自由愉悦。虽然诗人回到现实中"没有领到蜡笔"，乃至最后"只有撕掉那一张张心爱的白纸"，暗示自己的理想蓝图只是一种幻想，并未在现实世界里获得认同，但诗人"是一个被幻想妈妈宠坏的孩子""我任性"，这意味着诗人初心不改，童心依旧，将仍然执着追求那迷人的童话世界。

我笨拙地爱着这个世界

王计兵

王计兵(1969年—)，江苏徐州人，1988年辍学打工并接触文学创作，2017年开始发表诗歌作品，2018年入职外卖骑手，在工作之余坚持写作，诗作多以其在外卖工作中见识到的人间百态为灵感来源，记录普通打工人辛苦又平凡的生活。至今已创作诗歌作品5000余首，出版三本诗集，因被央视新闻、新华社等媒体广泛报道，而被网友称为"外卖诗人"。著有诗集《赶时间的人》《我笨拙地爱着这个世界》《低处飞行》。

邻居送来的旧沙发
让妻子兴高采烈
她一面手舞足蹈地计划着
给沙发搭配一个恰当的茶几
一面用一本一本的书垫住
一条断掉的沙发腿
我在卫生间，用清水洗了脸
换成一张崭新的笑容走出来
一直以来
我不停地流汗
不停地用体力榨出生命的水分
仍不能让生活变得更纯粹
我笨拙地爱着这个世界
爱着爱我的人
快三十年了，我还没有做好准备
如何在爱人面前热泪盈眶
只能像钟摆一样
让爱在爱里就像时间在时间里
自然而然，滴滴答答

【导读】

诗歌记录了"外卖诗人"王计兵夫妇生活中一件真实的小事：邻居送来一张断了腿的旧沙发，妻子兴高采烈地接受，并手舞足蹈地计划"装点"家庭。从中可见诗人家庭生活的捉襟见肘，也可见其妻子的恬淡贤惠，这让靠送外卖挣辛苦钱的诗人既内疚，又感动，更充满爱意，但像许多木讷的男人一样，诗人也不善于当面表达爱意，只好"让爱在爱里就像时间在时间里"，淳朴真挚的爱情就在这无言的时间里，"自然而然，滴滴答答"。王计兵曾说这是他"自己最成功的情诗"，这应该也是此诗拨动人心的关键所在。

人生的境界

冯友兰

冯友兰(1895年—1990年)，字芝生，河南南阳唐河人，中国现代著名哲学家、现代新儒家的重要代表人物，代表性哲学著作有《人生理想之比较研究》《人生哲学》《中国哲学史》《贞元六书》《中国哲学史新编》等。

哲学的任务是什么？我曾提出，按照中国哲学的传统，它的任务不是增加关于实际的积极的知识，而是提高人的精神境界。在这里更清楚地解释一下这个话的意思，似乎是恰当的。

我在《新原人》一书中曾说，人与其他动物的不同，在于人做某事时，他了解他在做什么，并且自觉地在做。正是这种觉解，使他正在做的事对于他有了意义。他做各种事，有各种意义，各种意义合成一个整体，就构成他的人生境界。如此构成各人的人生境界，这是我的说法。不同的人可能做相同的事，但是各人的觉解程度不同，所做的事对于他们也就各有不同的意义。每个人各有自己的人生境界，与其他任何个人的都不完全相同。若是不管这些个人的差异，我们可以把各种不同的人生境界划分为四个等级。从最低的说起，它们是自然境界，功利境界，道德境界，天地境界。

一个人做事，可能只是顺着他的本能或其社会的风俗习惯。就像小孩和原始人那样，他做他所做的事，然而并无觉解，或不甚觉解。这样，他所做的事，对于他就没有意义，或很少意义。他的人生境界，就是我所说的自然境界。

一个人可能意识到他自己，为自己而做各种事。这并不意味着他必然是不道德的人。他可以做些事，其后果有利于他人，其动机则是利己的。所以他所做的各种事，对于他，有功利的意义。他的人生境界，就是我所说的功利境界。

还有的人，可能了解到社会的存在，他是社会的一员。这个社会是一个整体，他是这个整体的一部分。有这种觉解，他就为社会的利益做各种事，或如儒家所说，他做事是为了"正其义不谋其利"。他真正是有道德的人，他所做的都是符合严格的道德意义的道德行为。他所做的各种事都有道德的意义。所以他的人生境界，是我所说的道德境界。

最后，一个人可能了解到超乎社会整体之上，还有一个更大的整体，即宇宙。他不仅是社会的一员，同时还是宇宙的一员。他是社会组织的公民，同时还是孟子所说的"天民"。有这种觉解，他就为宇宙的利益而做各种事。他了解他所做的事的意义，自觉他正在做他所做的事。这种觉解为他构成了最高的人生境界，就是我所说的天地境界。

这四种人生境界之中，自然境界、功利境界的人，是人现在就是的人；道德境界、天地境界的人，是人应该成为的人。前两者是自然的产物，后两者是精神的创造。自然境界最低，往上是功利境界，再往上是道德境界，最后是天地境界。它们之所以如此，是由于自然境界，几乎不需要觉解；功利境界、道德境界，需要较多的觉解；天地境界则需要最多的觉解。道德境界有道德价值，天地境界有超道德价值。

照中国哲学的传统，哲学的任务是帮助人达到道德境界和天地境界，特别是达到天地境界。天地境界又可以叫作哲学境界，因为只有通过哲学，获得对宇宙的某些了解，才能达到天地境界。但是道德境界，也是哲学的产物。道德认为，并不单纯是遵循道德律的行为；有道德的人也不单纯是养成某些道德习惯的人。他行动和生活，都必须觉解其中的道德原理，哲学的任务正是给予他这种觉解。

生活于道德境界的人是贤人，生活于天地境界的人是圣人。哲学教人以怎样成为圣人的方法。我在第一章中指出，成为圣人就是达到人作为人的最高成就。这是哲学的崇高任务。

在《理想国》中，柏拉图说，哲学家必须从感觉世界的"洞穴"上升到理智世界。哲学家到了理智世界，也就是到了天地境界。可是天地境界的人，其最高成就，是自己与宇宙同一，而在这个同一中，他也就超越了理智。

中国哲学总是倾向于强调，为了成为圣人，并不需要做不同于平常的事。他不可能表演奇迹，也不需要表演奇迹。他做的都只是平常人所做的事，但是由于有高度的觉解，他所做的事对于他就有不同的意义。换句话说，他是在觉悟状态做他所做的事，别人是在无明状态做他们所做的事。禅宗有人说，觉字乃万妙之源。由觉产生的意义，构成了他的最高的人生境界。

所以中国的圣人是既入世而又出世的，中国的哲学也是既入世而又出世的。随着未来的科学进步，我相信，宗教及其教条和迷信，必将让位于科学；可是人的对于超越人世的渴望，必将由未来的哲学来满足。未来的哲学很可能是既入世而又出世的。在这方面，中国哲学可能有所贡献。

【导读】

　　本文从人生境界的角度提出哲学的任务这一有意义的问题。冯友兰先生认为人生有四种境界，由低到高排列，依次为自然境界、功利境界、道德境界、天地境界。而哲学的任务就在于使人觉解，提升人的精神境界，帮助人达到道德境界、天地境界，成为贤人、圣人。因此，从这个意义上说，在科技高度发达的今天，我们学习哲学乃至一切人文科学，不仅不是"无用"，反而是有"大用"，这是本文给出的值得我们每个人深思的答案。

月亮和六便士（节选）

毛姆

威廉·萨默塞特·毛姆（1874 年—1965 年），英国小说家、剧作家。代表作有戏剧《圈子》、长篇小说《人生的枷锁》《月亮和六便士》、短篇小说集《叶的震颤》《阿金》等。

毛姆 1874 年 1 月 25 日出生在巴黎，1897 年发表第一部长篇小说《兰贝斯的丽莎》。1915 年发表长篇小说《人间的枷锁》。1916 年，毛姆去南太平洋旅行，此后多次到远东。1920 年到中国，写了游记《在中国的屏风上》（1922 年），并以中国为背景写了一部长篇小说《面纱》（1925 年）。1919 年，长篇小说《月亮和六便士》问世。毛姆于 1928 年定居法国地中海海滨。第二次世界大战时毛姆曾去英、美宣传联合抗德，并写了长篇小说《刀锋》（1944 年）。1930 年，长篇小说《大吃大喝》出版。1948 年，以 16 世纪西班牙为背景的长篇小说《卡塔林纳》出版，此外又发表了回忆录与文艺批评等作品。1959 年，毛姆作了最后一次远东之行。1965 年 12 月 16 日于法国病逝。

我认为有些人诞生在某一个地方可以说未得其所。机缘把他们随便抛掷到一个环境中，而他们却一直思念着一处他们自己也不知道坐落在何处的家乡。在出生的地方他们好像是过客；从孩提时代就非常熟悉的浓荫郁郁的小巷，同小伙伴游戏其中的人烟稠密的街衢，对他们说来都不过是旅途中的一个宿站。这种人在自己亲友中可能终生落落寡合，在他们唯一熟悉的环境里也始终孑身独处。也许正是在本乡本土的这种陌生感才逼着他们远游异乡，寻找一处永恒定居的寓所。说不定在他们内心深处仍然隐伏着多少世代前祖先的习性和癖好，叫这些彷徨者再回到他们祖先在远古就已离开的土地。有时候一个人偶然到了一个地方，会神秘地感觉到这正是自己栖身之所，是他一直在寻找的家园。于是他就在这些从未寓目的景物里，从不相识的人群中定居下来，倒好像这里的一切都是他从小就熟稔的一样。他在这里终于找到了宁静。

我给蒂阿瑞讲了一个我在圣·托马斯医院认识的人的故事。这是个犹太人，姓阿伯拉罕。他是个金黄头发、身体粗壮的年轻人。性格腼腆，对人和气，但是很有才能。他是靠着一笔奖学金入学的，在五年学习期间，任何一种奖金只要他有机会申请就绝对没有旁人的份儿。他先当了住院内科医生，后来又当了住院外科医生。没有人不承认他的才华过人。最后他被选进领导机构中，他的前程已经有了可靠的保证。按照世情推论，他在自己这门事业上肯定会飞黄腾达、名利双收的。在正式上任以前，他想度一次假，因为他自己没有钱，所以在一艘开往地中海的不定期货船上谋了个医生位置。这种货轮上一般是没有医生的，只是由于医院里有一名高级外科医生认识跑这条航线的一家轮船公司的经理，货轮看在经理情面上才录用了阿伯拉罕。

几个星期以后，医院领导人收到一份辞呈，阿伯拉罕声明他决定放弃这个人人嫉羡的位置。这件事使人们感到极其惊诧，千奇百怪的谣言不胫而走。每逢一个人干出一件出人意料的事，他的相识们总是替他想出种种最令人无法置信的动机。但是既然早就有人准备好填补他留下的空缺，阿伯拉罕不久也就被人遗忘了。以后再也没人听到他的任何消息。这个人就这样从人们的记忆里消失了。

大约十年之后，有一次我乘船去亚历山大港。即将登陆之前，一天早上，我被通知同其他旅客一起排好队，等待医生上船来检查身体。来的医生是个衣履寒酸、身体肥硕的人。当他摘下帽子以后，我发现这人的头发已经完全秃了。我觉得仿佛过去在什么地方见过他。忽然，我想起来了。

"阿伯拉罕，"我喊道。

他转过头来，脸上显出惊奇的神色。愣了一会儿，他也认出我来，立刻握住我的手。在我们两人各自惊叹了一番后，他听说我准备在亚历山大港过夜，便邀请我到英侨俱乐部去吃晚饭。在我们会面以后，我再次表示在这个地方遇到他实在出乎我的意料。他现在的职务相当低微，他给人的印象也很寒酸。这以后他给我讲了他的故事。在他出发到地中海度假的时候，他一心想的是再回伦敦去，到圣·托马斯医院去就职。一天早晨，他乘的那艘货轮在亚历山大港靠岸，他从甲板上看着这座阳光照耀下的白色城市，看着码头上的人群。他看着穿着褴褛的轧别丁衣服的当地人，从苏丹来的黑人，希腊人和意大利人成群结队、吵吵嚷嚷，土耳其人戴着平顶无檐的土耳其小帽，他看着阳光和碧蓝的天空。就在这个时候，他的心境忽然发生了奇异的变化，他无法描述这是怎么一回事。事情来得非常突兀，据他说，好像晴天响起一声霹雳；但他觉得这个譬喻不够妥当，又改口说好像得到了什么启示。他的心好像被什么东西揪了一下。突然间，他感到一阵狂喜，有一种取得无限自由的感觉。他觉得自己好像回到了老家，他当时当地就打定主意，今后的日子他都要在亚历山大度过了。离开货轮并没有什么困难；二十四小时以后，他已经带着自己的全部行李登岸了。

"船长一定会觉得你发疯了，"我笑着说。

"别人爱怎么想就怎么想，我才不在乎呢。做出这件事来的不是我，是我身体里一种远比我自己的意志更强大的力量。上岸以后，我四处看了看，想着我要到一家希腊人开的小旅馆去；我觉得我知道在哪里能找到这家旅馆。你猜怎么着？我一点儿也没有费劲儿就走到这家旅馆前边，我一看见这地方马上就认出来了。"

"你过去到过亚历山大港吗？"

"没有。在这次出国前我从来没有离开过英国。"

不久以后，他就在公立医院找到个工作，从此一直待在那里。

"你从来没有后悔过吗？"

"从来没有。一分钟也没有后悔过。我挣的钱刚够维持生活，但是我感到心满意足。我什么要求也没有，只希望这样活下去，直到我死。我生活得非常好。"

第二天我就离开了亚历山大港，直到不久以前我才又想起阿伯拉罕的事。那是我同另外一个行医的老朋友，阿莱克·卡尔米凯尔一同吃饭的时候。卡尔米凯尔回英国来短期度假，我偶然在街头上遇见了他。他在大战中工作得非常出色，荣获了爵士封号。我向他表示了祝贺。我们约好一同消磨一个晚上，一起叙叙旧。我答应同他一起吃晚饭，他建议不再约请别人，这样我俩就可以不受干扰地畅谈一下了。他在安皇后街有一所老宅子，布置很优雅，因为他是一个很富于艺术鉴赏力的人。我在餐厅的墙上看到一幅贝洛托的画，还有两幅我很羡慕的佐范尼的作品。当他的妻子，一个穿着金色衣服、高身量、样子讨人喜欢的妇女离开我们以后，我笑着对他说，他今天的生活同我们在医学院做学生的时代相比，变化真是太大了。那时，我们在威斯敏斯特桥大街一家寒酸的意大利餐馆吃一顿饭都认为是非常奢侈的事。现在阿莱克·卡尔米凯尔在六七家大医院都兼任要职，据我估计，一年可以有一万镑的收入。这次受封为爵士，只不过是他迟早要享受到的第一个荣誉而已。

"我混得不错，"他说，"但是奇怪的是，这一切都归功于我偶然交了一个好运。"

"我不懂你说的是什么意思？"

"不懂？你还记得阿伯拉罕吧？应该飞黄腾达的本该是他。做学生的时候，他处处把我打得惨败。奖金也好，助学金也好，都被他从我手里夺去，哪次我都甘拜下风。如果他这样继续下去，我现在的地位就是他的了。他对于外科手术简直是个天才。谁也无法同他竞争。当他被指派为圣·托马斯附属医学院注册员的时候，我是绝对没有希望进入领导机构的。我只能开业当个医生，你也知道，一个普通开业行医的人有多大可能跳出这个槽槽去。但是阿伯拉罕却让位了，他的位子让我弄到手了。这样就给了我步步高升的机会了。"

"我想你说的话是真的。"

"这完全是运气。我想，阿伯拉罕这人心理一定变态了。这个可怜虫，一点儿救也没有了。他在亚历山大港卫生部门找了个小差事——检疫员什么的。有人告诉我，他同一个丑陋的希腊老婆子住在一起，生了半打长着瘰疬疙瘩的小崽子。所以我想，问题不在于一个人脑子聪明不聪明，真正重要的是要有个性。阿伯拉罕缺少的正是个性。"

个性？在我看来，一个人因为看到另外一种生活方式更有重大的意义，只经过半小时的考虑就甘愿抛弃一生的事业前途，这才需要很强的个性呢。贸然走出这一步，以后永不后悔，那需要的个性就更多了。但是我什么也没说。阿莱克·卡尔米凯尔继续沉思着说："当然了，如果我对阿伯拉罕的行径故作遗憾，我这人也就太虚伪了。不管怎么说，正因为他走了这么一步，才让我占了便宜，"他吸着一支长长的寇罗纳牌哈瓦那雪茄烟，舒适地喷着烟圈，"但是如果这件事同我个人没有牵连的话，我是会为他虚掷才华感到可惜的。一个人竟这样糟蹋自己实在太令人心痛了。"

我很怀疑，阿伯拉罕是否真的糟蹋了自己。做自己最想做的事，生活在自己喜爱的环境里，淡泊宁静、与世无争，这难道是糟蹋自己吗？与此相反，做一个著名的外科医生，年薪一万镑，娶一位美丽的妻子，就是成功吗？我想，这一切都取决于一个人如何看待生活的意义，取决于他认为对社会应尽什么义务，对自己有什么要求。但是我还是没有说什么，我有什么资格同一位爵士争辩呢？

【导读】

这部小说以法国画家保罗·高更的生平为原型，讲述了一个伦敦证券交易员查尔斯·斯特里克兰德(Charles Strickland)放弃优越的生活，追求艺术梦想的故事。

　　《月亮与六便士》这部小说探讨了艺术与生活、理想与现实之间的冲突，以及一个人为了追求自己的梦想愿意付出多大的代价。小说中的斯特里克兰德是一个复杂的人物，他的行为在当时的社会背景下显得叛逆而不合常规，但他的故事却激发了对个人自由和艺术追求的深刻思考。毛姆通过这部小说向读者展示了一个艺术家在面对世俗压力和内心渴望时的抉择，以及这种抉择背后的哲学和情感。同时，小说也反映了19世纪末20世纪初艺术界的风貌，以及艺术创作的过程和艺术家的生活状态。

我为什么而活着

伯特兰·罗素

伯特兰·阿瑟·威廉·罗素(1872年—1970年),英国著名的哲学家、数学家、逻辑学家、历史学家、作家、社会批评家和政治活动家等,是公认的当代思想巨人。罗素著作颇多,思想广泛,一生著书71种,在哲学、数学、政治、历史、宗教、社会学等方面皆有极大的建树,享有"百科全书式思想家"之称。爱因斯坦曾表示,"阅读罗素的作品给我带来了数不清的快乐时光"。1950年罗素获得诺贝尔文学奖,表彰他所写的捍卫人道主义理想和思想自由的多样而意义重大的作品。

对爱情的渴望,对知识的追求,对人类苦难不可遏制的同情心,这三种纯洁但无比强烈的激情支配着我的一生。这三种激情,就像飓风一样,在深深的苦海上,肆意地把我吹来吹去,吹到濒临绝望的边缘。

我寻求爱情,首先因为爱情给我带来狂喜,它如此强烈以致我经常愿意为了几小时的欢愉而牺牲生命中的其他一切。我寻求爱情,其次是因为爱情解除孤寂——那是一颗震颤的心,在世界的边缘,俯瞰那冰冷死寂、深不可测的深渊。我寻求爱情,最后是因为在爱情的结合中,我看到圣徒和诗人们所想象的天空景象的神秘缩影。这就是我所寻求的,虽然它对人生似乎过于美好,然而最终我还是得到了它。

我以同样的热情寻求知识,我希望了解人的心灵。我希望知道星星为什么闪闪发光,我试图理解毕达哥拉斯的思想威力,即数字支配着万物流转。这方面我获得一些成就,然而并不多。

爱情和知识,尽可能地把我引上天堂,但同情心总把我带回尘世。痛苦的呼号的回声在我心中回荡,饥饿的儿童,被压迫者折磨的受害者,被儿女视为负担的无助的老人,以及充满孤寂、贫穷和痛苦的整个世界,都是对人类应有生活的嘲讽。我渴望减轻这些不幸,但是我无能为力,而且我自己也深受其害。

这就是我的一生,我觉得它值得活。如果有机会的话,我还乐意再活一次。

【导读】

在《西方哲学史》中,罗素解释"理论"一词的含义为"热情的动人的沉思"。的确,对真理和知识的不懈追求,对人类命运的沉思,贯穿了他的一生。他坚持独立思考,坦率发表思想,并且把理论付诸实践,在哲学、逻辑、数学方面开辟了新领域。以至于有人说"众所周知,伯特兰·罗素不是单独一个人,而是一批学者。"59岁时,罗素开始写自传,三次续写后，到 95 岁时《罗素自传》增为三卷本。在他去世的前三年分别出版了一、二、三卷。在《自传》的序言中，罗素将自己的人生归结为三个方面："对爱情的渴望，对知识的追求，对人类苦难不可遏制的同情心，这三种纯洁但无比强烈的激情支配着我的一生。"他用 98 年的经历回答了自己为什么活着的提问。最后他说："这就是我的一生，我觉得它值得活。如果有机会的话，我还乐意再活一次。"《我为什么而活着》语言掷地有声，充满理性的力量，饱含巨大的激情，透露出这位伟大思想家的博大情怀。

阿拉比

乔伊斯

詹姆斯·乔伊斯（James Joyce，1882 年—1941 年），爱尔兰作家、诗人，二十世纪最伟大的作家之一，后现代文学的奠基者之一，其作品结构复杂，用语奇特，极富独创性。其作品及"意识流"思想对世界文坛影响巨大。主要作品：短篇小说集《都柏林人》(1914 年)描写下层市民的日常生活，显示社会环境对人的理想和希望的毁灭；自传体小说《青年艺术家的自画像》(1916 年)以大量内心独白描述人物心理及其周围世界；代表作长篇小说《尤利西斯》(1922 年)表现现代社会中人的孤独与悲观；后期作品长篇小说《芬尼根的守灵夜》(1939 年)借用梦境表达对人类的存在和命运的终极思考，语言极为晦涩难懂。

里士满北街是条死胡同，很寂静，只有基督教兄弟学校的男生们放学的时候除外。一幢无人居住的两层楼房矗立在街道封死的那头，避开邻近的房子，独占一方。街上的其他房子意识到各自房中人们的体面生活，便彼此凝视着，个个是一副冷静沉着的棕色面孔。

我们家原先的房客是个司铎，他死在后屋的起居室里。封闭得太久，空气变得又闷又潮，滞留在所有的房间里，厨房后面废弃的房间满地狼藉，都是些无用的旧纸张。我在里面发现了几本平装书，书页已经卷了边，潮乎乎的：沃尔特·司各特的《修道院院长》，《虔诚的教友》，还有《维多契回忆录》。我最喜欢最后一本，因为它的纸是黄色的。房子后面有荒园子，中间栽种了苹果树，还有些胡乱蔓生的灌木，在一丛灌木下，我找到了司铎留下的锈迹斑斑的自行车气筒。他是个很有善心的司铎；他在遗嘱里把钱全留给了教会组织，把他房里的家具全留给了他妹妹。

冬季白天变短了，我们还没有吃晚饭，黄昏就降临了。我们在街上碰面时，房子显得很肃穆。我们头上那块天空总是不断变换着紫罗兰色，街灯朝着那片天空举起微弱的灯火。凛冽的空气刺痛了我们，我们嬉闹着，后来全身就热乎乎的了。我们的叫喊声在寂然的街道上回荡。沿着游戏的路线，我们先要穿过房子后面黑暗泥泞的胡同，在那里会同破烂屋棚那边来的野孩子交手，然后到黑乎乎湿漉漉的园子后面，园子里的灰坑冒出刺鼻的异味，最后到达阴暗的臭烘烘的马厩，马夫抚弄梳理着马毛，或是摇动着紧扣的马具叮咚作响。我们回到街上的时候，厨房窗里透出的灯光已经洒满街区。倘若瞧见我叔父正从街角走来，我们就躲在阴影里，看他走进宅子才算平安无事。或者曼根的姐姐出来到门阶上，叫她弟弟回屋吃晚茶，我们就从阴影处看着她沿街东瞅西瞅。我们会等一会儿，看她是否留在那里还是进屋去，如果她留在那儿，我们就离开藏身的黑影，垂头丧气地走上曼根家的门阶。她在等我们，门半开着，透出灯光，勾勒出她的身材。她动身子的时候裙子会摆来摆去，柔软的发梢甩到这边又甩到那边。

每天早晨我都躺在前厅的地板上看她的房门。百叶窗拉下来，离窗格只有不到一英寸的空隙，别人看不见我。当她出来走到台阶上，我的心就欢跳起来。我跑到客厅，抓过自己的书本就跟到她身后。我总让自己眼中有她棕褐的背影，快走到我们得分开的地方时，我便加快步伐超过她。一个又一个的早晨，都是这样的。我除了几句日常客气话，再没有对她说过什么，可她的名字却像一声传唤，会调动我全身的血液喷发愚蠢的激情。

就算在最不适合想入非非的地方，她的形象也伴随着我。每逢星期六傍晚，我的婶婶去市场的时候，我得去帮着提提包裹。我们在花哨热闹的街上穿来走去，被醉汉和讨价还价的女人们挤撞着，四周是工人们的咒骂声，店铺伙计守在成桶的猪颊肉旁尖着嗓子吆喝，街头卖唱的用鼻音哼唱着，唱的是关于奥多若万·罗萨的一首《大家都来吧》的曲子，或者是一首关于我们的祖国如何多灾多难的歌谣。这些闹声汇集成我对生活的唯一感受：我想象中，自己正捧着圣杯在一大群仇敌中安然走过。我作着古怪的祈祷和赞美，她的名字常常冲口而出，我自己也不明白这些祈祷和赞美。我的双眼常常热泪盈眶（我却不知道为何如此），有时候一阵狂潮从心底喷涌而出，像是要充溢我的胸膛。我很少想到将来。我不知道究竟会不会跟她讲话，也不知道当真讲话了，又能怎样告诉她我这茫然的迷恋。但我的躯体就像一架竖琴，她的一言一笑、一举手一投足就像在琴弦上划过的手指。

有天晚上我走进了后屋司铎去世的那间起居室。那晚上夜色很黑，下着雨，房子里寂然无声。透过一扇窗户，我听见雨水砸在地面上，细密而连续不断的水像针尖一样在浸润透了的土床上戏耍。远处某盏灯或亮着灯火的窗户在我下面闪动。我很感激我几乎看不到什么。我所有的知觉好像都渴望把自己遮掩起来，我感到我所有的知觉都快要溜掉了，就紧紧合起双掌，两只手都颤抖了，我嗫嚅地说：哦，爱！哦，爱！说了好多次。

她终于对我说话了。她向我开口讲最初几个字时，我茫然得都不知怎么回答她才好。她问我可是要去阿拉比。我忘了自己当时说的是去还是不去。她说，那可是个很棒的集市；她真想去啊。

——那你为什么不能去呢？

她说话的时候，一圈又一圈地转动着手腕上的一个银手链。她说，她去不了，她那个星期要在修道院静修。她的弟弟和另外两个男孩子正在抢帽子，我独自靠在门栏边。她握住一根栏杆的尖头，朝我低下头。我们房门对面的路灯映照出她脖颈白皙的曲线，照亮了垂落在脖子上的秀发，又落下来，照亮了她搁在栏杆上的手。灯光洒落在她裙子的一边，正照在衬裙的白色镶边上，她又开腿站在那里的时候刚好瞧得见。

——你倒是走运啊，她说。

——要是我去的话，我说，我给你带回点好东西。

那个傍晚之后，数不清的蠢念头便占据了我的思维，糟蹋了我多少的日思夜想！我巴望着能抹掉中间那些单调无聊的日子。我焦躁地应付着学校的功课。深夜在卧房中，白天在教室里，她的形象都会来到我和我拼命想要读下去的书页之间。我的灵魂在静默中感受到巨大的快感，阿拉比这个词的每个音节都通过静默在我周围回荡着，把一种东方的魔力施加在我全身上下。我请求在星期六晚上得空到集市上走一趟。婶婶吃了一惊，说希望那不是什么共济会的玩意。我在课堂上几乎回答不了什么问题。我望着老师的脸色从温和转为严厉；他希望我不要荒废时光。我没办法把散乱的思绪集中起来。我几乎没有耐心来严肃地生活，既然这正儿八经的生活挡在我和我的愿望之间，那在我看来它就好像是儿戏，丑陋单调的儿戏。

到了星期六的早晨，我提醒叔父，我很盼望能在傍晚到集市去。他正翻弄着衣帽架找自己的帽子，就短促地回答我说：

——行啦，孩子，我知道啦。

他在大厅里，我就不能去前厅躺在窗下。我心情很糟地离开宅子，慢吞吞朝学校走去。空气凛冽湿冷，我心中已然不安起来。

我回家吃晚饭的时候，叔父还没有回来。时候还早。我坐在那里，呆呆地瞪着时钟，过了一会儿，滴答声开始令我烦躁，我就离开了那房间。我爬上楼梯，走到房子的上半截。那些房间又高又冷，空荡荡阴惨惨的，却放松了我的心情，我唱着歌一间屋一间屋地串着。我从前窗望去，看到伙伴们正在下面的街上玩。他们的叫喊声传到我这里时又微弱又不清楚，我把头抵在凉丝丝的玻璃上，遥望着她居住的那所昏暗的宅院。我在那里可能站了有一个小时，我什么都看不到，满眼全是我想象中刻画的那个身着褐衫的身影，灯光小心翼翼地触摸着那弯弯的脖颈，那搁在栏杆上的手，还有那裙服下的镶边。

再下楼时，我发现默瑟太太坐在炉火边。她是个唠唠叨叨的老太太，当铺老板的寡妇，为了很虔诚的目的收集些用过的邮票。我不得不忍受着茶桌上的东家长西家短。饭拖拖拉拉吃了一个多小时，叔父却还没回来。默瑟太太起身要走：她很遗憾不能再等了，已经过了八点钟，她不愿意在外面待得很晚，因为晚上的空气对她有害。她走了后，我开始在屋里走来走去，紧握着拳头。婶婶说：

——恐怕这个礼拜六晚上你去不了集市了。

九点钟时我听到叔父用弹簧钥匙开门厅。我听到他自言自语，听到他把外套搭在衣帽架上，衣帽架摇晃的声音。我很明白这些迹象。他晚饭吃到一半，我就求他给我钱好去集市。他全忘了。

——这时候了，人们在床上都睡醒了头一觉啦，他说。

我没有笑。婶婶很激动地对他说：

——你就不能给他钱让他去吗？事实上你耽搁得他已经够迟的啦。

叔父说他很抱歉自己全忘了。他说他很相信那句老话：只工作不玩耍，聪明孩子也变傻。他问我想去哪里，我又跟他说了一回，他便问我是否知道那首《阿拉伯人告别坐骑》。我走出厨房的时候，他正要给婶婶背诵开篇的几句诗行。

我紧紧攥着一个佛罗林，大步沿着白金汉大街朝车站走去。看见条条大街上熙熙攘攘的购物者和耀眼闪亮的汽灯，我想起了这次旅行的目的。我登上一辆乘客稀少的列车，在三等车厢的座位上坐下。列车好一会儿都没有开动，真叫人受不了，然后列车缓缓驶出车站。它向前爬行，经过了破烂废弃的房屋，又跨过了波光粼粼的大河。在韦斯特兰·罗车站，人群拥向车厢门口；可是乘务员却让他们退后，说这是去集市的专列。空寥的车厢里，我始终是独自一人。几分钟后，列车在临时搭建的木质月台前缓缓停下。我走出车厢来到路上，看到亮着灯的大钟盘上已经是差十分钟十点了。我的前面是一幢巨大的建筑物，上面显示着那个具有魔力的名字。

我找不到票价是六便士的入口，又担心集市快要散了，就快步从一个旋转栅门进去了，把一先令递给一个满面倦色的人。我发觉自己进了一间大厅，厅内半高处有一圈楼廊。几乎所有的摊位都收摊了，厅里大部分地方都在昏暗中。我意识到一种静默，就像礼拜结束后教堂里充溢的那种静默。我怯怯地走到集市中间。有几个人聚在仍然在营业的那些摊位前。有个挂帘上用彩灯勾出了 Cafe Chantant 的字样，两个男人正在帘前数着托盘上的钱。我听着硬币掉落的声音。

我勉强记起了自己为什么到这儿来，便朝一间摊位走过去，细细地瞧着陶瓷花瓶和雕花的茶具。摊位门口有位年轻女士在跟两位年轻绅士说笑。我留心到他们有英格兰口音，就含含混混地听他们谈话。

——哦，我从没说过那样的话！

——哦，可是你说过的啊！

——哦，可是我就是没有说过！

——她难道不是说过的吗？

——说过的。我听她说过。

——哦，这是……瞎说！

年轻女士看到我，便走过来问我可想要买点东西。她的语调并不很殷勤，好像就是为了尽义务才对我说话。我谦卑地看着在摊位昏暗的入口处像东方卫士一样挺立两边的大罐子，咕哝着说：

——不，谢谢。

年轻女士挪动了一个花瓶的位置，又回到两个年轻男人那里。他们又谈起了同一个话题。年轻女士回头斜眼瞧了我一两回。

尽管我明白自己滞留不去也无济于事，却在她的摊位前流连着，想让我对她那些瓶瓶罐罐的兴趣看上去更像回事。然后我慢慢转身离去，朝里走到集市的中间。我让两个便士在口袋里跟六便士的硬币撞击着。我听到楼廊一头有个声音在喊要灭灯了。大厅的上层现在全黑了。

我抬头凝视着黑暗，发觉自己是受虚荣驱动又受虚荣愚弄的可怜虫；我的双眼中燃烧着痛苦和愤怒。

【导读】

　　《阿拉比》是詹姆斯·乔伊斯的短篇小说，收录于《都柏林人》。故事透过一个都柏林少年的视角，展现了他对同伴姐姐的深情倾慕以及最终在现实面前破灭的内心世界。小说不仅细腻描绘了青春期的困惑与爱情的渴望，更通过"阿拉比"这一象征，揭示了少年对未知世界的向往。乔伊斯运用意识流的写作手法，将读者带入少年的隐秘心灵深处。同时，小说大量运用"隐喻"，赋予了作品丰富的象征意义和情感色彩，暗示了人物的命运与小说的主题。在简洁的文字中，乔伊斯展现了深厚的文学功底，使得《阿拉比》成为现代主义小说的经典之作。

处世之道

爱好人生者：陶渊明

林语堂

林语堂（1895年—1976年），二十世纪西方社会知名度最高的中国作家。林语堂的大部分作品为英文著述，在西方流传甚广。1895年，林语堂出生于福建龙溪县一个传教士家庭，自幼受到西方文化熏陶，早年求学于厦门寻源书院和上海圣约翰大学，后在美国哈佛大学取得硕士学位，又赴德国莱比锡大学，获得语言学博士学位，归国后曾执教于北大、北师大、厦门大学等。1936年之后旅居纽约，并致力于英文写作。出版了英文版的《生活的艺术》《孔子的智慧》《苏东坡传》《武则天传》《中国的生活》《古文小品译英》等。"两脚踏中西文化，一心评宇宙文章"，林语堂在诠释中国文化、增进中西文化交往中扮演着重要角色。1966年林语堂选择定居台湾。1967年受聘为香港中文大学研究教授，负责编撰《林语堂当代汉英词典》（1972年在香港出版）。1976年林语堂在香港逝世。

所以我们已经晓得，我们如果把积极的人生观念和消极的人生观念适度地配合起来，我们便能得到一种和谐的中庸哲学，介于动作和静止之间，介于尘世的徒然匆忙和完全逃避现实人生之间。世界上所有的一切哲学中，这一种可说是人类生活上最健全、最完美的理想了。还有一种结果更加重要，就是这两种不同观念相混合后，和谐的人格也随之产生；这种和谐的人格也就是那一切文化和教育所欲达到的目的，我们即从这种和谐的人格中看见人生的欢乐和爱好。这是值得加以注意的。

要描写这种爱好人生的性质是极困难的；如用譬喻，或叙述一位爱好人生者的真事实物，那就比较容易。在这里，陶渊明这位中国最伟大的诗人，中国文化上最和谐的产物，不期然而然地浮上我的心头。陶渊明也是整个中国文学传统上最和谐、最完美的人物，我想没有一个中国人会反对我的话吧。他没有做过大官，很少权力，也没有什么勋绩，除了本薄薄的诗集和三四篇零星的散文外，在文学遗产上也不曾留下什么了不得的著作。但至今还是照彻古今的炬火，在那些较渺小的诗人和作家心目中，他永远是最高人格的象征。他的生活和风格是简朴的，令人自然敬畏，会使那些较聪明与熟识的人自惭形秽。他是今日真正爱好人生者的模范，因为他心中虽有反抗尘世的欲望，但并不沦于彻底逃避人世，反而使他和七情生活洽调起来。文学的浪漫主义和道家闲散生活的崇尚以及对儒家教义的反抗，在那时的中国已活动了两百多年，这种种和前世纪的儒家哲学配合起来，就产生了这么一种和谐的人格。以陶渊明为例，我们看见积极人生观已经丧失了愚蠢的自满心，玩世哲学已经丧失了尖锐的叛逆性，在梭罗身上还可找出这种特质——这是一个不成熟的标志，而人类的智慧第一次在宽容和嘲弄的精神中达到成熟的时期。

在我看来，陶渊明代表一种中国文化的奇怪特质，即一种耽于肉欲和灵的妄尊的奇怪混合，是一种不流于物欲的精神生活和耽于肉欲的物质生活的奇怪混合；在这奇怪混合中，七情和心灵始终是和谐的。所谓理想的哲学家即是一个能领会女人的妩媚而不流于粗鄙，能爱好人生而不过度，能够察觉到尘世间成功和失败的空虚，能够生活于超越人生和脱离人生的境地，而不仇视人生的人。陶渊明的心灵已经发展到真正和谐的境地，所以我们看不见他内心有一丝一毫的冲突，因之，他的生活也像他的诗一般那么自然而平和。

陶渊明生于第四世纪的末叶，是一位著名学者兼贵官的曾孙。这位学者在州无事，常于早上搬运一百支甓到斋外，至薄暮又搬运回斋内。陶渊明幼时，因家贫亲老，任为州祭酒，但不久即辞了官职去过他的耕种生活，因此得了一种疾病。有一天，他对亲朋说："聊欲弦歌以为三径之资，可乎？"有一个朋友听了这句话，便荐他去做彭泽令。他因为喜欢喝酒，所以命令县里都种秫谷，可是他的妻子不以为善，固请种粳，才使一顷五十亩种秫，五十亩种粳。后因郡里的督邮将到，县吏说他应该束带相见，陶渊明叹曰："吾不能为五斗米折腰。"于是官也不愿做了，写了《归去来兮辞》这首名赋。此后，他就过着农夫的生活，好几次有人请他做官，他一概拒绝。他家里本穷，故和穷人一起生活，在给他儿子的一封信里，曾慨叹他们的衣服褴褛，做着贱工。有一次他送一个农家的孩子到他的儿子那里去，帮做挑水取柴等事，在给他儿子的信里说："此亦人子也，可善遇之。"

他唯一的弱点就是喜欢喝酒。他平常过着孤独的生活，很少和宾客接触，可是一看见酒，纵使他不认识主人，也会坐下来和大家一起喝酒。有时他做主人的时候，在席上喝酒先醉，便对客人说："我醉欲眠，卿且去。"他有一张无弦的琴，这种古代的乐器，只能在心情很平静的时候，慢慢地弹起来才有意思。他和朋友喝酒时，或是有兴致想玩玩音乐时，便抚抚这张无弦的琴。他说："但识琴中趣，何劳弦上声？"

他心地谦逊，生活简朴，且极自负，交友尤慎。判史王弘很钦仰他，想和他交朋友，可是无从谋面。他曾很自然地说："我性不狎世，因疾守用，幸非洁志慕声。"王弘只好和一个朋友用计骗他，由这个朋友去邀他喝酒，走到半路停下来，在一个凉亭里歇脚，那朋友便把酒食拿出来。陶渊明真的欣欣然就坐下来喝酒，那时王弘早已隐身在附近的地方，这时候便走出来和他相见。他非常高兴，于是欢宴终日，连朋友的地方也忘记去了。王弘见陶渊明无履，就叫他的左右为他造履。当请他量履的时候，陶渊明便把脚伸出来。此后，凡是王弘要和他见面时，总是在林泽间等候他。有一次，他的朋友们在煮酒，就把他头戴的葛巾来漉酒，用过了还他，他又把葛巾戴在头上了。

他那时的住处，位于庐山之麓，当时庐山有一个闻名的禅宗，叫作白莲社，是由一位大学者所主持。这位学者想邀他入社。有一天便请他赴宴，请他加入。他提出的条件是在席上可以喝酒。本来这种行为是违犯佛门的戒条的，可是主人却答应他。当他正要签名入社时，却又"攒眉而去"。另外一个大诗人谢灵运很想加入这个白莲社，可是不得其门而入。后来那位方丈想跟陶渊明做个朋友，所以他便请了另一位道人和他一起喝酒。他们三个人，那个方丈代表佛教，陶渊明代表儒教，那个朋友代表道家。那位方丈曾立誓说终生不再走过某一座桥，可是有一天，当他和他的朋友送陶渊明回家时，他们谈得非常高兴，大家都不知不觉地走过了那桥。当三人明白过来时，不禁大笑。这三位大笑的老人，后来便成为中国绘画上常用的题材，这个故事象征着三位无忧无虑的智者的欢乐，象征着三个宗教的代表人物在幽默感中团结一致的欢乐。

他就是这样地过他的一生，做一个无忧无虑的、心地坦白的、谦逊简朴的乡间诗人，一个智慧而快乐的老人。在他那本关于喝酒和田园生活的小诗集中，三四篇偶然冲动而写出来的文章，一封给他儿子的信，三篇祭文（一篇是自祭文）和遗留给子孙的一些话里，我们看出一种造成那和谐生活的情感和天才；这种和谐的生活已达到了炉火纯青的境地，没有一个人能比他更卓越。他在《归去来兮辞》那首赋里所表现的就是这种爱好人生的情感。这篇名作是在公元四〇五年十一月，就是在决定辞去那县令的时候写的。

归去来兮辞

归去来兮，田园将芜胡不归！既自以心为形役，奚惆怅而独悲？悟已往之不谏，知来者之可追。实迷途其未远，觉今是而昨非。舟遥遥以轻飏，风飘飘而吹衣。问征夫以前路，恨晨光之熹微。

乃瞻衡宇，载欣载奔，僮仆欢迎，稚子候门。三径就荒，松菊犹存。携幼入室，有酒盈樽。引壶觞以自酌，眄庭柯以怡颜。倚南窗以寄傲，审容膝之易安。园日涉以成趣，门虽设而常关。策扶老以流憩，时矫首而遐观。云无心以出岫，鸟倦飞而知还。景翳翳以将入，抚孤松而盘桓。

归去来兮，请息交以绝游。世与我而相遗，复驾言兮焉求？悦亲戚之情话，乐琴书以消忧。农人告余以春及，将有事于西畴。或命巾车，或棹孤舟。既窈窕以寻壑，亦崎岖而经丘。木欣欣以向荣，泉涓涓而始流。羡万物之得时，感吾生之行休。

已矣乎！寓形宇内复几时，曷不委心任去留？胡为乎遑遑欲何之？富贵非吾愿，帝乡不可期。怀良辰以孤往，或植杖而耘耔。登东皋以舒啸，临清流而赋诗。聊乘化以归尽，乐夫天命复奚疑？

也许有人以为陶渊明是"逃避主义者"，但事实上他绝对不是。他要逃避的仅是政治，而不是生活的本身。如果他是逻辑家的话，他或许早已出家做和尚，彻底地逃避人生了。可是陶渊明不愿完全逃避人生，他是爱好人生的。在他的眼中，他的妻儿是太真实了，他的花园，那伸到他庭院里的枝丫，他所抚摸的孤松，这许多事物太可爱了。他仅是一个近情近理的人，他不是逻辑家，所以他要周旋于周遭的景物之间。他就是这样地爱好人生，由种种积极的、合理的人生态度，去获得他所特有的能产生和谐的那种感觉。这种生之和谐便产生了中国最伟大的诗歌。他为尘世所生，而又属于尘世，所以他的结论不是逃避人生，而是"怀良辰以孤往，或植杖而耘耔。"陶渊明仅是回到他的田园和他的家庭里去。所以，结果是和谐，不是叛逆。

【导读】

　　《生活的艺术》是一部个人随感散文集，旨在向美国读者介绍中国人的人生哲学，书中充满了睿智与幽默。本书 1937 年在美国出版，甫一出版，就登上了美国畅销书排行榜。本文选自第五章《谁最会享受人生》，第五章包括《发现自己：庄子》《情智勇：孟子》《玩世、愚钝、潜隐：老子》《"中庸哲学"：子思》《爱好人生者：陶渊明》。在这一章里，林语堂肯定了和谐的中庸哲学是人类最健全、最完美的理想，并且认为实践"这种智慧而愉快的人生哲学"的典型就是陶渊明。林语堂从中国文化史的视角把他心目中的"先生"陶渊明定位为"整个中国文学传统上最和谐最完美的人物"。文中从三个方面来称颂陶渊明的艺术人生。其一，陶渊明的人生是和谐的人生。"陶渊明的心灵已经发展到真正和谐的境地，所以我们看不见他内心有一丝一毫的冲突，因之，他的生活也像他的诗一般那么自然而平和。"其二，陶渊明的人生是简朴的人生。陶渊明是"一个无忧无虑的、心地坦白的、谦逊简朴的乡间诗人"。其三，陶渊明的人生是非逃避的人生，陶渊明逃避的是污浊险恶的官场，绝不是逃避生活本身。陶渊明的人生态度是积极乐观的，他热爱田园生活、热爱他的妻儿。

慢慢走，欣赏啊！

朱光潜

朱光潜（1897 年—1986 年），安徽桐城人，现代著名的文艺理论家、美学家。他学贯中西，博古通今。《诗论》是朱光潜的经典代表作之一，被称为"中国现代史学的第一块里程碑"。《文艺心理学》是第一部具有现代形态的美学体系的著作。朱光潜的主要著作有《文艺心理学》《悲剧心理学》《谈美》《诗论》《谈文学》《谈美书简》等，并翻译了《歌德谈话录》、柏拉图的《文艺对话集》、莱辛的《拉奥孔》、黑格尔的《美学》等。

一直到现在，我们都是讨论艺术的创造与欣赏。在收尾这一节中，我提议约略说明艺术和人生的关系。

我在开章明义时就着重美感态度和实用态度的分别，以及艺术和实际人生之间所应有的距离，如果话说到这里为止，你也许误解我把艺术和人生看成漠不相关的两件事。我的意思并不如此。

人生是多方面而却相互和谐的整体，把它分析开来看，我们说某部分是实用的活动，某部分是科学的活动，某部分是美感的活动，为正名析理起见，原应有此分别；但是我们不要忘记，完满的人生见于这三种活动的平均发展，它们虽是可分别的而却不是互相冲突的。"实际人生"比整个人生的意义较为窄狭。一般人的错误在把它们认为相等，以为艺术对于"实际人生"既是隔着一层，它在整个人生中也就没有什么价值。有些人为维护艺术的地位，又想把它硬纳到"实际人生"的小范围里去。这般人不但是误解艺术，而且也没有认识人生。我们把实际生活看作整个人生之中的一片段，所以在肯定艺术与实际人生的距离时，并非肯定艺术与整个人生的隔阂。严格地说，离开人生便无所谓艺术，因为艺术是情趣的表现，而情趣的根源就在人生；反之，离开艺术也便无所谓人生，因为凡是创造和欣赏都是艺术的活动，无创造、无欣赏的人生是一个自相矛盾的名词。

人生本来就是一种较广义的艺术。每个人的生命史就是他自己的作品。这种作品可以是艺术的，也可以不是艺术的，正犹如同是一种顽石，这个人能把它雕成一座伟大的雕像，而另一个人却不能使它"成器"，分别全在性分与修养。知道生活的人就是艺术家，他的生活就是艺术作品。

过一世生活好比做一篇文章。完美的生活都有上品文章所应有的美点。

第一，一篇好文章一定是一个完整的有机体，其中全体与部分都息息相关，不能稍有移动或增减。一字一句之中都可以见出全篇精神的贯注。比如陶渊明的《饮酒》诗本来是"采菊东篱下，悠然见南山"，后人把"见"字误印为"望"字，原文的自然与物相遇相得的神情便完全丧失。这种艺术的完整性在生活中叫作"人格"，凡最完美的生活都是人格的表现。大而进退取与，小而声音笑貌，都没有一件和全人格相冲突。不肯为五斗米折腰向乡里小儿，是陶渊明的生命史中所应有的一段文章，如果他错过这一个小节，便失其为陶渊明。下狱不肯脱逃，临刑时还叮咛嘱咐还邻人一只鸡的债，是苏格拉底的生命史中所应有的一段文章，否则他便失其为苏格拉底。这种生命史才可以使人把它当作一幅图画去惊赞，它就是一种艺术的杰作。

其次，"修辞立其诚"是文章的要诀，一首诗或是一篇美文一定是至性深情的流露，存于中然后形于外，不容有丝毫假借。情趣本来是物我交感共鸣的结果。景物变动不居，情趣亦自生生不息。我有我的个性，物也有物的个性，这种个性又随时地变迁而生长发展。每人在某一时会所见到的景物，和每种景物在某一时会所引起的情趣，都有它的特殊性，断不容与另一人在另一时会所见到的景物，和另一景物在另一时会所引起的情趣完全相同。毫厘之差，微妙所在。在这种生生不息的情趣中我们可以见出生命的造化。把这种生命流露于语言文字就是好文章；把它流露于言行风采，就是美满的生命史。

文章忌俗滥，生活也忌俗滥。俗滥就是自己没有本色而蹈袭别人的成规旧矩。西施患心病，常捧心颦眉，这是自然的流露，所以愈增其美。东施没有心病，强学捧心颦眉的姿态，只能引人嫌恶。在西施是创作，在东施便是滥调。滥调起于生命的枯竭，也就是虚伪的表现。"虚伪的表现"就是"丑"，克罗齐已经说过。"风行水上，自然成纹"，文章的妙处如此，生活的妙处也是如此。在什么地位，是怎样的人，感到怎样情趣，便现出怎样言行风采，叫人一见就觉其谐和完整，这才是艺术的生活。

俗语说得好，"惟大英雄能本色"。所谓艺术的生活就是本色的生活。世间有两种人的生活最不艺术，一种是俗人，一种是伪君子。"俗人"根本就缺乏本色，"伪君子"则竭力遮盖本色。朱晦庵有一首诗说："半亩方塘一鉴开，天光云影共徘徊。问渠那得清如许？为有源头活水来。"艺术的生活就是有"源头活水"的生活。俗人迷于名利，与世浮沉，心里没有"天光云影"，就因为没有源头活水。他们的大病是生命的枯竭。"伪君子"则于这种"俗人"的资格之上，又加上"沐猴而冠"的伎俩。他们的特点不仅见于道德上的虚伪，一言一笑、一举一动，都叫人起不美之感。谁知道风流名士的架子之中掩藏了几多行尸走肉？无论是"俗人"或是"伪君子"，他们都是生活上的"苟且者"，都缺乏艺术家在创造时所应有的良心。像柏格森所说的，他们都是"生命的机械化"，只能作喜剧中的角色。生活落到喜剧里去的人大半都是不艺术的。

艺术的创造之中都必寓有欣赏，生活也是如此。一般人对于一种言行常欢喜说它"好看""不好看"，这已有几分是拿艺术欣赏的标准去估量它。但是一般人大半不能彻底，不能拿一言一笑、一举一动纳在全部生命史里去看，他们的"人格"观念太淡薄，所谓"好看""不好看"往往只是"敷衍面子"。善于生活者则彻底认真，不让一尘一芥妨碍整个生命的和谐。一般人常以为艺术家是一班最随便的人，其实在艺术范围之内，艺术家是最严肃不过的。在锻炼作品时常呕心呕肝，一笔一画也不肯苟且。王荆公作"春风又绿江南岸"一句诗时，原来"绿"字是"到"字，后来由"到"字改为"过"字，由"过"字改为"入"字，由"入"字改为"满"字，改了十几次之后才定为"绿"字。即此一端可以想见艺术家的严肃了。善于生活者对于生活也是这样认真。曾子临死时记得床上的席子是季路的，一定叫门人把它换过才瞑目。吴季札心里已经暗许赠剑给徐君，没有实行徐君就已死去，他很郑重地把剑挂在徐君墓旁树上，以见"中心契合死生不渝"的风谊。像这一类的言行看来虽似小节，而善于生活者却不肯轻易放过，正犹如诗人不肯轻易放过一字一句一样。小节如此，大节更不消说。董狐宁愿断头不肯掩盖史实，夷齐饿死不愿降周，这种风度是道德的也是艺术的。我们主张人生的艺术化，就是主张对于人生的严肃主义。

艺术家估定事物的价值，全以它能否纳入和谐的整体为标准，往往出于一般人意料之外。他能看重一般人所看轻的，也能看轻一般人所看重的。在看重一件事物时，他知道执着；在看轻一件事物时，他也知道摆脱。艺术的能事不仅见于知所取，尤其见于知所舍。苏东坡论文，谓如水行山谷中，行于其所不得不行，止于其所不得不止。这就是取舍恰到好处，艺术化的人生也是如此。善于生活者对于世间一切，也拿艺术的口胃去评判它，合于艺术口胃者毫毛可以变成泰山，不合于艺术口胃者泰山也可以变成毫毛。他不但能认真，而且能摆脱。在认真时见出他的严肃，在摆脱时见出他的豁达。孟敏堕甑，不顾而去，郭林宗见到以为奇怪。他说："既已碎，顾之何益？"哲学家斯宾诺莎宁愿靠磨镜过活，不愿当大学教授，怕妨碍他的自由。王徽之居山阴，有一天夜雪初霁，月色清朗，忽然想起他的朋友戴逵，便乘小舟到剡溪去访他，刚到门口便把船划回去。他说："乘兴而来，兴尽而返。"这几件事彼此相差很远，却都可以见出艺术家的豁达。伟大的人生和伟大的艺术都要同时并有严肃与豁达之胜。晋代清流大半只知道豁达而不知道严肃，宋朝理学又大半只知道严肃而不知道豁达。陶渊明和杜子美庶几算得恰到好处。

一篇生命史就是一种作品。从伦理的观点看，它有善恶的分别，从艺术的观点看，它有美丑的分别。善恶与美丑的关系究竟如何呢？

就狭义说，伦理的价值是实用的，美感的价值是超实用的，伦理的活动都是有所为而为，美感的活动则是无所为而为。比如仁义忠信等等都是善，问它们何以为善，我们不能不着眼到人群的幸福。美之所以为美，则全在美的形相本身，不在它对于人群的效用（这并不是说它对于人群没有效用）。假如世界上只有一个人，他就不能有道德的活动，因为有父子才有慈孝可言，有朋友才有信义可言。但是这个想象的孤零零的人，还可以有艺术的活动，还可以欣赏他所居的世界，还可以创造作品。善有所赖而美无所赖，善的价值是"外在的"，美的价值是"内在的"。

不过这种分别究竟是狭义的。就广义说，善就是一种美，恶就是一种丑。因为伦理的活动也可以引起美感上的欣赏与嫌恶。希腊大哲学家柏拉图和亚里士多德讨论伦理问题时都以为善有等级，一般的善虽只有外在的价值，而"至高的善"则有内在的价值。这所谓"至高的善"究竟是什么呢？柏拉图和亚里士多德本来是一走理想主义的极端，一走经验主义的极端，但是对于这个问题，意见却一致。他们都以为"至高的善"在"无所为而为的玩索"（disinterested contemplation）。这种见解在西方哲学思潮上影响极大，斯宾诺莎、黑格尔、叔本华的学说都可以参证。从此可知西方哲人心目中的"至高的善"还是一种美，最高的伦理的活动还是一种艺术的活动了。

"无所为而为的玩索"何以看成"至高的善"呢？这个问题涉及到西方哲人对于神的观念。从耶稣教盛行之后，神才是一个大慈大悲的道德家。在希腊哲人以及近代莱布尼兹、尼采、叔本华诸人的心目中，神却是一个大艺术家。他创造这个宇宙出来，全是为着自己要创造，要欣赏。其实这种见解也并不减低神的身份。耶稣教的神只是一班穷叫化子中的一个肯施舍的财主佬，而一般哲人心中的神，则是以宇宙为乐曲而要在这种乐曲之中见出和谐的音乐家。这两种观念究竟是哪一个伟大呢？在西方哲人想，神只是一片精灵，他的活动绝对自由而不受限制，至于人则为肉体的需要所限制而不能绝对自由。人愈能脱肉体需求的限制而作自由活动，则离神亦愈近。"无所为而为的玩索"是唯一的自由活动，所以成为最上的理想。

这番话似乎有些玄渺，在这里本来不应说及。不过无论你相信不相信，有许多思想却值得当作一个意象悬在心眼前来玩味玩味。我自己在闲暇时也欢喜看看哲学书籍。老实说，我对于许多哲学家的话都很怀疑，但是我觉得他们有趣。我以为穷到究竟，一切哲学系统也都只能当作艺术作品去看。哲学和科学穷到极境，都是要满足求知的欲望。每个哲学家和科学家对于他自己所见到的一点真理（无论它究竟是不是真理）都觉得有趣味，都用一股热忱去欣赏它。真理在离开实用而成为情趣中心时就已经是美感的对象了。"地球绕日运行""勾方加股方等于弦方"一类的科学事实，和《密罗斯爱神》或《第九交响曲》一样可以摄魂震魄。科学家去寻求这一类的事实，穷到究竟，也正因为它们可以摄魂震魄。所以科学的活动也还是一种艺术的活动，不但善与美是一体，真与美也并没有隔阂。

艺术是情趣的活动，艺术的生活也就是情趣丰富的生活。人可以分为两种，一种是情趣丰富的，对于许多事物都觉得有趣味，而且到处寻求享受这种趣味。一种是情趣枯竭的，对于许多事物都觉得没有趣味，也不去寻求趣味，只终日拼命和蝇蛆在一块争温饱。后者是俗人，前者就是艺术家。情趣愈丰富，生活也愈美满，所谓人生的艺术化就是人生的情趣化。

"觉得有趣味"就是欣赏。你是否知道生活，就看你对于许多事物能否欣赏。欣赏也就是"无所为而为的玩索"。在欣赏时，人和神仙一样自由，一样有福。

阿尔卑斯山谷中有一条大汽车路，两旁景物极美，路上插着一个标语劝告游人说："慢慢走，欣赏啊！"许多人在这车如流水马如龙的世界过，恰如在阿尔卑斯山谷中乘汽车兜风，匆匆忙忙地急驰而过，无暇一回首流连风景，于是这丰富华丽的世界便成为一个了无生趣的囚牢。这是一件多么可惋惜的事啊！

朋友，在告别之前，我采用阿尔卑斯山路上的标语，在中国人告别习用语之下加上三个字奉赠：

"慢慢走，欣赏啊！"

【导读】

　　朱自清曾说朱光潜的文字像行云流水，自在极了，说他像谈话似的，一层层领着你走进高深和复杂里去。《谈美》一书就是用行云流水的语言把高深古奥的美学原理讲得通俗易懂、深入浅出，因此广受青年人喜欢。《谈美》将审美活动置于艺术与人生的双重视野来考察，《慢慢走，欣赏啊！》是该书的最后一章，这一章里朱光潜明确提出了比较完善的"人生艺术化"的主张，认为人生与审美艺术内在一体化，"离开人生便无所谓艺术……离开艺术便无所谓人生"，同时人生的最高价值在于美。人生的艺术化包括两层含义：一、人生的艺术化就是主张对于人生的严肃主义；二、人生的艺术化就是人生的情趣化。这两方面有着内在联系：严肃地对待生活，同时又能超脱地欣赏人生，两方面结合，才能把自己的生命史当作一件艺术品来创造。

鉴赏家

汪曾祺

汪曾祺(1920年—1997年)，江苏高邮人，中国当代作家、散文家、戏剧家，京派作家的代表人物，被誉为"抒情的人道主义者，中国最后一个纯粹的文人，中国最后一个士大夫"。汪曾祺在短篇小说创作上颇有成就，对戏剧与民间文艺也有深入钻研。作品有《受戒》《晚饭花集》《逝水》《晚翠文谈》等。

全县第一个大画家是季匋民，第一个鉴赏家是叶三。

叶三是个卖果子的。他这个卖果子的和别的卖果子的不一样。不是开铺子的，不是摆摊的，也不是挑着担子走街串巷的。他专给大宅门送果子。也就是给二三十家送。

这些人家他走得很熟，看门的和狗都认识他。到了一定的日子，他就来了。里面听到他敲门的声音，就知道：是叶三。挎着一个金丝篾篮，篮子上插一把小秤，他走进堂屋，扬声称呼主人。主人有时走出来跟他见见面，有时就隔着房门说话。"给您称——?"——"五斤。"什么果子，是看也不用看的，因为到了什么节令送什么果子都是一定的。叶三卖果子从不说价。买果子的人家也总不会亏待他。有的人家当时就给钱，大多数是到节下（端午、中秋、新年）再说。叶三把果子称好，放在八仙桌上，道一声"得罪"，就走了。他的果子不用挑，个个都是好的。他的果子的好处，第一是得四时之先。市上还没有见这种果子，他的篮子里已经有了。第二是都很大，都均匀，很香，很甜，很好看。他的果子全都从他手里过过，有疤的、有虫眼的、挤筐、破皮、变色、过小的全都剔下来，贱价卖给别的果贩。他的果子都是原装，有些是直接到产地采办来的，都是"树熟"，——不是在米糠里闷熟了的。他经常出外，出去买果子比他卖果子的时间要多得多。他也很喜欢到处跑。四乡八镇，哪个园子里，什么人家，有一棵什么出名的好果树，他都知道，而且和园主打了多年交道，熟得像是亲家一样了。——别的卖果子的下不了这样的功夫，也不知道这些路道。到处走，能看很多好景致，知道各地乡风，可资谈助，对身体也好。他很少得病，就是因为路走得多。

立春前后，卖青萝卜。"棒打萝卜"，摔在地下就裂开了。杏子、桃子下来时卖鸡蛋大的香白杏，白得像一团雪，只嘴儿以下有一根红线的"一线红"蜜桃。再下来是樱桃，红的像珊瑚，白的像玛瑙。端午前后，卖枇杷。夏天卖瓜。七八月卖河鲜：鲜菱、鸡头、莲蓬、花下藕。卖马牙枣、卖葡萄。重阳近了，卖梨：河间府的鸭梨、莱阳的半斤酥，还有一种叫作"黄金坠子"的香气扑人个儿不大的甜梨。菊花开过了，卖金橘，卖蒂部起脐子的福州蜜橘。入冬以后，卖栗子、卖山药（粗如小儿臂）、卖百合（大如拳）、卖碧绿生鲜的檀香橄榄。

他还卖佛手、香橼。人家买去，配架装盘，书斋清供，闻香观赏。

不少深居简出的人，是看到叶三送来的果子，才想起现在是什么节令了的。

叶三卖了三十多年果子，他的两个儿子都成人了。他们都是学布店的，都出了师了。老二是三柜，老大已经升为二柜了。谁都认为老大将来是会升为头柜，并且会当管事的。他天生是一块好材料。他是店里头一把算盘，年终结总时总得由他坐在账房里哗哗剥剥打好几天。接待厂家的客人，研究进货（进货是个大学问，是一年的大计，下年多进哪路货，少进哪路货，哪些必须常备，哪些可以试销，关系全年的盈亏），都少不了他。

老二也很能干。量布、撕布（撕布不用剪子开口，两手的两个指头夹着，借一点巧劲，嗤——的一声，布就撕到头了），干净利落。店伙的动作快慢，也是一个布店的招牌。顾客总愿意从手脚麻利的店伙手里买布。这是天分，也靠练习。有人就一辈子都是迟钝笨拙，改不过来。不管干哪一行，都是人比人，这是没有办法的事。弟兄俩都长得很神气，眉清目秀，不高不矮。布店的店伙穿得都很好。什么料子时新，他们就穿什么料子。他们的衣料当然是价廉物美的。他们买衣料是按进货价算的，不加利润；若是零头，还有折扣。这是布店的规矩，也是老板乐为之的，因为店伙穿得时髦，也是给店里装门面的事。有的顾客来买布，常常指着店伙的长衫或翻在外面的短衫的袖子："照你这样的，给我来一件。"

弟兄俩都已经成了家，老大已经有一个孩子，——叶三抱孙子了。

这年是叶三五十岁整生日，一家子商量怎么给老爷子做寿。老大老二都提出爹不要走宅门卖果子了，他们养得起他。

叶三有点生气了：

"嫌我给你们丢人？两位大布店的'先生'，有一个卖果子的老爹，不好看？"

儿子连忙解释：

"不是的。你老人家岁数大了，老在外面跑，风里雨里，水路旱路，做儿子的心里不安。"

"我跑惯了。我给这些人家送惯了果子。就为了季四太爷一个人，我也得卖果子。"

季四太爷即季匋民。他大排行是老四，城里人都称之为四太爷。

"你们也不用给我做什么寿。你们要是有孝心，把四太爷送我的画拿出去裱了，再给我打一口寿材。"这里有这样一种风俗，早早就把寿材准备下了，为的讨个吉利：添福添寿。于是就都依了他。

叶三还是卖果子。

他真是为了季匋民一个人卖果子的。他给别人家送果子是为了挣钱，他给季匋民送果子是为了爱他的画。

季匋民有一个脾气，一边画画，一边喝酒。喝酒不就菜，就水果。画两笔，凑着壶嘴喝一大口酒，左手拈一片水果，右手执笔接着画。画一张画要喝二斤花雕，吃斤半水果。

叶三搜罗到最好的水果，总是首先给季匋民送去。

季匋民每天一起来就走进他的小书房——画室。叶三不须通报，由一个小六角门进去，走过一条碎石铺成的冰花曲径，隔窗看见季匋民，就提着、捧着他的鲜果走进去。

"四太爷，枇杷，白沙的！"

"四太爷，东墩的西瓜，三白！——这种三白瓜有点梨花香味，别处没有！"

　　他给季匐民送果子，一来就是半天。他给季匐民磨墨、漂朱膘、研石青石绿、抻纸。季匐民画的时候，他站在旁边很入神地看，专心致意，连大气都不出。有时看到精彩处，就情不自禁地深深吸一口气，甚至小声地惊呼起来。凡是叶三吸气、惊呼的地方，也正是季匐民的得意之笔。季匐民从不当众作画，他画画有时是把书房门锁起来的。对叶三可例外，他很愿意有这样一个人在旁边看着，他认为叶三真懂，叶三的赞赏是出于肺腑，不是假充内行，也不是谀媚。

　　季匐民最讨厌听人谈画。他很少到亲戚家应酬。实在不得不去的，他也是到一到，喝半盏茶就道别。因为席间必有一些假名士高谈阔论，因为季匐民是大画家，这些名士就特别爱在他面前评书论画，借以卖弄自己高雅博学。这种议论全都是道听途说，似通不通。季匐民听了，实在难受。他还知道，他如果随声答音，应付几句，某一名士就会在别在应酬场所重贩他的高论，且说："兄弟此言，季匐民亦深为首肯。"

　　但是他对叶三另眼相看。

　　季匐民最佩服李复堂。他认为扬州八怪里复堂功力最深，大幅小品都好，有笔有墨，也奔放，也严谨，也浑厚，也秀润，而且不装模作样，没有江湖气。有一天叶三给他送来四开李复堂的册页，使季匐民大吃一惊：这四开册页是真的！季匐民问他是多少钱买的，叶三说没花钱。他到三垛贩果子，看见一家的柜橱的玻璃里镶了四幅画，——他在四太爷这里看过不少李复堂的画，能辨认，他用四张"苏州片"跟那家换了。"苏州片"花花绿绿的，又是簇新的，那家还很高兴。

　　叶三只是从心里喜欢画，他从不瞎评论。季匐民画完了画，钉在壁上，自己负手远看，有时会问叶三：

　　"好不好？"

　　"好！"

　　"好在哪里？"

　　叶三大都能一句话说出好在何处。

　　季匐民画了一幅紫藤，问叶三。

　　叶三说："紫藤里有风。"

　　"唔！你怎么知道？"

　　"花是乱的。"

　　"对极了！"

　　季匐民提笔题了两句词：

　　"深院悄无人，风拂紫藤花乱。"

　　季匐民画了一张小品，老鼠上灯台。叶三说："这是一只小老鼠。"

　　"何以见得。"

　　"老鼠把尾巴卷在灯台柱上。它很顽皮。"

　　"对！"

　　季匐民最爱画荷花。他画的都是墨荷。他佩服李复堂，但是画风和复堂不似。李画多凝重，季匐民飘逸。李画多用中锋，季匐民微用侧笔，——他写字写的是章草。李复堂有时水墨淋漓，粗头乱服，意在笔先；季匋民没有那样的恣悍，他的画是大写意，但总是笔意俱到，收拾得很干净，而且笔致疏朗，善于利用空白。他的墨荷参用了张大千，但更为舒展。他画的荷叶不勾筋，荷梗不点刺，且喜作长幅，荷梗甚长，一笔到底。

有一天，叶三送了一大把莲蓬来，季匋民一高兴，画了一幅墨荷，好些莲蓬。画完了，问叶三："如何？"

叶三说："四太爷，你这画不对。"

"不对？"

"'红花莲子白花藕'。你画的是白荷花，莲蓬却这样大，莲子饱，墨色也深，这是红荷花的莲子。"

"是吗？我头一回听见！"

季匋民于是展开一张八尺生宣，画了一张红莲花，题了一首诗：

"红花莲子白花藕，

果贩叶三是我师。

惭愧画家少见识，

为君破例著胭脂。"

季匋民送了叶三很多画。——有时季匋民画了一张画，不满意，团掉了。叶三捡起来，过些日子送给季匋民看看，季匋民觉得也还不错，就略改改，加了题，又送给了叶三。季匋民送给叶三的画都是题了上款的。叶三也有个学名。他五行缺水，起名润生。季匋民给他起了个字，叫泽之。送给叶三的画上，常题"泽之三兄雅正"。有时迳题"画与叶三"。季匋民还向他解释：以排行称呼，是古人风气，不是看不起他。

有时季匋民给叶三画了画，说："这张不题上款吧，你可以拿去卖钱，——有上款不好卖。"

叶三说："题不题上款都行。不过您的画我不卖。"

"不卖？"

"一张也不卖！"

他把季匋民送他的画都放在他的棺材里。

十多年过去了。

季匋民死了。叶三已经不卖果子，但是他四季八节，还四处寻觅鲜果，到季匋民坟上供一供。

季匋民死后，他的画价大增。日本有人专门收藏他的画。大家知道叶三手里有很多季匋民的画，都是精品。很多人想买叶三的藏画。叶三说：

"不卖。"

有一天有一个外地人来拜望叶三，叶三看了他的名片，这人的姓很奇怪，姓"辻"，叫"辻听涛"。一问，是日本人。辻听涛说他是专程来看他收藏的季匋民的画的。

因为是远道来的，叶三只得把画拿出来。辻听涛非常虔诚，要了清水洗了手，焚了一炷香，还先对画轴拜了三拜，然后才展开。他一边看，一边不停地赞叹：

"喔！喔！真好！真是神品！"

让听涛要买这些画，要多少钱都行。

叶三说：

"不卖。"

让听涛只好怅然而去。

叶三死了。他的儿子遵照父亲的遗嘱，把季匋民的画和父亲一起装在棺材里，埋了。

【导读】

　　《鉴赏家》是汪曾祺的一部短篇小说，以细腻的笔触勾画出一个别样的市井世界。故事的主角叶三虽是个普通的果贩，却以其独特的眼光和品位，成为了大画家季匋民作品中的鉴赏家。叶三不摆摊、不串巷，专给大宅门送果，他的水果昂贵而精致，他的生活也因此而与众不同。汪曾祺以其擅长的白描手法，将叶三的形象生动地展现在读者面前。他不仅是个商人，更是个有情怀、有追求的鉴赏家。他对季匋民画作的独到见解，不仅令人赞叹，也让人对他的人生产生了更深的思考。同时，《鉴赏家》也展现了汪曾祺对故乡高邮的深深眷恋。小说中的风土人情、习俗风情，都透露出作者对故乡的热爱和怀念。这种情感与叶三对画作的鉴赏之情交织在一起，使得小说更具有韵味和深度。

棋王(节选)

阿　城

阿城(1949 年—)，原名钟阿城，出生于北京市，祖籍重庆市江津区，作家、编剧。小说代表作有《棋王》《树王》《孩子王》，编剧作品有《芙蓉镇》《吴清源》《刺客聂隐娘》等。

车站是乱得不能再乱，成千上万的人都在说话。谁也不去注意那条临时挂起来的大红布标语。这标语大约挂了不少次，字纸都折得有些坏。喇叭里放着一首又一首的语录歌儿，唱得大家心更慌。

我的几个朋友，都已被我送走插队，现在轮到我了，竟没有人来送。父母生前颇有些污点，运动一开始即被打翻死去。家具上都有机关的铝牌编号，于是统统收走，倒也名正言顺。我虽孤身一人，却算不得独子，不在留城政策之内。我野狼似地转悠一年多，终于还是决定要走。此去的地方按月有二十几元工资，我便很向往，争了要去，居然就批准了。因为所去之地与别国相邻，斗争之中除了阶级，尚有国际，出身孬一些，组织上不太放心。我争得这个信任和权利，欢喜是不用说的，更重要的是，每月二十几元，一个人如何用得完？只是没人来送，就有些不耐烦，于是先钻进车厢，想找个地方坐下，任凭站台上千万人话别。

车厢里靠站台一面的窗子已经挤满各校的知青，都探出身去说笑哭泣。另一面的窗子朝南，冬日的阳光斜射进来，冷清清地照在北边儿众多的屁股上。两边儿行李架上塞满了东西。我走动着找我的座位号，却发现还有一个精瘦的学生孤坐着，手拢在袖管儿里，隔窗望着车站南边儿的空车皮。

我的座位恰与他在一个格儿里，是斜对面儿，于是就坐下了，也把手拢在袖里。那个学生瞄了我一下，眼里突然放出光来，问："下棋吗？"倒吓了我一跳，急忙摆手说："不会！"他不相信地看着我说："这么细长的手指头，就是个捏棋子儿的，你肯定会。来一盘吧，我带着家伙呢。"说着就抬身从窗钩上取下书包，往里掏着。我说："我只会马走日，象走田。你没人送吗？"他已把棋盒拿出来，放在茶几上。塑料棋盘却搁不下，他想了想，就横摆了，说："不碍事，一样下。来来来，你先走。"我笑起来，说："你没人送吗？这么乱，下什么棋？"他一边码好最后一个棋子，一边说："我他妈要谁送？去的是有饭吃的地方，闹得这么哭哭啼啼的。来，你先走。"我奇怪了，可还是拈起炮，往当头上一移。我的棋还没移到，他的马却"啪"的一声跳好，比我还快。我就故意将炮移过当头的地方停下。他很快地看了一眼我的下巴，说："你还说不会？这炮二平六的开局，我在郑州遇见一个高人，就是这么走，险些输给他。炮二平五当头炮，是老开局，可有气势，而且是最稳的。嗯？你走。"我倒不知怎么走了，手在棋盘上游移着。他不动声色地看着整个棋盘，又把手袖起来。

就在这时，车厢乱了起来。好多人拥进来，隔着玻璃往外招手。我就站起身，也隔着玻璃往北看月台上。站上的人都拥到车厢前，都在叫，乱成一片。车身忽地一动，人群"嗡"地一下，哭声四起。我的背被谁捅了一下，回头一看，他一手护着棋盘，说："没你这么下棋的，走哇！"我实在没心思下棋，而且心里有些酸，就硬硬地说："我不下了。这是什么时候！"他很惊愕地看着我，忽然像明白了，身子软下去，不再说话。

车开了一会儿，车厢开始平静下来。有水送过来，大家就掏出缸子要水。我旁边的人打了水，说："谁的棋？收了放缸子。"他很可怜的样子，问："下棋吗？"要放缸的人说："反正没意思，来一盘吧。"他就很高兴，连忙码好棋子。对手说："这横着算怎么回事儿？没法儿看。"他搓着手说："凑合了，平常看棋的时候，棋盘不等于是横着的？你先走。"对手很老练地拿起棋子儿，嘴里叫着："当头炮。"他跟着跳上马。对手马上把他的卒吃了，他也立刻用马吃了对方的炮。我看这种简单的开局没有大意思，又实在对象棋不感兴趣，就转了头。

这时一个同学走过来，像在找什么人，一眼望到我，就说："来来来，四缺一，就差你了。"我知道他们是在打牌，就摇摇头。同学走到我们这一格，正待伸手拉我，忽然大叫："棋呆子，你怎么在这儿？你妹妹刚才把你找苦了，我说没见啊。没想到你在我们学校这节车厢里，气儿都不吭一声。你瞧你瞧，又下上了。"

棋呆子红了脸，没好气地说："你管天管地，还管我下棋？走，该你走了。"就又催促我身边的对手。我这时听出点音儿来，就问同学："他就是王一生？"同学睁了眼，说："你不认识他？唉呀，你白活了。你不知道棋呆子？"我说："我知道棋呆子就是王一生，可不知道王一生就是他。"说着，就仔细看着这个精瘦的学生。王一生勉强笑一笑，只看着棋盘。

王一生简直大名鼎鼎。我们学校与旁边几个中学常常有学生之间的象棋厮杀，后来拼出几个高手。几个高手之间常摆擂台，渐渐地，几乎每次冠军就都是王一生了。我因为不喜欢象棋，也就不去关心什么象棋冠军，但王一生的大名，却常被班上几个棋篓子供在嘴上，我也就对其事迹略闻一二，知道王一生外号棋呆子，棋下得神不用说，而且在他们学校那一年级里数理成绩总是前数名。我想棋下得好而且有个数学脑子，这很合情理，可我又不信人们说的那些王一生的呆事，觉得不过是大家寻逸闻鄙事，以快言论罢了。后来运动起来，忽然有一天大家传说棋呆子在串连时犯了事儿，被人押回学校了。我对棋呆子能出去串连表示怀疑，因为以前大家对他的描述说明他不可能解决串连时的吃喝问题。可大家说呆子确实去串连了，因为老下棋，被人瞄中，就同他各处走，常常送他一点儿钱，他也不问，只是收下。

后来才知道，每到一处，呆子必要挤地头看下棋。看上一盘，必要把输家挤开，与赢家杀一盘。初时大家见他其貌不扬，不与他下。他执意要杀，于是就杀。几步下来，对方出了小汗，嘴却不软。呆子也不说话，只是出手极快，像是连想都不想。待到对方终于闭了嘴，连一圈儿观棋的人也要慢慢思索棋路而不再支招儿的时候，与呆子同行的人就开始摸包儿。大家正看得紧张，哪里想到钱包已经易主？待三盘下来，众人都摸头。这时呆子倒成了棋主，连问可有谁还要杀？有那不服的，就坐下来杀，最后仍是无一盘得利。后来常常是众人齐做一方，七嘴八舌与呆子对手。呆子也不忙，反倒促众人快走，因为师傅多了，常为一步棋如何走自家争吵起来。就这样，在一处呆子可以连杀上一天。后来有那观棋的人发觉钱包丢了，闹嚷起来。慢慢有几个有心计的人暗中观察，看见有人掏包，也不响，之后见那人晚上来邀呆子走，就发一声喊，将扒手与呆子一齐绑了，由造反队审。呆子糊糊涂涂，只说别人常给他钱，大约是可怜他，也不知钱如何来，自己只是喜欢下棋。审主看他呆像，就命人押了回来，一时各校传为逸事。后来听说呆子认为外省马路棋手高手不多，不能长进，就托人找城里名手近战。有个同学就带他去见自己的父亲，据说是国内名手。名手见了呆子，也不多说，只摆一副据说是宋时留下的残局，要呆子走。呆子看了半晌，一五一十道来，替古人赢了。名手很惊讶，要收呆子为徒。不料呆子却问："这残局你可走通了？"名手没反应过来，就说："还未通。"呆子说："那我为什么要做你的徒弟？"名手只好请呆子开路，事后对自己的儿子说："你这同学倨傲不逊，棋品连着人品，照这样下去，棋品必劣。"又举了一些最新指示，说若能好好学习，棋锋必健。后来呆子认识了一个捡烂纸的老头儿，被老头儿连杀三天而仅赢一盘。呆子就执意要替老头儿去撕大字报纸，不要老头儿劳动。不料有一天撕了某造反团刚贴的"檄文"，被人拿获，又被这造反团栽诬于对立派，说对方"施阴谋，弄诡计"，必讨之，而且是可忍，孰不可忍！对立派又阴使人偷出呆子，用了呆子的名义，对先前的造反团反戈一击。一时呆子的大名"王一生"贴得满街都是，许多外省来取经的革命战士许久才明白王一生原来是个棋呆子，就有人请了去外省会一些江湖名手。交手之后，各有胜负，不过呆子的棋据说是越下越精了。只可惜全国忙于革命，否则呆子不知会有什么造就。

这时我旁边的人也明白对手是王一生，连说不下了。王一生便很沮丧。我说："你妹妹来送你，你也不知道和家里人说说话儿，倒拉着我下棋！"王一生看着我说："你哪儿知道我们这些人是怎么回事儿？你们这些人好日子过惯了，世上不明白的事儿多着呢！你家父母大约是舍不得你走了？"我怔了怔，看着手说："哪儿来父母，都死球了。"我的同学就添油加醋地叙了我一番，我有些不耐烦，说："我家死人，你倒有了故事了。"王一生想了想，对我说："那你这两年靠什么活着？"我说："混一天算一天。"王一生就看定了我问："怎么混？"我不答。呆了一会儿，王一生叹一声，说："混可不易。一天不吃饭，棋路都乱。不管怎么说，你父母在时，你家日子还好过。"我不服气，说："你父母在，当然要说风凉话。"我的同学见话不投机，就岔开说："呆子，这里没有你的对手，走，和我们打牌去吧。"呆子笑一笑，说："牌算什么，瞌睡着也能赢你们。"我旁边儿的人说："据说你下棋可以不吃饭？"我说："人一迷上什么，吃饭倒是不重要的事。大约能干出什么事儿的人，总免不了有这种傻事。"王一生想一想，又摇摇头，说："我可不是这样。"说完就去看窗外。

一路下去，慢慢我发觉我和王一生之间，既开始有互相的信任和基于经验的同情，又有各自的疑问。他总是问我与他认识之前是怎么生活的，尤其是父母死后的两年是怎么混的。我大略地告诉他，可他又特别在一些细节上详细地打听，主要是关于吃。例如讲到有一次我一天没有吃到东西，他就问："一点儿都没吃到吗？"我说："一点儿也没有。"他又问："那你后来吃到东西是在什么时候？"我说："后来碰到一个同学，他要用书包装很多东西，就把书包翻倒过来腾干净，里面有一个干馒头，掉在地上就碎了。我一边儿和他说话，一边儿就把这些碎馒头吃下去。不过，说老实话，干烧饼比干馒头解饱得多，而且顶时候儿。"他同意我关于干烧饼的见解，可马上又问："我是说，你吃到这个干馒头的时候是几点？过了当天夜里十二点吗？"我说："噢，不。是晚上十点吧。"他又问："那第二天你吃了什么？"我有点儿不耐烦。讲老实话，我不太愿意复述这些事情，尤其是细节。我觉得这些事情总在腐蚀我，它们与我以前对生活的认识太不合辙，总好像是在嘲笑我的理想。我说："当天晚上我睡在那个同学家。第二天早上，同学买了两个油饼，我吃了一个。上午我随他去跑一些事，中午他请我在街上吃。晚上嘛，我不好意思再在他那儿吃，可另一个同学来了，知道我没什么着落，硬拉了我去他家，当然吃得还可以。怎么样？还有什么不清楚？"他笑了，说："你才不是你刚才说的什么'一天没吃东西'。你十二点以前吃了一个馒头，没有超过二十四小时。更何况第二天你的伙食水平不低，平均下来，你两天的热量还是可以的。"我说："你恐怕还是有些呆！要知道，人吃饭，不但是肚子的需要，而且是一种精神需要。不知道下一顿在什么地方，人就特别想到吃，而且，饿得快。"他说："你家道尚好的时候，有这种精神压力吗？恐怕没有什么精神需求吧？有，也只不过是想好上再好，那是馋。馋是你们这些人的特点。"我承认他说得有些道理，禁不住问他："你总在说你们、你们，可你是什么人？"他迅速看着其他地方，只是不看我，说："我当然不同了。我主要是对吃要求得比较实在。唉，不说这些了，你真的不喜欢下棋？何以解忧？唯有象棋。"我瞧着他说："你有什么忧？"他仍然不看我，"没有什么忧，没有。'忧'这玩意儿，是他妈文人的佐料儿。我们这种人，没有什么忧，顶多有些不痛快。何以解不痛快？唯有象棋。"

　　我看他对吃很感兴趣，就注意他吃的时候。列车上给我们这几节知青车厢送饭时，他若心思不在下棋上，就稍稍有些不安。听见前面大家拿吃时铝盒的碰撞声，他常常闭上眼，嘴巴紧紧收着，倒好像有些恶心。拿到饭后，马上就开始吃，吃得很快，喉结一缩一缩地，脸上绷满了筋。常常突然停下来，很小心地将嘴边或下巴上的饭粒儿和汤水油花儿用整个儿食指抹进嘴里。若饭粒儿落在衣服上，就马上一按，拈进嘴里。若一个没按住，饭粒儿由衣服上掉下地，他也立刻双脚不再移动，转了上身找。这时候他若碰上我的目光，就放慢速度。吃完以后，他把两只筷子吮净，拿水把饭盒冲满，先将上面一层油花吸净，然后就带着安全到达彼岸的神色小口小口地呷。有一次，他在下棋，左手轻轻地叩茶儿。一粒干缩了的饭粒儿也轻轻地小声跳着。他一下注意到了，就迅速将那个饭粒儿放进嘴里，腮上立刻显出筋络。我知道这种干饭粒儿很容易嵌到槽牙里，巴在那儿，舌头是赶它不出的。果然，呆了一会儿，他就伸手到嘴里去抠。终于嚼完，和着一大股口水，"咕"地一声儿咽下去，喉结慢慢地移下来，眼睛里有了泪花。他对吃是虔诚的，而且很精细。有时你会可怜那些饭被他吃得一个渣儿都不剩，真有点儿惨无人道。我在火车上一直看他下棋，发现他同样是精细的，但就有气度得多。他常常在我们还根本看不出已是败局时就开始重码棋子，说："再来一盘吧。"有的人不服输，非要下完，总觉得被他那样暗示死刑存些侥幸。他也奉陪，用四五步棋逼死对方，说："非要听'将'，有瘾？"

　　我每看到他吃饭，就回想起杰克·伦敦的《热爱生命》，终于在一次饭后他小口呷汤时讲了这个故事。我因为有过饥饿的经验，所以特别渲染了故事中的饥饿感觉。他不再喝汤，只是把饭盒端在嘴边儿，一动不动地听我讲。我讲完了，他呆了许久，凝视着饭盒里的水，轻轻吸了一口，才很严肃地看着我说："这个人是对的。他当然要把饼干藏在褥子底下。照你讲，他是对失去食物发生精神上的恐惧，是精神病？不，他有道理，太有道理了。写书的人怎么可以这么理解这个人呢？杰……杰什么？嗯，杰克·伦敦，这个小子他妈真是饱汉子不知饿汉饥。"我马上指出杰克·伦敦是一个如何如何的人。他说："是呀，不管怎么样，像你说的，杰克·伦敦后来出了名，肯定不愁吃的，他当然会叼着根烟，写些嘲笑饥饿的故事。"我说："杰克·伦敦丝毫也没有嘲笑饥饿，他是……"他不耐烦地打断我说："怎么不是嘲笑？把一个特别清楚饥饿是怎么回事儿的人写成发了神经，我不喜欢。"我只好苦笑，不再说什么。可是一没人和他下棋了，他就又问我："嗯？再讲个吃的故事？其实杰克·伦敦那个故事挺好。"我有些不高兴地说："那根本不是个吃的故事，那是一个讲生命的故事。你不愧为棋呆子。"大约是我脸上有种表情，他于是不知怎么办才好。我心里有一种东西升上来，我还是喜欢他的，就说："好吧，巴尔扎克的《邦斯舅舅》听过吗？"他摇摇头。我就又好好儿描述一下邦斯舅舅这个老饕。不料他听完，马上就说："这个故事不好，这是一个馋的故事，不是吃的故事。邦斯这个老头儿若只是吃而不馋，不会死。我不喜欢这个故事。"他马上意识到这最后一句话，就急忙说："倒也不是不喜欢。不过洋人总和咱们不一样，隔着一层。我给你讲个故事吧。"我马上感了兴趣：棋呆子居然也有故事！他把身体靠得舒服一些，说："从前哪，"笑了笑，又说："老是他妈从前，可这个故事是我们院儿的五奶奶讲的。嗯——老辈子的时候，有这么一家子，吃喝不愁。粮食一囤一囤的，顿顿想吃多少吃多少，嘿，可美气了。后来呢，娶了个儿媳妇。那真能干，就没说把饭做糊过，不干不稀，特解饱。可这媳妇，每做一顿饭，必抓出一把米来藏好……"听到这儿，我忍不住插嘴："老掉牙的故事了，还不是后来遇了荒年，大家没饭吃，媳妇把每日攒下的米拿出来，不但自家有了，还分给穷人？"他很惊奇地坐直了，看着我说："你知道这个故事？可那米没有分给别人，五奶奶没有说分给别人。"我笑了，说："这是教育小孩儿要节约的故事，你还拿来有滋有味儿地讲，你真是呆子。这不是一个吃的故事。"他摇摇头，说："这太是吃的故事了。首先得有饭，才能吃，这家子有一囤一囤的粮食。可光穷吃不行，得记着断顿儿的时候，每顿都要欠一点儿。老话儿说'半饥半饱日子长'嘛。"我想笑但没笑出来，似乎明白了一些什么。为了打消这种异样的感触，就说："呆子，我跟你下棋吧。"他一下高兴起来，紧一紧手脸，啪啪啪就把棋码好，说："对，说什么吃的故事，还是下棋。下棋最好，何以解不痛快？唯有下象棋。啊？哈哈哈！你先走。"我又是当头炮，他随后把马跳好。我随便动了一个子儿，他很快地把兵移前一格儿。我并不真心下棋，心想他念到中学，大约是读过不少书的，就问："你读过曹操的《短歌行》？"他说："什么《短歌行》？"我说："那你怎么知道'何以解忧，唯有杜康'？"他愣了，问："杜康是什么？"我说："杜康是一个造酒的人，后来也就代表酒，你把杜康换成象棋，倒也风趣。"他摆了一下头，说："啊，不是。这句话是一个老头儿说的，我每回和他下棋，他总说这句。"我想起了传闻中的捡烂纸老头儿，就问："是捡烂纸的老头儿吗？"他看了我一眼，说："不是。不过，捡烂纸的老头儿棋下得好，我在他那儿学到不少东西。"我很感兴趣地问："这老头儿是个什么人？怎么下得一手好棋还捡烂纸？"他很轻地笑了一下，说："下棋不当饭。老头儿要吃饭，还得捡烂纸。可不知他以前是什么人。有一回，我抄的几张棋谱不知怎么找不到了，以为当垃圾倒出去了，就到垃圾站去翻。正翻着，这老头儿推着筐过来了，指着我说：'你个大小伙子，怎么抢我的买卖？'我说不是，是找丢了的东西，他问什么东西，我没搭理他。可他问个不停，'钱，存折儿？结婚帖子？'我只好说是棋谱，正说着，就找到了。他说叫他看看。他在路灯底下挺快就看完了，说'这棋没根哪'。我说这是以前市里的象棋比赛。可他说，'哪儿的比赛也没用，你瞧这，这叫棋路？狗脑子。'我心想怕是遇上异人了，就问他当怎么走。老头儿哗哗说了一通棋谱儿，我一听，真的不凡，就提出要跟他下一盘。老头让我先说。我们俩就在垃圾站下盲棋，我是连输五盘。老头儿棋路猛听头几步，没什么，可着子真阴真狠，打闪一般，网得开，收得又紧又快。后来我们见天儿在垃圾站下盲棋，每天回去我就琢磨他的棋路，以后居然跟他平过一盘，还赢过一盘。其实赢的那盘我们一共才走了十几步。老头儿用铅丝扒子敲了半天地面，叹一声，'你赢了。'我高兴了，直说要到他那儿去看看。老头儿白了我一眼，说，'撑的？!'告诉我明天晚上再在这儿等他。第二天我去了，见他推着筐远远来了。到了跟前，从筐里取出一个小布包，递到我手上，说这也是谱儿，让我拿回去，看瞧得懂不。又说哪天有走不动的棋，让我到这儿来说给他听听，兴许他就走动了。我赶紧回到家里，打开一看，还真他妈不懂。这是本异书，也不知是哪朝哪代的，手抄，边边角角儿，补了又补。上面写的东西，不像是说象棋，好像是说另外的什么事儿。我第二天又去找老头儿，说我看不懂，他哈哈一笑，说他先给我说一段儿，提个醒儿。他一开说，把我吓了一跳。原来开宗明义，是讲男女的事儿，我说这是四旧。老头儿叹了，说什么是旧？我这每天捡烂纸是不是在捡旧？可我回去把它们分门别类，卖了钱，养活自己，不是新？又说咱们中国道家讲阴阳，这开篇是借男女讲阴阳之气。阴阳之气相游相交，初不可太盛，太盛则折，折就是'折断'的'折'。我点点头。'太盛则折，太弱则泻'。老头儿说我的毛病是太盛。又说，若对手盛，则以柔化之。可要在化的同时，造成克势。柔不是弱，是容，是收，是含。含而化之，让对手入你的势。这势要你造，需无为而无不为。无为即是道，也就是棋运之大不可变，你想变，就不是象棋，输不用说了，连棋边儿都沾不上。棋运不可悖，但每局的势要自己造。棋运和势既有，那可就无所不为了。玄是真玄，可细琢磨，是那么个理儿。我说，这么讲是真提气，可这下棋，千变万化，怎么才能准赢呢？老头儿说这就是造势的学问了。造势妙在契机。谁也不走子儿，这棋没法儿下。可只要对方一动，势就可入，就可导。高手你入他很难，这就要损。损他一个子儿，损自己一个子儿，先导开，或找眼钉下，止住他的入势，铺排下自己的入势。这时你万不可死损，势式要相机而变。势势有相因之气，势套势，小势开导，大势含而化之，根连根，别人就奈何不得。老头儿说我只有套，势不太明。套可以算出百步之远，但无势，不成气候。又说我脑子好，有琢磨劲儿，后来输我的那一盘，就是大势已破，再下，就是玩了。老头儿说他日子不多了，无儿无女，遇见我，就传给我吧。我说你老人家棋道这么好，怎么干这种营生呢？老头儿叹了一口气，说这棋是祖上传下来的，但有训——'为棋不为生'，为棋是养性，生会坏性，所以生不可太盛。又说他从小没学过什么谋生本事，现在想来，倒是训坏了他。"我似乎听明白了一些棋道，可很奇怪，就问："棋道与生道难道有什么不同吗？"王一生说："我也是这么说，而且魔怔起来，问他天下大势。老头儿说，棋就是这么几个子儿，棋盘就是这么大，无非是道同势不同，可这子儿你全能看在眼底。天下的事，不知道的太多。这每天的大字报，张张都新鲜，虽看出点道儿，可不能究底。子儿不全摆上，这棋就没法儿下。"

我就又问那本棋谱。王一生很沮丧地说："我每天带在身上，反覆地看。后来你知道，我撕大字报被造反团捉住，书就被他们搜了去，说是四旧，给毁了，而且是当着我的面儿毁的。好在书已在我脑子里，不怕他们。"我就又和王一生感叹了许久。

　　火车终于到了，所有的知识青年都又被用卡车运到农场。在总场，各分场的人上来领我们。我找到王一生，说："呆子，要分手了，别忘了交情，有事儿没事儿，互相走动。"他说当然。

【导读】

　　《棋王》是阿城的代表作，也是新时期"寻根文学"的发端之作。小说讲述了在特殊时期，知青"棋呆子"王一生四处寻找对手下棋、拼棋的故事，以此展现了人的智慧、专注力和潜力。阿城在小说中巧妙地融合了传统文化与现代意识，通过对王一生棋艺生涯的描绘，展示了中国传统文化的魅力和深邃。他运用朴实而飘逸的语言，回归宋明小说的语境，使得整部小说充满了古典韵味。《棋王》不仅是一部关于"棋"的小说，更是一部关于人生、智慧和追求的作品，它告诉我们，在生活的困境中，人应该坚持自己的信仰和追求，不畏艰难，勇往直前。

狗这一辈子

刘亮程

刘亮程（1962年—），作家，出生在新疆古尔班通古特沙漠边缘的一个小村庄，著有诗集《晒晒黄沙梁的太阳》，散文集《一个人的村庄》《在新疆》《一片叶子下生活》等，小说《虚土》《凿空》《捎话》，被誉为"20世纪中国最后一位散文家"和"乡村哲学家"。

　　一条狗能活到老，真是件不容易的事。太厉害不行，太懦弱不行，不解人意、太解人意了均不行。总之，稍一马虎便会被人炖了肉剥了皮。狗本是看家守院的，更多时候却连自己都看守不住。

　　活到一把子年纪，狗命便相对安全了，倒不是狗活出了什么经验。尽管一条老狗的见识，肯定会让一个走遍天下的人吃惊。狗却不会像人，年轻时咬出点名气，老了便可坐享其成。狗一老，再无人谋它脱毛的皮，更无人敢问津它多病的肉体，这时的狗很像一位历经沧桑的老人，世界已拿它没有办法，只好撒手，交给时间和命。

　　一条熬出来的狗，熬到拴它的铁链朽了，不挣而断。养它的主人也入暮年，明知这条狗再走不到哪里，就随它去吧。狗摇摇晃晃走出院门，四下里望望，是不是以前的村庄已看不清楚。狗在早年捡到过一根干骨头的沙沟梁转转；在早年恋过一条母狗的乱草滩转转；遇到早年咬过的人，远远避开，一副内疚的样子。其实人早好了伤疤忘了疼。有头脑的人大都不跟狗计较，有句俗话：狗咬了你，你还能去咬狗吗？与狗相咬，除了啃一嘴狗毛，你又能占到啥便宜。被狗咬过的人，大都把仇记恨在主人身上，而主人又一古脑把责任全推到狗身上。一条狗随时都必须准备着承受一切。

　　以前乡下，家家门口拴一条狗，目的很明确：把门。人的门被狗把持，仿佛狗的家。来人并非找狗，却先要与狗较量一阵，等到终于见了主人，来时的心境已落了大半，想好的话语也吓得忘掉大半。狗的影子始终在眼前窜悠，答问间时闻狗吠，令来人惊魂不定。主人则可从容不迫，坐察其来意。这叫未与人来先与狗往。

　　有经验的主人听到狗叫，先不忙着出来，开个门缝往外瞧瞧。若是不想见的人，比如来借钱的，讨债的，寻仇的……便装个没听见。狗自然咬得更起劲。来人朝院子里喊两声，自愧不如狗的嗓门大，也就缄默。狠狠踢一脚院门，骂声"狗日的"，走了。

　　若是非见不可的贵人，主人一趟子跑出来，打开狗，骂一句"瞎了狗眼了"，狗自会没趣地躲开。稍慢一步又会挨棒子。狗挨打挨骂是常有的事，一条狗若因主人错怪便赌气不咬人，睁一眼闭一眼，那它的狗命也就不长了。

　　一条称职的好狗，不得与其他任何一个外人混熟。在它的狗眼里，除主人之外的任何面孔都必须是陌生的、危险的。更不得与邻居家的狗相往来。需要交配时，两家狗主人自会商量好了，公母牵到一起，主人在一旁监督着。事情完了就完了。万不可藕断丝连，弄出感情，那样狗主人会妒嫉。人养了狗，狗就必须把所有爱和忠诚奉献给人，而不应该给另一条狗。

狗这一辈子像梦一样飘忽，没人知道狗是带着什么使命来到人世。

人一睡着，村庄便成了狗的世界，喧嚣一天的人再无话可说，土地和人都乏了。此时狗语大作，狗的声音在夜空飘来荡去，将远远近近的村庄连在一起。那是人之外的另一种声音，飘远、神秘。莽原之上，明月之下，人们熟睡的躯体是听者，土墙和土墙的影子是听者，路是听者。年代久远的狗吠融入空气中，已经成寂静的一部分。

在这众狗猞猞的夜晚，肯定有一条老狗，默不作声。它是黑夜的一部分，它在一个村庄转悠到老，是村庄的一部分，它再无人可咬，因而也是人的一部分。这是条终于可以冥然入睡的狗，在人们久不再去的僻远路途，废弃多年的荒宅旧院，这条狗来回地走动，眼中满是人们多年前的陈事旧影。

【导读】

　　刘亮程的散文《狗这一辈子》是一篇深刻描绘狗与人生哲理的作品。作者以狗为媒介，巧妙地折射出人生的百态与社会的缩影。在文中，狗不再是简单的宠物或家畜，而是成为了一种寓意丰富的象征。它们的忠诚、无私、忍耐和等待，都与人类的情感、道德和命运紧密相连。刘亮程用平实而深情的语言，讲述了狗在不同环境下的遭遇和命运，从而引发读者对生命、人性和社会的深刻思考。此外，作者还通过细腻的笔触，展现了狗与主人之间深厚的情感纽带。这种情感超越了物种的界限，成为了一种纯粹而真挚的爱。这种爱不仅让读者感受到温暖和感动，更让我们重新审视自己与动物的关系，让我们看到了生命的多样性和复杂性。

精神之三变

尼采

弗里德里希·威廉·尼采（1844 年—1900 年），德国哲学家、语言学家、文化评论家、诗人、作曲家、思想家。主要著作有《权力意志》《悲剧的诞生》《不合时宜的考察》《查拉图斯特拉如是说》《希腊悲剧时代的哲学》《论道德的谱系》等。尼采被认为是西方现代哲学的开创者，他的著作对于宗教、道德、现代文化、哲学以及科学等领域提出了广泛的批判和讨论。他的写作风格独特，经常使用格言和悖论的技巧。尼采对于后代哲学的发展影响很大，尤其是在存在主义与后现代主义上。

本文选自《查拉斯图拉如是说》（钱春绮译，三联书店 2012 年第二版）。

我要向你们列举精神的三段变化：精神怎样变为骆驼[1]，骆驼怎样变为狮子[2]，最后狮子怎样变成孩子[3]。

对于怀着畏敬之念的精神，强力的、负重的精神，有许多重负：精神的强力渴望重的、最重的负担。

什么是重负？重负的精神这样发问，于是它像骆驼一样跪下来，甘愿被装上很多重负。

英雄们，什么是最重的负担？负重的精神这样发问，我会把它背在身上而为我的强力感到高兴。

这一切最重的重负，负重的精神都把它们背在自己的身上，就像背着重负趋向沙漠的骆驼，精神也如此急忙走进它的沙漠。

但在最荒凉的沙漠之中，发生了第二段变化：精神在这里变成狮子，它要攫取自由，在它自己的沙漠里称王。

它在这里寻找它的最后一个统治者：它要跟最后一个统治者、它的最后的神为敌，它要跟巨龙搏斗以求胜利。

精神不想再称它为统治者和神的这条巨龙是什么呢？这条巨龙的名字叫"你应当"。可是狮子的精神却说"我要"。

绵延千年的各种价值闪耀在这些鳞片上，一切龙中最强大的龙如是说："事物的一切价值——闪耀在我的身上。"

"一切价值已被创造出，被创造出的一切价值——就是我。确实，不应再有什么'我要'！"这条龙如是说。

创造新的价值——就是狮子也还不能胜任，可是为自己创造自由以便从事新的创造——这是狮子的大力能够做到的。

给自己创造自由，甚至对应当去做的义务说出神圣的否字，我的弟兄们，在这方面就需要狮子。

要获得建立新价值的权利——对于负重而怀有畏敬心的精神，乃是最可怕的行动。确实，对于精神来说，这无异于劫掠，这乃是进行劫掠的猛兽的行径。

精神也曾把"你应当"当作最神圣的事物去爱它：现在精神也不得不在这最神圣者里面看出妄想和专横，精神要从它所爱者手里劫掠自由，为了这种劫掠，所以需要狮子。

可是，我的弟兄们，请回答：连狮子都无能为力的，孩子又怎能办到呢？进行劫掠的狮子，为什么必须变为孩子呢？

孩子是纯洁，是遗忘，是一个新的开始，一个游戏，一个自转的车轮，一个肇始的运动，一个神圣的肯定。

是的，为了称作创造的这种游戏，我的弟兄们，需要一个神圣的肯定：这时，精神想要有它自己的意志，丧失世界者会获得它自己的世界。

【注释】

[1]　骆驼：骆驼阶段的人类似于骆驼，他们背负着传统和习俗的沉重负担。在这个阶段，人们接受社会和文化的规范，遵循道德和宗教的教条。这是一种顺从和压抑自我的状态，人们遵循着既定的价值观和生活方式，不会质疑。

[2]　狮子：狮子阶段的个体开始摆脱外在的约束，表现出自我和独立思考的能力。在这个阶段，人们开始质疑传统的价值观和道德规范，并寻求自己的道路。狮子代表着力量和勇气，这个阶段的人敢于挑战权威，追求个人的自由和独立。

[3]　孩子：孩子阶段也被称为创造者阶段。在这个阶段，个体不仅超越了传统的道德和价值观，而且超越了自我本身。这个阶段的人拥有了一种新的精神视野，能够重新创造价值和意义。孩子象征着天真、创造力和无辜，这个阶段的人能够以全新的视角看待世界，并创造出新的价值观。

【导读】

尼采的《精神之三变》是他哲学思想的重要组成部分，也是他的代表作之一。这部作品主要讲述了人类精神的发展历程，从科学、艺术和宗教三个方面进行了深刻的探讨和阐述。

在科学方面，尼采认为科学是现代人类精神的重要特征之一，但也存在着科学所带来的消极影响。科学的发展使得人类逐渐失去了神秘感和敬畏之心，对于自然和生命的奥秘也不再感到惊奇和敬畏。因此，尼采提倡在科学的基础上，恢复人类对于生命和自然的敬畏之心，以此来弥补科学的不足。

在艺术方面，尼采认为艺术是人类精神的一种创造性的表达方式，是人类对于生命和自然的一种感悟和体验。艺术的本质是超越现实的，通过艺术，人类可以超越自我，达到一种超越的境界。尼采提倡艺术家要有一种强烈的创造欲望和超越欲望，以此来达到艺术的最高境界。

　　在宗教方面，尼采认为宗教是人类精神的一种寄托和归宿，是人类对于生命和自然的一种敬畏和崇拜。但是，尼采认为宗教存在着消极的一面，即宗教的禁欲主义和虚无主义。禁欲主义使得人类失去了生命的乐趣和创造力，虚无主义则使得人类失去了生命的意义和目标。因此，尼采提倡超越宗教，通过科学、艺术和哲学等方式，寻找生命的真正意义和目标。

论逆境

培 根

弗朗西斯·培根(1561年—1626年)，英国文艺复兴时期的散文家、哲学家和科学家。培根以哲学思想称誉世界，是杰出的唯物主义哲学家。在培根所有的思想中，人们耳熟能详的就是"知识就是力量"这句经典名言。研究乌托邦思想的名家赫茨勒认为："在思想上，培根是欧洲文艺复兴运动的典型产物，他的学术兴趣涉及当时的每一个论题，而他的著作也触及几乎所有的学科，他对每一门学科都抱有同样热切的好奇心和有效的洞察力。"在其他学科如历史、法学、教育学、心理学、文学(尤其散文)等领域培根都有不俗的建树。著作《新工具》和《论学术的进展》，影响深远。

"一帆风顺固然令人羡慕，但逆水行舟则更令人钦佩。"这是塞涅卡效仿斯多派哲学讲出的一句名言。确实如此。如果奇迹就是超乎寻常，那么它常常是在对逆境的征服中体现的。塞涅卡还说过一句更深刻的格言："真正的伟大，即在于以脆弱的凡人之躯而具有神性的不可战胜。"这句如诗的妙语，其境界意味深长。

古代诗人曾在他们的神话中描写过：当赫克里斯去解救为人类盗取火种的英雄普罗米修斯的时候，他是坐着一个瓦罐漂渡重洋的。这个故事其实也正是人生的象征：因为每一个基督徒，也正是以血肉之躯的孤舟，横游波涛翻滚的人生海洋的。

面对幸运所需要的美德是节制，而面对逆境所需要的美德是坚韧，就道德修养而论，后者比前者更为难得。所以，《圣经》之《旧约》把顺境看作神的赐福，而《新约》则把逆境看作神的恩眷。因为上帝只有在逆境中才会给人以更深的恩惠和更直接的启示。

如果你聆听《旧约》诗篇中大卫的竖琴之声，你所听到的并非仅是颂歌，还伴随有同样多的苦难与哀伤。而圣灵对约伯所受苦难的记载永远比对所罗门拥有的财富的刻画要动人。

幸福中并非没有忧虑和烦恼，而逆境中也不乏慰藉与希望。

最美好的刺绣，都是以暗淡的背景衬托明丽的图案，而绝不是以暗淡的花朵镶嵌于明丽的背景之上。让我们从这种美景中汲取启示吧。

人的美德犹如名贵的檀木，只有在烈火的焚烧中才会散发出最浓郁的芳香。正如恶劣的品质会在幸福而无节制中被显露一样，最美好的品质也正是在逆境中灼放出光辉的。

【导读】

《论逆境》是英国著名哲学家、作家弗朗西斯·培根的一篇散文。这篇散文主要论述了逆境对人生的影响，以及如何应对逆境。

在文章开头，培根指出逆境是人生不可或缺的一部分，每个人都会遇到逆境。他认为逆境对于人生的意义在于，它可以锻炼人的意志和能力，使人更加成熟和坚强。接着，培根分析了逆境的两种类型：一种是自身原因导致的逆境，另一种是外部环境导致的逆境。文章的下半部分，培根着重阐述了如何应对逆境。他提出了四个方面的建议：一是要有正确的价值观，认识到逆境是人生的一部分，不必过于恐惧和排斥；二是要勇敢面对逆境，敢于承认自己的不足，积极寻求改进的方法；三是要保持乐观的心态，相信自己有能力度过逆境；四是要学会借鉴他人的经验和智慧，以便更好地应对逆境。

《论逆境》这篇散文揭示了逆境在人生中的重要作用，以及应对逆境的方法和策略。培根的这些观点，对于我们今天的生活仍具有很强的启示意义。在面对逆境时，我们应正确看待它，勇敢面对，保持乐观，善于借鉴他人的经验，这样才能够战胜逆境，成为更好的自己。

思考练习

1. 说说《我用残损的手掌》中诗人内心深处情感的起伏变化。

2. 在《祖国啊，我亲爱的祖国》这首诗歌中，诗人抒发了对祖国怎样的感情？这种感情又是通过哪些事物来表现的？这些事物有什么特点？

3. 在党的二十大胜利召开的今天，再读《雪落在中国的土地上》，你会有怎样的感想？

4. 请选择一首你喜欢的作品谈谈你对生命的思考和感悟。

5. 为什么说西西弗是个荒谬的英雄？

6. 结合个人经历，谈谈你对自我形象和自我人格的认知。

7. "文化"是一个国家综合实力的重要组成部分，请结合具体事例，谈谈你对"民族的就是世界的"这句话的理解。

8. 结合自身情况和专业特色，谈谈你对未来人生的展望和规划。

9. 小说《棋王》中，作者阿城塑造了王一生这样一个嗜棋如命的棋呆子形象。请结合这个形象所呈现出来的"吃"和"痴"两大特征，谈一谈你对"安身立命"一词的理解。

拓展阅读

1. 史铁生：《我与地坛》（人民文学出版社，2018年）。

2. 陆幼青：《死亡日记》（华艺出版社，2001年）。

3. 路遥：《平凡的世界》（北京十月文艺出版社，2021年）。

4. 余华：《活着》（北京十月文艺出版社，2017年）。

5. 梁启超:《少年中国说》(陕西师范大学出版社,2010 年)。

6. 梁晓声:《人世间》(中国青年出版社,2017 年)。

7. 余光中:《白玉苦瓜》》(北京联合出版公司,2017 年)。

8. 李娟:《我的阿勒泰》(长江文艺出版社,2018 年)。

9. 刘亮程:《一个人的村庄》(江西人民出版社,2017 年)。

10. 汪曾祺:《人间草木》(北京时代华文书局,2017 年)。

11. 乔伊斯:《都柏林人》(上海译文出版社,2016 年)。

12. 毛姆:《月亮和六便士》(时代文艺出版社,2019 年)。

13. 欧文·斯通:《渴望生活——梵高传》(北京十月文艺出版社,2014 年)。

第二部分　口才训练

第四章   口才训练概述

什么是口才？《现代汉语词典(第7版)》中的定义是：说话的才能。有口才的人在说话时具有"言之有物、言之有序、言之有理、言之有情"等特征，在现代社会口语交际的过程中，人们都希望能运用准确、得体、生动、巧妙、有效的口语表达，实现特定的交际目的，取得圆满的交际效果。所以口才不仅仅是说话的技巧，还包括运用知识和阅历来准确表达自己思想的能力。在现代社会，口才的艺术和技巧越来越受到重视。

口才训练是一种专门针对口语表达能力的培养和提高的活动。其目的是提高个体的口头表达能力、语言组织能力、思维反应速度以及沟通交流能力，从而更准确、得体、生动地运用语言，以实现有效的沟通和表达。

第一节　口才的重要性

随着我国改革开放的深入、市场经济的发展和人际交往的频繁，人们越来越重视口才的功能，口才在社会工作和日常生活中的地位和作用也日益显现。如今在不少领域，人们把口才也作为了衡量人才的一项重要标尺。

一、历史溯源

在历史上，我国的雄辩家群星灿烂。盘庚可算是我国历史上有文字记载的第一位演讲家，他用慷慨陈词说服臣民拥护其迁都，从而解决了政治危机。无数激动人心的以口才制胜的故事广为流传，为老百姓津津乐道，如晏子使楚、范雎说秦王、触龙说赵太后、蔺相如"完璧归赵"、诸葛亮舌战群儒等。

在现代，也曾涌现出闻一多、鲁迅、周恩来等一批能言善辩的巨匠。有一次，周恩来总理批阅完文件后顺手把笔放在了桌上。此时一位采访的美国记者看见桌上放着的是一支美国生产的"派克"牌钢笔，不怀好意地问："请问总理阁下，你们堂堂的中国人，为什么还要用我们美国生产的钢笔呢？"周总理听完，笑了笑，朗声答道："提起这支钢笔，那可说来话长了。这不是一支普通的钢笔，是一位朝鲜朋友抗美援朝时的战利品，作为礼物送给我的。我无功不受禄，就想谢绝，谁知那位朋友说，留下做个纪念吧。我觉得有意义，便收下了这支贵国生产的钢笔。"那位记者听后窘得面红耳赤，一句话也说不上来。

可见，一个口才好的人，往往能急中生智，说出得体的话。面对别人的挑衅，也能迅速作出回击，维护自己乃至单位、国家的尊严。

我国是世界上有五千年悠久历史的文明古国，一些先哲圣人、文人学士给子孙后代留下了许多有关话语方面的名言警句和"经验"之谈，例如，"一言之辩，重于九鼎之宝；三寸之舌，强于百万之师""出言陈辞，身之得失，国之安危也""一句话可以把人说笑，一句话也可以把人说跳""良言一句三冬暖，恶言伤人六月寒""与君一席谈，胜读十年书""人言非剑，但可伤人""一字千金""祸从口出""言为心声""金玉良言"等，这些名言警句或者"经验"之谈，说明了语言具有无穷的、强大的威力，是人的力量的统帅。正如一位著名的演讲家说的那样："你说出来的话有时就像一块石头，砸到人家身上，会使人受伤；有时它又像春日里的和风，轻拂而过，让你备感舒心。"

🔶 二、社会需要

教育改革家张志公先生曾这样说："现代社会需要很高明的说话能力。"

说话是人们交流思想、传播信息的主要方式。随着科技的不断发展，21世纪传声技术突飞猛进，语言可以不依靠文字而传递信息，指挥生产、工作。而口头语言较书面语言的快捷性、高效性更符合信息化社会人们交流思想的要求。其次，随着口头交际活动的日益频繁，"敏于思而讷于言"的知识分子时代已经成为过去，"能说会道"更能适应各种各样的人际交往。譬如在现代社会中，一个人应聘时如果不善言辞，虽有良好的技能，也不一定会应聘成功。

在现代社会中，如果一位推销员没有良好的口才，那么绝不会成为成功的推销员；如果一位教师口才拙劣，那么必定胜任不了教师这个职业；而作为领导，如果口才不好，也将可能被人取而代之。

求职、推销、当教师、当领导，主要是运用语言进行工作，口才的重要性自不待言。当乘务员、招待员、售票员，也应该有好的口才。一些服务行业的人经常和顾客发生争吵，除了服务态度的原因之外，不善于讲话常常是引起争吵的导火线。

"在重大的国际争端中，有时一席话可以化干戈为玉帛；在外交谈判中，有时一席话可以使祖国的荣誉和尊严得以维护；在与外商洽谈时，一席话就可能挣得亿万财富；发表施政演讲时，一席话可以使听众热血沸腾、信心倍增。"因此，口才已经成了人才的必备素质，是立身、处世、待人、接物、竞争、生存的基础。在现代社会中，随着人与人之间关系和交往的日益密切，思想、文化、科学技术日益广泛的交流，传播手段的日益现代化，不要说思想平庸、知识浅薄、口齿不清的人根本无法适应飞速发展的形势，即使是一个品德高尚、学识渊博的人，如果不善于言谈，说话词不达意，缺乏口才知识，也是无法充分发挥自己全部聪明才智的。美国学者戴尔·卡耐基说："一个人的成功，只有15％是由于他的专业技术，而85％则要靠人际关系和他的做人处世能力。"这说明口才在社交领域和人际交往中所起的重要作用。

总之，在现代社会中，口才好的人总会占据优势，如鱼得水，事半功倍，获得成功的机会总会大一些。口才不佳，则寸步难行。因此，要更好地融入现代社会，首先要操练好自己的口才。

第二节　养成好口才的秘诀

一、提高素养

口才的较量，不仅仅体现在说话能力，更是思想、知识等的比拼。古语说："一言知其贤愚。"在一定意义上讲，说话就是一个人思想觉悟、道德品质、智慧学识等的综合反映。因此，一个人要有好的口才，就必须努力提高自己的思想品德素养和文化知识素养。

1. 磨练思想品德

言为心声。马克思曾说："语言是思想的直接现实。"因此我们可以说，话语是一个人思想智慧的窗口。思想始终是话语的灵魂，说话者的思想品质始终制约着说话者对表达对象真善美的鉴别，对各种关系的正确理解和处理。因此，思想素养对一个说话者来说，起着决定性的作用，它是口语表达的源泉，思想之泉干枯，便会"有口难言"；思想之泉丰沛，说话才能滔滔不绝。一个人只有具备了高深的思想素养、优良的品德，他才能"站得高，览众山于目下；看得远，笼天地于眼前"。有了深邃的思想、优良的品德，就会有远见卓识，说起话来才能一语中的。一个思想贫乏的人，即使口才再好，也只能是人云亦云、鹦鹉学舌，或胡编乱造，难以说服人，更难给人以启迪。而拥有好口才的人，他们看问题、想问题总是表现得比别人深刻独到，说出来的话往往富含哲理。

例如，哥伦布发现新大陆以后，有些人当面讥笑说，这没有什么了不起，大陆本来就在那儿，这是世界上最简单的事，任何人都可以到达那里。哥伦布默不作声，从盘子里拿一个鸡蛋，请这位朋友将鸡蛋立在桌子上，结果谁也办不到，哥伦布于是把鸡蛋尖端敲破一点，蛋就直立在桌上了。他说："有什么事情比这更简单呢？可有人发现了，有人却发现不了。"如果没有独到的眼光、深邃的思想，他既不可能发现新大陆，也不可能说出这么富含哲理的话。

类似的例子比比皆是。因此，要想有好的口才，必须磨炼思想品德——多读书，勤思考，博采众长。

2. 增加文化知识

慧于心而秀于口。口才好，从外在形式上看是说话流利、符合逻辑且生动形象，但从深层次看更应该具有广博的知识和驾驭这些知识的能力。表达是浪花，内涵是海水，所以，人要用全面、完整的知识作为底蕴、作为源泉。有了丰富的知识，说话才有"口若悬河"的根底。胸中有了东西才会自然流露，文化知识是好口才的"基础"。

一个人知识水平越高，知识储备越丰富，他的视野和思路就越开阔，说起话来就能上知天文，下知地理，谈古论今，撒得开、收得拢，不会因为文化知识的贫乏而支支吾吾。"长袖善舞，多财善贾"。一个孤陋寡闻、不学无术、没有广博学识的人，就不可能出口成章，妙语惊人，说出让人喜欢让人明白的话语。现实中，许多有好口才的人说话不仅富含哲理，而且能够谈古论今，纵横捭阖，引经据典，出口成章，这与他们学识渊博、头脑聪慧密不可分。古今中外凡是能言善辩的人，没有一个不是博览群书、学富五车的。孙中山、毛泽东、周恩来、林肯等，无一不是学识渊博、头脑聪慧的人。例如，毛泽东无论是谈论哲学理论、军事思想，还是作政治动员、闲谈聊天，言语中无不充满了革命家的气势、思想家的高度；而他的语言总是含蓄深刻而生动诙谐，历史典故、诗赋名句、民间谚语、百姓话语等信手拈来，恰到好处，既显示出他超人的智慧，又表现出巨大的艺术魅力。这和毛泽东在民族文化方面有深厚的积累是密不可分的。

上海东方电视台的主持人袁鸣一次在海南主持节目，她把一位名字叫"南新燕"的先生误称呼为"小姐"，当这位南新燕走上舞台时，台下一片哗然。袁鸣急中生智，赶忙说道："哎呀，真是非常抱歉，我望文生义了。不过您的名字使我想起了两句古诗：'旧时王谢堂前燕，飞入寻常百姓家。'这可真是一幅充满诗意的美妙图画啊！今天这里出现了类似的情景，京剧一度是流行在北方的戏曲，如今从北到南，跨越琼州海峡，在狮子楼落户，不也是一幅美妙的图画吗？"她这种随机应变、出口成章的口才让台下所有的观众佩服得五体投地，于是笑声立刻变为掌声，现场出现了始料未及的欢快气氛。

〰 二、培养能力

这里说的能力，是指一个人的思维能力和口语能力。

1. 思维能力

口头表达是思维的直接表现形式。说话是把无声语言变为有声语言，在这一过程中，说话与思维是同步展开的。一般情况下，人们往往脑子里怎么想，嘴上就怎么说。想与说、思维与表达，两者互相传递，互相连接，以此在社会活动中交流思想，交换意见，互通信息，传递意图。可以说，交谈能力的高低，在很大程度上取决于思维能力的强弱。思维敏捷的人，表达时就不会或者很少出现停顿、结巴、延缓之类的现象；思维深刻的人，说话就能一语中的，有条理性。思维敏捷，是好口才的前提条件。

晋代孔鲋七岁时路过一所李姓大宅，大门前人们迎来送往，好不热闹。路人告诉他，李家正在宴请"通家之好"。孔鲋上前自报家门："我祖先孔丘曾向您家祖先李耳（老子）'问过礼'，有师生之谊，亦为通家之好。"在场主客，无不为之称奇称是。但有位客人不以为然，说："小时了了（聪明），大未必佳！"孔鲋立即答道："想来，这位先生小时候定是聪慧过人了……"大家"哄"地笑开了。

可见，敏捷的思维，迅速的反应，是好口才的基础。

2. 口语能力

口语能力也就是口头表达能力，是指说话者运用口头语言来表达思想、抒发情感的能力。口语能力较强的人，能够按照逻辑和语法规则正确地遣词造句，恰当地运用修辞等各种语言和非语言的手段，把思考的结果准确、鲜明、生动地表现出来。最好的思想也只有表达出来才能被人了解和接受，表达能力的高低直接影响着表达的效果。

口语能力不是天生的，而是后天培养训练而成的。古希腊的著名演讲家德摩西尼，年轻时候口语能力很差，说话时口齿不清，气息短，并且爱耸肩膀，演讲时常常被听众轰下台。在失败与嘲笑的打击下，德摩西尼没有畏缩退却，他一方面刻苦读书，不断丰富自己的知识，学习语言表达的方法，虚心向著名的演讲家请教；另一方面反复地有针对性地进行练习。为了改进发音，他把小石子含在嘴里练习朗诵，有时还迎着呼啸的大风讲话；为了克服气短的毛病，他故意攀登陡峭的山坡，同时不停地吟诗；为了克服耸肩的毛病，他每次练习的时候，都要在自己的身体上方挂上两柄剑，让剑尖正对着自己的双肩，以此迫使自己改掉不必要的动作；为了使自己能够安心在家练习演讲，他给自己剃了"阴阳头"。他还在家里挂了一面大镜子，经常对着镜子练习，以克服自己演讲时的一些毛病。经过如此艰苦的磨炼，德摩西尼的口语能力得到了迅速的提高，后来终于成了著名的大演讲家。

三、勤学苦练

"诗人是天生的，演说家是后天的"。要有雄辩的好口才，必须经过后天的学习和磨炼。

要使自己有好口才，有必要先向有好口才的人学习，博采众长。学习的途径很多，可以在课堂听老师讲；可以收看电视中的谈话节目；可以多观摩演讲赛、辩论赛；可以看报纸杂志中的名人访谈录、名人回忆录，阅读文学名篇中性格鲜明的人物对话，以及各种有关言语交际类的书籍等，从中揣摩、分析、体会口才好的人说话的方式、技巧、语言特色等，再结合自身条件和特点，融会贯通，用到自己的谈话中。同时要做生活的"有心人"，善于发现周围人们谈话中的闪光点、精彩处；也可以从他人失败的谈话中吸取教训，对照自己、告诫自己，避免犯类似的错误。另外，也可以学习优秀民间语言，学习外国优秀传统文化，增强自己的语言表达能力。

俗话有"三年胳膊五年腿，十年练出一张嘴""人生唯有说话是第一难事"，这些都说明口才训练的艰难，因此，要下苦功，进行长期的学习训练。

即使有一定语言天赋的人，要培养出色的口才，也要靠后天的磨炼。"一分天才，九分努力"，说的就是这个道理。林肯就属于有一分天才者，他的口才是靠后天的九分苦练取得的。林肯年轻时常常徒步到离家 30 英里外的一个法院去听律师们的辩护，回来后自己反复模仿练习，仔细琢磨。有时候他还跑到树林或玉米地里练习，将树干或玉米当作听众。功夫不负有心人，后来他终于成为了一名口若悬河的大演讲家。

四、消除胆怯

美国心理学家曾在三千人当中做过一次心理测验：你最担心的是什么？令人吃惊的是，约有40%的人认为最令人担心也是最令人痛苦的事情是在大庭广众面前讲话。

在大学校园这个相对独立的生活环境里，大学生的自我意识日渐增强，他们的心理也从成人的庇护下"解放"出来，热衷于自我观察、分析、体验，他们变得更加独立，更加注重他人对自我的评价，更加关心自己在他人心目中的形象。但是因为年轻，阅历浅，在大庭广众面前说话时，他们往往会不同程度地表现出羞怯和恐惧。

有的是因为怕出丑，不知该说些什么；有的是与人交流的技能不足，如表达不顺畅、交际礼仪欠缺等；还有的是碍于自我的某一方面的"缺陷"而不愿意张口讲话。

大学生是优越感较强的特殊群体，他们追求交际形象的完美，因而苛求自我言行，唯恐失了体面。然而，人与人的交往是一个日臻完善的过程，说话能力的培养和提高也是一个渐进的过程，所以大学生要鼓起勇气，敢于在公众面前说话，敢于迈出第一步。不要总是否定自己，拿别人的长处与自己的短处相比，也不要总为自己不善于讲话、不愿意讲话找理由，而是要时时肯定自己，保持自信。

在实践中，可以多与人攀谈，刻苦练习讲话技巧，利用班会、演讲、辩论等活动，有目的地锻炼自己，提高自己的口头表达能力。

思考练习

1. 养成好口才的秘诀是什么？

2. 阅读芭芭拉·明托的《金字塔原理》，思考什么是"以结果为导向的论述过程"，并依据书中理论完成以下实践项目：

（1）你出门去超市，家人让你买牛奶、鸡蛋、咸鸭蛋、酸奶、葡萄、橘子、苹果、土豆、胡萝卜，试一试，如果不拿笔如何记住它们。

（2）每次演讲都需要有开场白，写一篇文章也需要有序言，序言对于一次成功的表达非常重要。因此，最好在序言的结尾留下悬念，以引起大家继续往下听的兴趣。那么，如何写一个好的序言？

（3）用归纳推理的方法写一篇游记。

（4）根据本书介绍的逻辑观点制作一个PPT，来介绍你的家乡。

第五章 口语交流基础知识

口语交流和沟通是人们日常生活中必不可少的一部分，也是人类最基本、最重要的一种生存能力和社会行为。人类社会的存在和发展离不开语言，也不能没有语言交流活动。当今社会，一个人的语言水平和语言交流能力，甚至可以反映出一个人的基本素养和个人能力的高低。

第一节 口语交流的种类

一、口语交流的概念

口语交流是口语表达者和接受者双方参与的，以口头语言为工具，在共同的时空语境中面对面进行信息、思想、感情交流的言语活动。根据口语交流中表达者与接受者的这种特定关系，口语交流可以分为两种类型：单向性口语交流和双向性口语交流。

二、单向性口语交流

单向性（又称独白式）口语交流，主要是指介绍、演讲、主持、会议发言、作报告、学术讲座、导游解说等言语活动。表达者无论事前有无准备，都必须考虑话语内容的相对单一性和结构的基本完整性，要有开头、主体、结尾三大部分。

单向性口语交流的开头应该符合下列要求：形式新颖、别致，能紧紧抓住人心，吸引听众；内容推陈出新、出奇制胜，使人耳目一新；意境深远，格调高昂，具有"极苍苍莽莽之致"的气势，产生振聋发聩的功效。开头的方式，可以揭示题旨，或直入点题，或设问激发，或使用名言等。

主体是指说话的基本内容，是核心部分。这部分的表达，关系到讲话效果的大小乃至成败。如果说精彩的开场白是先声夺人的话，那么，展开部分通过运用得体的形式、翔实的材料、新颖的观点、灵活的技法，通过基本内容的铺叙充分地表现主旨，以形成巨大的感染力和征服力。根据说理和叙事等目的的不同，主体结构形式主要有四种：分述并列的横式结构，即把所说的内容分成并列的若干点，分别加以表述，从不同角度、不同侧面来具体表述；逐层深入的纵式结构，即按照基本内容的内在逻辑脉络，根据从现象到本质、由因及果或由果溯因等逻辑联系，将所表达的意思逐层向前推进，最后水到渠成地揭示主题；一线串珠的时序结构，即以事情的发生、发展和结束的时间或按照过去、现在和将来的不同阶段为自然顺序来展示基本内容的结构；方位明晰的空序结构，即以客观事物的空间位置为顺序来展示基本内容的结构。以上四种结构形式可以单独使用，也可以交错使用。但是，表达主体内容的结构形式不要太复杂，否则会影响表达效果。

结尾是指口语表达结束时所说的话，也称结束语。它包括表达内容的总结语、延伸语和礼貌语。它处于末端，与开头一样，起着特殊而重要的作用。"精彩的开头等于成功了一半"，这句话强调了开头的举足轻重，但如果虎头蛇尾，先前的努力也会付诸东流。因此，精彩的结尾才能使口语表达取得完全的成功。结尾的常见方式有总结收束、提出希望、点题深化、递进强调等。

三、双向性口语交流

根据目的和内容的不同，双向性口语交流可以分为两种类型：一种是交流双方围绕共同的话题而进行的正式口语交流，表现出较强的目的性和相互制约性，如记者采访、论辩、征求意见、批评或说服性谈话等；另一种是带有很强的随意性的非正式口语交流，从内容、形式到表达都不受任何约束，以表达谈话者自己的意愿为主，如同事、同学、亲朋好友之间的闲聊、漫谈等。后一种交流的主要目的是增进了解、加深友谊、促进人际关系的和谐。

双向性口语交流中，由于交流双方互为表达主体，因而其程序一般为话题的选择和导入——话题的展开与控制——话题的转换与终结。

1. 话题的选择和导入

培根曾经说过："真正精于谈话艺术者，其实是善于引导话题的人。"这句话说明了话题选择的重要性。选择合适的话题，应该遵循以下原则：选择对方感兴趣的事情；选择对方擅长而自己又熟悉的事情；选择双方共同关心的事情。话题选定之后，可根据交谈时不同的言语环境、交谈对象和交谈目的，采用适当的方式导入。话题的导入方式主要有：开门见山，即直接了当地从正面向对方提出要询问的问题和探讨的重点，很快进入正题，如向别人请教问题、了解情况、交流信息等都可采用这种方式；迂回切入，即先不提出正题，而是从对方感兴趣的事情谈起，创设良好的交流环境，然后引出正题；引而待发，即耐心地用与话题相关或相近的题外话启发对方，让其提出自己所需要探讨的话题；反面激将，即当对方不愿意就某一话题进行交谈时，可以用"激将法"激起对方交谈的冲动，从而达到交流的目的。

此外，在具体交谈过程中，还可以运用下列手法导入话题：从对方的烦恼忧愁谈起，给予理解，引起心理共鸣；从自己对对方的评价谈起，启动双向交流；从主动暴露需求谈起，引起"回报效应"。

2. 话题的展开与控制

话题的展开，是指双方能就某一话题较充分地发表意见。话题展开后，首先，中心必须明确，不能随意插进无关的内容，改变正在谈话的话题；其次，内容必须单一、清晰，不可重复啰嗦，让人越听越糊涂；最后，要有新观点、新例子、新事物等。促使话题充分展开的技巧主要有商榷、补正、充实、设疑、恭听等。

展开的过程中常会出现偏离话题的情形，为了达到交谈的目的，有必要学会控制话题，使话题全面深入地展开，因此可以用直接提醒、引导提示等技巧控制话题。

3. 话题的转换与终结

在交谈过程中，常常需要转换话题。当一个话题已经结束，需要进入另外一个话题，或者交谈者对当下的内容失去了兴趣，就要根据具体场景，巧妙而自然地转换话题。转换话题的技巧一般有直接提出、自然引申、承上启下等。如果是非正式的话题，往往是自然而然地完结，即谈到哪儿便止在哪儿。此时出于礼貌或必要，应向交谈方表示感谢，或表述交谈的体会，如"与君一席话，胜读十年书"等，这样可以进一步加深感情，并便于日后进一步联系和交往。在正式交谈中，则有必要做话题终结工作，可用归纳、强调、征询等技巧作终结。

第二节　口语交流的适合性准则

适合性是口语交流的最高准则。因为只有适合的话语，才能取得圆满的效果。所谓适合性，就是口语交流时的话语要适合自己的身份、适合交际对象、适合交际环境、适合交际语体，从而与这些交际条件形成和谐、统一的关系，取得预期的交际效果。具体来说，就是在口语交流中，该说什么，不该说什么，怎样说，用怎样的措辞，以怎样的语气，都要适合特定的身份、特定的对象、特定的语境、特定的语体。

一、适合身份

在口语交流过程中，口语表达者总是以一定的社会角色——特殊的身份、地位出现的，因此在说话时要符合自己的身份，要注意自己的角色定位，一句话，就是要得体。人们之所以对西装革履、风度翩翩却满口粗话、脏话的人不屑一顾，就是认为他缺少教养，言行举止与衣着所体现的身份不相吻合。因此，在进行口语表达之前，一定要把握好自己的社会角色，想一想"说哪些话""哪些话能说"和"用什么方式说好"等问题。

1992 年 11 月 18 日，在中国电影第八届金鸡奖、《大众电影》第十四届百花奖颁奖仪式上，焦裕禄的扮演者李雪健荣获"双奖"的最佳男主角奖。面对颁奖的中央领导同志和全场1700 多名观众，李雪健吐出了一句平中见奇、蕴含哲理的肺腑之言："苦和累都让一个好人焦裕禄受了，名和利都让一个傻子李雪健得了。"此言一出，立即博得了全场如雷般的掌声，赢得了满堂喝彩并在影视界内外传为佳话。李雪健这句话为什么会产生如此神奇的魅力呢？关键是他把握住了自己的社会角色——一名成功的演员，参悟透了演员与角色之间的辩证关系，因而能够在颁奖的特定场合，运用正反对比的手法说出适合自己身份的奇特之语，深刻地揭示出艺术与人生的哲理。

〰〰 二、适合对象

在面对不同的说话对象时，因各人所处的地位不同，对同一事物的理解也有差异，说话的分寸也就要根据各种人的地位、身份、文化程度、语言习惯来做不同的处理，要注意自己与交际对象之间的辈序、亲疏、交往的关系以及性别差异；注意交流对象在特定的交流环境所处的地位、心态、情绪等。例如，在日常生活中，对同辈人与对长辈（或上级）、对陌生人与对知己、对不同性别的人说话都应注意方式方法，考虑听者的接受程度。

《论语》上有这样一则故事，一次，孔子的学生仲由问孔子："学到了礼乐，就按照去做吗？"孔子回答："不能。"孔子的学生冉求像仲由一样，也这样问孔子。孔子回答："做吧。"公西华听到以后感到疑惑，就问孔子："两个人向您请教的问题相同，而您回答的却相反，这是为什么呢？"孔子答："求也退，故进之；由也兼人，故退之。"意思是：冉求平时做事退缩，所以我鼓励他向前；而仲由好胜过人，有点鲁莽，所以我阻止他，让他冷静点。原来，孔子是根据不同的对象，对同一个问题作出了不同的回答。这就是杰出教育家孔子的因材施教，话因人异。

可见，说话时一定要考虑交流的对象。说话不看对象，就不能很好地达到交流目的。口语交流时，可以从交流对象的以下几个方面来把握说话的内容：身份地位、性格特点、心理特征、年龄、文化水平、职业情况、兴趣爱好、身体状况、经济条件等。说话不看对象，不仅达不到交流的目的，有时还会伤害对方。

〰〰 三、适合语境

口语交流的行为无时无刻不受到语境的影响。这里说的语境，包括时间、地点、氛围、场合、前言后语、自然环境、社会背景、交流目的、文化背景等。这些都直接影响甚至制约着口语的交流。"橘生淮南则为橘，生于淮北则为枳。"同样一句话，在不同的语境里说出，所表达的意思是不同的。譬如，独词句"水"。当一个人在病房里说的时候，"水"所表达的意思就是："我渴，我要喝水！"当一个人在游艇上指着艇底说出来的时候，"水"所表达的意思就是："游艇漏水了，请赶快采取措施。"正因为语境对语言运用有着一定的影响，所以讲话的时候，就必须适合语境。正所谓"到什么山唱什么歌"，喜庆的集会不说懊丧的话，讨论问题不轻佻戏言，丧礼上不谈笑风生，等等，都是常识。

语境中的社会文化背景，是指口语表达时的客观背景情况，包括时代、民族、地域等内容。社会文化环境是一个民族在自己的历史发展中形成的，有其独特的风格、传统和言语表达习惯，形成独特的文化氛围。因此，口语表达时必须适合不同的社会文化背景。

〰〰 四、适合语体

口语交流采用口头语体（简称口语体），它是交流者在特定语境中随情应境而进行信息传递或交流的产物。无论是表达者面对听众的讲话、演说，或是人们的日常交谈、对话、洽商，尽管其具体的交流场合、对象、目的各不相同，话题或集中或分散，听者或一人或多人，但它们在语音、词汇、句式、修辞方式方面，都表现出口头语体的基本特征。

1. 口头语体的基本特征

（1）复杂多样的语气。口头语体的语气有表意、表情和表态的不同，分别通过丰富而传情的语调、音速、停顿、重音、变音、变调和语气词来表达。

（2）通俗生动的词汇。口头语体用词面广，丰富生动，既包括常规语言所有的基本词，还运用大量习惯语、通俗语、成语、谚语、歇后语，并不断创造着新词，构成强烈的形象色彩和感情色彩。

（3）简略活泼的句式。口头语体对语境依赖性极强，加上态势语的补充，所以句子非常简略短小，省略成分多；同时，结构松散，句式多变，常运用连贯、对举、追加、插说等手段，使句子变得活泼生动。

（4）丰富多彩的修辞方式。口头语体常常运用设问、反问、反复、对偶、对照、排比、层递、夸张、借代等修辞方式，语言形象生动。

2. 口头语体的分类

根据交流领域的不同，口头语体可分为独白体和对白体两种类型。

独白体用于表达者面对听众的讲话、演讲，目的或在于阐明道理，说服听众；或在于表达愿望，抒发感情；或在于介绍事物，给人以知识。介绍、致词、讲话、演说都属于这一类。这种独白语体，一方面要运用通俗生动的口头语，使听众便于接受；另一方面，为使表述具有更大的吸引力，往往对语言进行提炼、润色，而具有书面语体的色彩。这种语体思维严密，话题集中，语流连贯，词句规范。

对白体是至少两个表达者进行交谈的语体，这种语体因表达者的交流领域和目的不同，而形成更细的分支。一般有谈话体和讨论体。谈话体思维比较放松，随意而发，话题不够集中，语流不很连贯，词语的规范性不强；方言俚语的运用、句子成分的省略、话序的改变、语调的变化比较突出，口语体的特点最为明显。而讨论体是有目的、有中心的多人交谈、商讨的语体。这种语体，交流双方思维较严密，讲究话题的集中性、正确性，重视语流的连贯性、逻辑性和词语的规范性、准确性。

第三节　口语交流的要求

一、声音美

在口语交流中，要做到声音美，就必须发音准确、声调平稳和语速适中。

1. 发音准确

发音准确，就是要求所用语言的语音必须符合普通话的规范。我国幅员辽阔，民族众多，存在着许多不同的民族语言和方言，且由于它们的发音不同，因此有时会产生误解。所以，在口语交流中，就必须使用一种共通的语言——普通话，并且长期深入地学习、推广普通话。

2. 声调平稳

这里说的"声调"，是指一句话里能够表达说话人态度或感情的语调，也叫作语气。它主要由声音的高低决定。人们在交流时声调平稳，能给人一种愉快、亲切的感觉，既能营造一种和谐、轻松的气氛，又能体现出一个人的修养，这对于工作、处理人际关系都极有帮助。当然，人们在口语交流时还应根据语言环境的变化来调整自己的声调，如：日常交谈时，多用亲切、轻松的声调；演讲时，多用沉稳、自信的声调；在欢乐的场合，多用喜悦、热情的声调；在哀伤的场合，多用低沉、凄切的声调；在庄重的场合，多用严肃、郑重的声调；对待上司，用谦恭、平和的声调；对待同辈，用坦诚、轻松的声调；对待下级和群众，用温和、亲切的声调；等等。

3. 语速适中

语速是指单位时间内吐词的速度。中国人说话平均每分钟为 200 个音节，超过 200 个音节为快速，150 个左右为中速，100 个以下为慢速。进行口语交流时一般以中速为宜，这能给人一种轻松、舒畅的感觉。说话太快，会使人听得很辛苦，搞得人精神紧张；说得慢了，又使人感到沉闷乏味，提不起精神。这都会影响口语交流的效果。在实际口语交流过程中，应该根据说话的场合、内容、对象而采用相应的语速，该快则快，该慢则慢。日常交流，应用中速，娓娓道来；如处理紧急事务，应快速表达自己的想法；而表达慰问、哀悼时，则宜用慢速。

二、语言美

在口语交流中，要做到语言美，就必须使语言简练、通俗和语汇丰富。

1. 语言简练

在口语交流中，想收到良好的效果，就要做到交谈中心明确，语言简洁精练，使听者在较短的时间里获得较多有用的信息。在日常工作和生活中，许多人常常忽视这一点，以为只要说起来滔滔不绝就是有口才。其实，健谈是"能说"，却不一定是"会说"。真正有口才的人，并不是说话最多的人，而是能触及问题实质，说到点子上并能提出解决办法的人。语言以精练为本，简要是才智之魂。

当然，在口语交流中，我们强调语言简练，绝不意味着什么修饰、铺垫都不要，越简单越好。如果不顾内容表达的需要，为简练而简练，甚至把一些必要的、生动的内容都删掉了，剩下干瘪枯燥的几条筋，成了毛主席所批评的"语言乏味，像个瘪三"，同样是不行的。更不能为了省事，任意简化，违反汉语运用的规范。例如，银行营业员问储户："存死的？还是存活的？"这样的简练只能让人哭笑不得，甚至有损企业形象。

2. 语言通俗

在口语交流中，语言还要做到通俗易懂。因为口语交流就是为了交流思想感情和知识学问，所以，作为交谈者，要使用双方都习惯使用的"大白话"，让对方听得懂，并能按事物的本来面目去准确理解。如果说话者不顾听者的接受能力，语言追求华丽新奇，过分雕琢，或者用文绉绉、艰涩难懂的语言，那么，不但对方难以接受，而且达不到交流的目的。

中国古代有这样一则笑话：一天晚上，某书生被蝎子蜇了，他摇头晃脑地喊道："贤妻，速燃银灯，尔夫为毒虫所袭!"连说了几遍，可他妻子怎么也听不明白。疼痛难忍的书生气急之下只好改道："老婆，快点灯，蝎子咬着我啦!"这位书生故弄玄虚的结果就是自讨苦吃。

在日常生活中，类似这样的例子还有很多。据说，前两次全国人口普查时，有的普查员询问一些不识字的老人："您的配偶……"老人家们都会莫名其妙地答："什么'藕'？我不懂……"直到普查员们解释清楚："配偶就是您的老伴!"他们才恍然大悟："早说'老伴'不就好了!"可见，我们要学会把艰深的问题讲得通俗化，把拗口的语言口语化，才能使大家听懂。

白居易的诗"妇孺能读，老妪能解"，说明他的诗歌语言是俚语，好说易懂。写诗作文需要通俗明白，口语交流更需要如此。我们应当把追求语言的简洁精练、通俗易懂作为口才训练的基本功，不断地加强学习和训练。

3. 语汇丰富

许多人无法清楚地表达自己的思想，这跟他们掌握的语汇太少有关。

语汇是说话的基础。掌握的语汇越多，表达自己的思想感情会越清楚、越准确、越充分、越自然、越流畅。掌握的语汇太少，说话时便不容易找到恰当的词。越是拼命找到一个合适的词，心里就越紧张，于是便出现了抓耳挠腮、结结巴巴、半天讲不清或根本讲不下去的场面。有专家通过调查研究指出，思想的贫乏导致语汇的贫乏，语汇的贫乏导致说话迟钝木讷，词不达意，语病较多，内容枯燥，且经常反复说"这个这个""那么那么""我想你看"

"嗯嗯啊啊"。

这里需要指出的是，掌握语汇得多少，不以所记住的语汇多少为准，而应该以正确理解和使用多少为准。如果能说出某个词，但并不理解它的含义，不能恰当使用，则这个词还不能算被掌握了。所以，正确理解和使用更多的语汇，是使言谈优雅的一条有效途径。

第四节　口语表达方式

无论是平时说话，还是登台演讲，最基础的表达方式有叙述、描述、说明、说理等。目睹了众人捐款献爱心感人至深的一幕，要把这个事情告诉大家，就得用叙述的方式；要把当时的情景说得活灵活现，就得用描述的方式；要把你对这件事的看法说出来，就得用说理的方式；要把当时激动的心情传递出来，就得用抒情的方式。这些表达方式与写作中的叙述、描写、议论、抒情是一致的，只是口说与笔写是两种不同的途径，因而在使用中也会显出一定的差别。

一、叙述

叙述，只说出事情的基本过程和人物的基本经历，使听话者对整体有一个基本的了解。可以是边看边说，也可以是看过就说，因而简便迅捷。在现代化的传媒中，世界上任何一个地方发生的事，用口头叙述，几分钟之内就可以清楚明白。

在平时说话或演讲中，常用的叙述方式有三种：概括叙述、详细叙述和夹叙夹议。

概括叙述只对人物、事情作粗略的叙说，只着眼于全貌，省略局部细节。这种叙述的方式一般用于时间和空间跨度比较大的讲话内容，不需要通过细节渲染，比较粗略，流动快，信息量大，给人轻松与利落的感觉。

详细叙述是既把人物或事情说清楚，又把某些局部或细节说得具体、真切。这种叙述仍然只着眼于人物或事情的整体勾勒。比起概括叙述更生动些，具有一定的形象感、画面感，甚至还有某种程度的渲染，因而近似描述，但又不及描述细腻感人，描述则更集中、更生动、更传神，更具有想象的空间。

夹叙夹议是在叙述的同时表明叙说者对人物、事情的立场、观点、态度，边叙边议，是一种事、理、情的高度结合，比前面两种叙述方式更具感染力和穿透力。

在口语表达中，叙述的用途十分广泛，在各类的口语交际中都少不了叙述。因此，要提高口语表达能力，就务必熟练恰当地掌握各种叙述方式，这是最基础也是最重要的要求。

1. 力求清楚

不管是叙述简单的或者复杂的人或事，首先必须把时间、地点、人物、原因、结果交代清楚，做到有头、有尾、有过程。其次是叙述的线索要清楚，或者按事物的进程、人物的经历，依时序叙述，或者按事物排列组合，依方位叙述；或者按事物之间的内在联系，依逻辑关系叙述。

2. 张弛有度

在口语表达中要恰当地处理好主次、详略的关系。最能说明观点、最能表现意图，而且是最生动最感人的人与事，才是主要叙述的对象，一般采用详细叙述方式充分展开，而且最吸引听众的注意；其他的、次要的，可采用概括叙述的方式。如果叙述分不清主次，该详不详，该略不略，或者絮絮叨叨，或者蜻蜓点水，其结果要么使听者不知所云，要么就是分不清主次，产生误解等。

〰 二、描述

描述就是用生动形象的语言，把人物、事件再现出来，给听者一种如见其人、如闻其声、如临其境的逼真的感觉。口头描述常常是以现场描述、回忆描述、想象描述的方式实施"情景再现"的。

1. 现场描述

现场描述是直接面对对象所作的描述，边看边说，把所看到的人和事及场景直接转换成话语，迅速且直观。这类描述用途十分广泛，在平日的交谈中经常使用，尤其是新闻工作者所作的现场报道更是不可缺少。这类描述，一般都简洁明快，不加修饰。例如有"铁嘴"之称的宋世雄所作的体育比赛报道。下面是他在现场报道中国队对巴林队比赛的一个片段：

12号彭伟国在回传，胡志军一脚长传到了对方禁区里面，蔡晟快速推动被对方封住了，3号黎兵跟上把球停住，一脚——9号郝海东头球攻门——进了！

这里所作的描述几乎是与球赛同步进行的，不需要看比赛的现场，双方队员是怎样踢球，球是怎样运行，球是怎样被踢进的，一听就清清楚楚，语言朴实无华，场景却活灵活现。

2. 回忆描述

回忆描述是对时过境迁的人或事所作的描述。这类描述与现场描述比较，难度更大。一是描述的对象是过去的人或事，只能凭记忆，即使是自己经历的事，譬如儿时发生的事，时间久了，也难免记忆模糊，缺少现场感。尤其对于只是听说的人或事，只能表达出梗概，缺少细节。二是回忆描述无法令听众面对现场，听众无法凭借现场实景或图像获得鲜明深刻的印象。三是听众对所描述的对象缺乏了解，缺乏体验。这些都增加了回忆描述的难度。

3. 想象描述

想象描述是凭借某种理念、情感、史料、提示，运用想象，使之成为具体的、形象的、鲜活的情景、画面。例如一位教师在讲解杜甫的《绝句》之后，对这首诗作了如下描述：

这是多美的一幅图画啊！新绿的柳枝上，成对的黄鹂在欢唱；一碧如洗的天空，一字排开的白鹭，在自由自在地飞翔；凭窗向西远眺，终年积雪的山头，仿佛是嵌在窗框中的图画；门前的山脚下，停泊着一艘艘远航的船只。这是诗人杜甫给我们绘制的一幅色彩鲜明和谐、动静有致、层次分明、意味深邃的立体画。

这种描述，其实就是一种解读，把诗歌还原成自然风光，同时还融进了教师的独特体验与感悟，是教师个人见地的形象发挥。

日常说话或演讲中的描述是一种客观事实的再现，具有很高的可信度；描述具体、形象、具有较高的审美价值；描述渗透了强烈的感情，具有很强的感染力。要把握好描述，就要熟练地掌握各种描述手法，并作出恰当的处理。

〰〰 三、说理

说理就是摆事实讲道理，是揭示事物的本质规律。它大体有两大类型，一类是论证性说理，另一类是非论证性说理。虽然口头说理都离不开这两大类型，但要在说话的时候抓住听众、说服听众、征服听众，常常采用下列更直接、更形象的说理方式。

（1）由事生理，即通过叙述事件去说理。叙事既具体又有情节，而且蕴含了情和理，具有很强的吸引力，再水到渠成上升到理性，自然就具有强烈的震撼力和穿透力。这是一种最常见、最有效的口头说理方式。

（2）举例释理。在说理的过程中，有些观点或道理，在一瞬间很可能不为听众所理解，于是为了强化观点，加强说服力，常常采用举例的方式。

（3）对比显理，通过对比去说理。运用正反对比或者同类对比造成反差，这是口头说理时引发思维、显现道理的一种有效手段。

（4）至理名言，即运用名言名句去说理。这是一种极好的说理技巧。这种句子蕴含深邃的思想，是他人智慧的结晶，具有很强的说服力。另外，这些句子短促有力，朗朗上口，言简意赅，有助于说话者很好地表达思想。

在说话或者演讲中，要把一番道理说得别人愿听、爱听，就必须把握和处理好以下两种关系：

首先是事与理的关系。口头说理快捷直接，不可能留下更多的时间让听众去领会、去琢磨。这就要求在说理的过程中做到事理结合，尽可能选用一些真实、典型、有趣的事例作为说理的材料，切忌空洞说教。但也不能只讲事例，必须得有观点、有分析、有升华，按照人们的思维规律，由感性到理性，由具体到抽象，说得有理、有据、有情，使听众感动、振奋。

其次是理与趣的关系。理趣的意思是理融于趣、趣合乎理，通过一定的艺术方式形象地表达道理。同样一个道理，不同的人说出来效果大不一样，有人说得干巴巴味同嚼蜡，有人却说得条条是道、妙趣横生。比如下面这段针对整天混日子的青年人所说的话：

不少青年朋友在生活上比上不足，比下有余，称不上饱汉，可也不是饿鬼，口里说："活是不干的，调是不走的，处分也要闹的。"其实心理活动很复杂，向往锅里，又舍不得碗里的；不满意碗里的，可又没有勇气去拿锅里的。在优越感与失落感的夹缝里干瞪眼，咽唾沫。我看这些朋友，要么安心下来，做好本职工作，力争有所成就；要么"壮士一去不复返""难酬蹈海亦英雄"，反正不能凑凑合合，不能混日子。

这是一段批评劝慰性的说理，不抽象，不生硬，很有趣。之所以能有如此的效果，就在于用漫画式的手法，把这部分青年的行为、心态勾勒得惟妙惟肖，理也在其中。

思考练习

1. 口语交际的适合性准则有哪些？
2. 口语表达的方式有哪些？试举例说明。
3. 选择一个感兴趣的话题和同学进行口语交流。

第六章　态　势　语

　　口语交流过程中除了使用有声语言之外，还必须使用无声语言，即态势语。态势语是一种通过说话者身体某个部分形态的变化来交流思想、表达思想的辅助性语言。态势语是口语交流活动中传递信息的重要媒介，在口语中具有举足轻重的作用。有时，它能够独立地传情达意，甚至起到有声语言难以起到的作用，能够使表达的意思更为明晰、有力。美国心理学家艾伯特·梅瑞宾研究发现，在社会交往的信息传递效果中，7％是靠语词，38％是靠声音，而55％是靠无声语言即态势语传递的。可见，态势语对于人际间的沟通和交流的重要性。在口语交流中伴以恰如其分的态势语，能获得更理想的交流效果。态势语的表现形态主要有表情语、手势语、体势语和服饰语。

　　态势语在口语交流中的作用主要有：

1. 强调作用

　　在口语表述过程中，有的意思已经表达得很清楚了，但为了突出这层意思的重要性，常常辅之以眼神或手势等，以加强听众的印象。

2. 补充作用

　　在口语表述过程中，有的意思虽然表述清楚了，但意犹未尽，于是便用手势等态势语加以补充，完善口语表达的不足。

3. 替代作用

　　在口语表达中的过程中，有时会暂停讲话，而以态势语替代后续的内容。这种替代非但不影响听众对内容的准确理解，相反，还能收到"此时无声胜有声"的效果。

4. 审美作用

　　态势语不仅是说话者或演讲者思想情感的外化，同时也是其风采风度的展示。准确、简洁、优雅和富有个性的态势语，既有助于说话者或演讲者顺畅无误地表达自己的思想和情感、传递信息，又能给听众以美好和谐的审美愉悦。

第一节 表 情 语

表情语指人的面部表情，面部表情丰富多彩，千变万化，可表现出不同的思想情感。表情语有多种，这里只介绍其中重要的两种——目光语和微笑语。

一、眼睛——心灵的窗户

目光语是指运用眼神、目光来传递信息、表达感情、参与交流的语言。它最能折射心灵世界的奥秘。艺术大师达·芬奇说过："眼睛是心灵的窗户。"印度大诗人泰戈尔也说："一旦学会了眼睛的语言，表情的变化将是无穷无尽的。"心理学家的研究结果表明：在人的各种感觉器官所获得的信息总量中，从眼睛获取的信息占80％以上；而从传递信息的角度看，一个人内心的隐秘、胸中的情绪、灵魂的触角，总是自觉不自觉地在他那不断变换的眼神中流露出来。

眼神、目光一方面是言语的补充配合，另一方面能传达出比言语更复杂、更深刻、更微妙、更富有表现力的思想和情感，在口语交流中有着重要作用。但是，不同的眼神、目光表达的意义不同，产生的效果也不一样。因此，应当讲究目光语的运用，以免产生误会或伤害。在口语交流中，为了营造一个和谐友好的表达氛围，运用目光语时要求做到以下三点：

第一，要讲究目光的注意部分。面对不同的交流对象时，目光的关注点应有所区别。一般的交谈，目光应停留在对方双眼与嘴部之间的部位，如果目光东移西转，对方会感到你心不在焉；而如果谈话对象是女性，更是很不礼貌的行为。

第二，要控制目光注视的时间。有研究者指出："倘若有人盯着我们一次长达十秒钟以上，我们就会感到十分不自在。'瞠目注视，以压倒对方的威风'是有某些科学根据的。"瞠目凝视你的交谈对象，这明显是一种不友好的表示，还可能被视为一种挑衅的行为。

第三，要讲究目光注视的方式。目光注视的方式有多种，如斜视、扫视、正视和环视等，表达的意味是不同的。斜视有轻蔑的意思，扫视显得不尊重，正视表示尊敬和庄重。在公众交流活动中，应以正视为主，以环视为辅，兼顾方方面面，不使人产生受冷落的感觉，有利于口语交流取得良好效果。

下面具体谈谈在不同场合的眼神运用技巧。

要注意区分个别人注视、小范围注视和大范围注视。一般来说，与个别人交谈，彼此要有目光交流，其交流的时间长短和专注程度要视你与对方的亲疏关系而定。小范围注视一般是指在几个人、十几个人之间交谈时的目光注视，如小组讨论会、小型座谈会、小型宴会、小型茶话会等。在这些场合，由于一个人不可能和在场的所有人都有对话的机会，所以要注意用目光与在场的所有人沟通，当你与某一个人讲话或打招呼时，要用目光扫视、环视或虚视在场的其他人，不要让任何一个人感到受到冷落。而在大众场合，如公关演讲、领导致辞、大会动员、新闻发布会等，眼神要大方、坦然、理性、自信而亲切，要善于用目光控制会场，调动听众情绪，收集反馈信息；视线多用平视，偶尔也用环视和点视。其中，环视是为了照顾到场的每一个听众，不要冷落了某一部分人；点视是为了与某部分人进行目光交流，或用于观察异常（如秩序不好）情况，收集反馈信息等。

二、微笑——情绪的投影

微笑是最常用也是最重要的表情语言，而且是一种世界性的通用语言。它既简单容易，又不花本钱，在工作和生活中具有举足轻重的作用。首先，微笑是最好的"交流名片"，能给对方以良好的第一印象。其次，微笑是化解坚冰的春风，打开"心锁"的"钥匙"。在口语交流中，微笑本身就是最好的交流。它能够弥补嫌隙，化解宿怨，增进友谊，让人与人的交流变得和谐、顺畅。最后，微笑是交流的法宝，是交流的"润滑剂"。在口语交流中，微笑既表示对他人的尊重和友好，又表达着一种自尊和风度。微笑着与人讲话，能消除对方的防范心理和陌生感，显得亲切自然，别人容易接受。而面带微笑地倾听别人谈话，可以使对方获得认同感，从你的微笑中得到鼓励。

微笑时要求做到：

第一，笑得自然真诚。微笑是发自内心的表情，是美好心灵的外在表露，因而应该笑得自然，笑得亲切，不能矫情地笑，虚情假意地笑，也不能"皮笑肉不笑"。微笑似乎不难，但做起来可并不那么容易。微笑不仅仅是一种面部肌肉的运动，而且是一种心态的流露、情感的抒发和品格的展现；缺少了真诚的心态、情感和品格，就可能是一种僵硬的笑、做作的笑、虚伪的笑。当代心理学最新研究成果表明，如果一个人在交谈中能够以完全平等的态度对待对方，尊重对方的感情、人格和自尊心，那么其微笑就会是真诚的，就会具有感染力；否则，其微笑就将是虚假的，所能得到的也只能是逆反心理和离心力。

第二，笑得合适得体。一是程度要合适，微笑的表情要以适宜为度，注意分寸，笑得太放肆、太过分、太没有节制，就会失掉身份，引起对方的反感；但要是处处严守"笑不露齿"的古训，让笑容一闪而过，一笑即收，同样收不到理想的效果。二是对象要合适，在口语交流中，面对不同的交流对象，应使用不同含义的微笑，表达不同的情感。三是场合要合适，一般在严肃的会议、紧张的工作、专注的学习、庄重的集会场合，或者谈论严肃的话题、面对不幸的事件时，不宜随便发笑。总之，只有与交流时的外部因素相适应、相协调的微笑，才是合适得体的。

第二节 手 势 语

手势语是通过手、手臂和手指的活动来传递信息的态势语。在口语交流过程中，它能够辅助有声语言传情达意，因此，在态势语中占有重要地位。苏联的一位演员瓦·帕帕江说过："手势语本身就像文字一样富有表现力。手势语不仅能强调或解释台词的含义，而且能生动地表达台词里所没有的东西。"

一、运用手势语的注意事项

在口语交流中，运用手势语要注意如下三点。

1. 注意手势的方向

一般来说，当表示积极和肯定的含义，如表达"欢迎大家多提宝贵意见""请各位入席"等时，要手心朝上，方向则要向上倾斜；当表示消极和否定的含义时，如表达"慢，先别这么说""我看这事还得琢磨琢磨"等时，手势应该是朝下的。

2. 注意手势的形状

两手由合而分，一般表示失望、分开、落空、消极等含义；两手由分而合，则表示团结、亲密、联合、会面、接洽、积极等含义。手掌多用于理性、宏观含义的表达；手指多用于微观、情绪性含义的表达，如表示斥责与命令、指点方向、作序数词等；而拳头多表示愤怒、决心、警告、激励等强烈情感的抒发。

3. 注意手势的幅度

手势幅度的大小与讲话者的感情和语境有关。大幅度的手势一般表达强烈的情感，显示的是态度的坚决、情绪的激动、气氛的紧张；小幅度的手势多表示心境的平和、情感的舒缓、话题的集中、分析的深入等。手势幅度的大小可以体现在手势动作的长短上，也可以体现在参与动作的部位上。手动而臂不动是小幅度；手与臂一齐动，则是大幅度。看过电影《列宁在1918》的人都会记得列宁在演讲时那富有雕塑感的手势：他身体稍向前倾，头脸微仰，双目眺望远方，配合有声语言将右手掌果断有力地推出去。这一瞬间完成的大幅度的手势，让我们看到了一个伟大革命家的远见卓识和雄伟气魄，看到了必胜的信念和一往无前的决心，这种手势折射出的是精神的魅力、人格的魅力。

手势语的运用原则是适合、简练、自然、协调。其中，适合既包括"质"的适合——手势与所要表达的意思相适合，也指"量"的适合——手势语不可太多，太多了会显得张牙舞爪，令人反感，太少了则显得呆板、拘谨，缺乏感染力。简练是要求手势简洁、精练、清楚、明了，做到干净利落、优美动人，切不可做作和拖泥带水。自然是指手势舒展大方、赏心悦目，不能僵硬、木讷、画蛇添足。协调是指手势语要与声音、姿态、表情等密切配合，恰到好处。

二、常用手势语

手势语非常丰富，千变万化，一般没有一个固定的模式。下面介绍一些常用的手势语：

（1）拇指式：竖起大拇指，其余四指弯曲，表示强大、肯定、赞美、第一等意思。

（2）小指式：竖起小指，其余四指弯曲合拢，表示精细、微不足道或蔑视对方。这一手势在平时说话时会用到，但在演讲中用得不多。

（3）食指式：食指伸出，其他四指弯曲并拢，这一手势被大量采用，用来指称人物、事物、方向，或者表示观点，甚至表示肯定。胳膊向上伸直，食指指向空中则表示强调，也可以表示数字"一""十""百""千""万"……弯曲或钩形表示 9、90、900……齐肩划线表示直线，在空中划弧线表示弧形。

（4）食指、中指并用式：食指、中指伸直分开，其余三指弯曲，这一手势在欧美国家与非洲国家表示胜利的含义，由前英国首相丘吉尔在演讲中大量推广。我们在说话或演讲中运用时一般表示 2、20、200……

（5）五指并用式：如果是五指并伸且分开，表示 5、50、500……如果指尖向上并拢，掌心向外推出，有"向前""希望"等含义，显示出坚定与力量，又叫手推式。

（6）拇指、食指并用式：拇指、食指分开伸出，其余三指弯曲表示 8、80、800……如果并拢表示肯定、赞赏之意；如果二者弯曲靠拢但未接触，则表示"微小""精细"的意思。

（7）拇指、食指、中指并用式：三指相捏向前表示"这""这些"，用力一点表示强调。

（8）O形手势：又叫圆形手势，曾风行欧美，表示"好""行"的意思，也表示"零"。

（9）仰手式：掌心向上，拇指自然张开，其余弯曲，这一手势包容量很大，区域不同，意义有别：手部抬高表示"赞美""欢欣""希望"的意思；平放表示"乞求""请施舍"的意思；手部放低表示无可奈何，很坦诚。

（10）俯手式：掌心向下，其余状态同仰手式。这是审慎的提醒手势，说话或演讲在有必要时抑制听众的情绪，进而达到控场的目的，同时表示反对、否定的意思；有时表示安慰、许可的意思；有时又用以指示方向。

（11）手剪式：五指并拢，手掌挺直，掌心向下，左右两手同时运用，随着有声语言左右分开，表示强烈拒绝。

（12）手吸式：五指并拢呈簸箕形，指尖向前。这种手势表示"提醒注意"，有很强的针对性、指向性，并带有一定的挑衅性。

（13）手包式：五指相夹相触，指尖向上，就像一个收紧了开口的钱包，用于强调主题和重点，也表示探讨的意思。

（14）手切式：手剪式的一种变式，五指并拢，手掌挺直，像一把斧子用力劈下，表示果断、坚决、排除的意思。

（15）手压式：手臂自然伸直，掌心向下，手掌一下一下向下压去。当听众情绪激动时，可用该手势平息。

（16）抚身式：五指自然并拢，抚摸自己身体的某一部分。以这种手式把手放在胸前，往往成为一些说话或演讲者的习惯手势；双手抚胸表示沉思、谦逊、反躬自问；如果以手抚头则表示懊恼、回忆等。

第三节 体 势 语

　　体势语是指人的身体仪态所体现出来的气质与风度，是无声语言的信息系统的组成部分。这种无声语言具有三种功能：补充言语信息、替代言语信息、强调言语信息。体势语主要指站姿、坐姿、步姿等。所谓"站如松、坐如钟、行如风"，就是对站姿、坐姿、步姿的基本要求。日常工作和生活中应当养成良好的体姿和仪态，给人以良好的体势美感。这里结合口语交流，主要介绍站姿和坐姿。

一、站姿——挺直如松

　　站姿是第一个引人注目的姿态，因而也是最能表现一个人体势特征的姿势，正确的站姿是构成体势美的基础。进行口语交流时，站立的基本要求是：挺、直、高。

　　挺，主要是指微挺前胸和腰部，相应地收缩腹部。此时双肩不能向前扣，也不能向上耸，而是要自然地稍向后打开，髋膝也不能弯曲。挺的姿势既给人一种挺拔的感觉，又显得精神饱满；反之，凹腰挺肚，缩头耸肩，则给人蜷缩萎靡的感觉。

　　直，主要是脊柱要尽量垂直，头不能下垂，颈不能弯曲。头、颈、躯干和脚的纵轴在一垂直线上。可以用这样的方法来测验你的身体是否垂直，即把身体贴墙，使后脑、肩、腰、臀部、脚后跟等部位尽量贴墙，此时身体是挺直的。这样的站姿会给人一种稳定感。

　　高，就是站立时身体重心要尽量提高。身体重心较高的人常常给人一种高昂、活跃的感觉，而重心过低的人常常给人一种行动不便的感觉。要使身体重心提高，在站立时不宜将腿分得过开。

　　此外，男女由于性别体征不同，站姿也应有所区别，应加强其性别风格。女性应尽量使自己的身段窈窕些，站立时，两脚可成丁字状，前脚尖向前，后脚与前脚呈45°，双腿叠合起来，身体重心可稍靠前，双臂自然下垂。男性在口语交流中的站姿应显得稳重自然，双腿可稍开，身体的肌肉要保持适度的紧张，以显示出稳健和力量。当然，人的站姿在不同的情景中也应有所区别。例如，在严肃的交谈场合中，采取肃立姿势；在日常交谈中，应显得自然、轻松些。

　　在面对他人讲话时，应当避免的站姿是：头下垂或上仰，弯腰屈背，两腿交叉站立或屈腿，双手或单手叉腰，身体摇晃或不停抖动，双臂交叉置于胸前，搓脸，拨弄头发，脚打拍子，身靠物体歪斜站立等。这些不良站姿有碍风度和美观，应注意避免和克服。在公众场合说话时，站姿一定要标准、规范、一丝不苟，即使感到累，也一刻不能松懈。

二、坐姿——端庄优雅

　　坐姿也是口语交流中常见的一种体姿。人们在洽谈、开会、面试时一般都采取坐姿，良好的坐姿不仅给人以美的感受，而且让人觉得庄重、大方、沉稳、可信任。在口语交流中，坐姿要做到端庄、优雅、舒适。

端庄，主要是指端正，是对上身的要求，坐姿虽然以臀部为支点，下肢发生了弯曲，但是仍然要求人体重心垂直向下，腰部挺直，上身正直。在口语交流中，坐姿切忌东歪西倒，弓腰驼背。今天虽然不强调像古人那样"危坐"，但是坐得端正还是必要的。

优雅坐姿的关键在腿部，因此，要处理好两腿摆放的位置。美国资深礼仪专家范德比尔特说："把两腿的膝盖靠拢，才是优雅的坐姿。"谈话中的坐姿要求人们坐下后，双膝、双脚并拢，将手自然放在膝盖上或椅子扶手上。

舒适是指坐下后，肌肉自然放松，腰身自然挺直，双臂自然下垂，双手放在膝盖上或椅子扶手上。总之，一切动作要自然，使人生理上得到放松，心理上感到舒适。

为了保持端庄优雅的坐姿，应当注意以下几点：

（1）入座和起座时都要轻缓稳当，不要急急忙忙，猛起猛坐，使椅子发出声音。臀部落座的位置要视椅面的大小、椅子的高低，沙发的样式、弹性的大小而定。

（2）当两腿交叠而坐时，不要把"二郎腿"翘得太高，更不得抖动，悬空的脚尖应向下，不要脚尖朝天。

（3）女性落座后切忌两膝分开，两脚呈外"八"字形，也不要两脚尖朝内，脚跟朝外，呈内"八"字形。

（4）坐在椅子上身体要直，不要后靠，也不要前俯，不要把手放在臀下，不要把脚长长地伸出去。

（5）与人交谈时，坐姿应稍偏向受话人一方，动作尽量温文尔雅，以显示出对对方的尊重；但也不要将上身过分前倾或用手支撑下巴，给人一种阿谀逢迎的感觉。

（6）端坐时间过长时，可变为侧坐，转身时上体与腿同时转向一侧，臀部不离椅面。起立时，右脚向后收半步，而后站起离座。不论哪种姿势，都应保持背部挺直，腿姿优美。

第四节　服　饰　语

"三分容貌，七分打扮。""佛要金身，人要衣裳。"在现代社会，服饰已不仅仅用来防寒避暑，更多地关系到一个人的整体形象，体现一个人的社会地位、情趣、修养、个性、职业以及精神面貌。服饰作为一种特殊的交际语言，对自身、对他人都会产生影响。例如，2000年曾发生过两起因名人着装不当而引起社会各界强烈反响的事件。一位明星在接受媒体采访时，穿的裤子上竟然写满了英语粗痞话；另一位明星在拍摄宣传照时，她的裙子上印着日本军旗图案。虽然事后她们都宣称对衣着图案所代表的意思一无所知，只是觉得"好看"，但这类事件已经在社会上产生了恶劣的影响，同时也暴露了这两位明星的无知。

美国著名政治家、科学家本杰明·富兰克说："饮食也许可以随心所欲，穿衣却要考虑给他人的印象。"要获得好的印象，就要做到协调与适中。一是与个人的年龄、职业、身份地位以及肤色形体相协调，整洁合体，突出个性。二是符合所处的场所，庄重大方，美观和谐。国际上普遍遵循"TPO"的着装原则,"T"(Time)代表时间、时令、时代;"P"(Place)代表地点、场所、地位、职业;"O"(Object)代表目的、目标、主题、对象等。也就是说,服饰打扮要具有时代感,顾及交际场所、交际对象与交际内容。

关于面试时的服饰语,求职者面试的服饰穿戴会影响用人单位对其的第一印象,因而应当认真对待。一般来说,求职者的着装应与社会时尚相协调,做到既高雅端庄,又大方得体,给人以和谐、明快、整体感。在着装时,一忌奇装异服怪打扮;二忌不修边幅邋遢像;三忌不顾细节露马脚。如皮鞋是否光亮、纽扣是否扣好、衣服上是否有油污等,都得加以注意。衣冠不整者,用人单位可能会认为其不懂礼貌、不拘小节,甚至怀疑其没有认真负责、踏实勤奋的工作精神。求职者的须发应该梳理整齐,干净且有光泽,能够显露出整个面庞。如果化妆,应起到强化优点、掩饰缺点、显现个性的作用,使整个人看上去身体健康,精神焕发,风采动人。

思考练习

1. 什么是态势语?态势语的表现形态主要有哪些?
2. 熟悉文中的手势语,请说说应该用什么样的手势介绍别人。
3. 每天花费 5 分钟时间,根据课本要求进行走姿、站姿、坐姿练习。
4. TPO 着装原则指的是什么?

第七章 朗　　读

朗读，是把文字转化为有声语言的一种创造性活动，是一种大声的阅读方式。朗读有利于发展智力，获得思想熏陶，也有助于情感的传递。我国宋代理学家朱熹主张朗读，他认为凡读书，需要读得字字响亮有力，不可误一字，不可牵强暗记，而且要"逐句玩味""反复精详""诵之宜舒缓不迫，字字分明"。这样，我们可以深刻领会所朗读文本的意义、气韵、节奏，产生一种"立体学习"的感觉。

第一节　朗读的含义

朗读属于单向口语表述的基础形式，属于书面文字转换成有声语言的一种语言表述活动。它通常以文字底稿作为依据，由"念读"发展而来，是一种应用型的朗声阅读。

这里要说清楚的是，朗读和朗诵是不同的，它们在生活中有各自的适用与应用范围。朗读、朗诵都起源于"念读"，但各自有自己的语言表达形式。朗读是以听者准确理解内容为目的，所以不限于只能运用普通话，而且可以持稿进行。一般对朗读者的态势语无明确要求。朗读的适应范围很广，可以是诗、散文、小说，甚至社论、家信、新闻、打油诗、数学习题、寻人启事等。而朗诵是对文稿的表述形式进行艺术处理，即借助语速、语调、轻重音等方面的富于变化的表述手段将朗诵材料转化为一种艺术表演。所以，朗诵要求用普通话、脱稿。在朗诵过程中，形体、态势、表情、眼神要协调统一，以强化朗诵语言的感染力。朗诵的适用范围很窄，一般以诗歌、散文为主。总之，朗读要求"本色"，朗诵要求"艺术"。从教学训练角度而言，朗读是朗诵的基础，而朗诵是朗读的提高。

第二节　朗读的特点

1. 属于讲解的一种形式

在口语交际中，朗读注重于突出讲解功能，换句话说，朗读是附属于讲解的一种口语表述形式。在某些材料（如有情节发展的记叙文体）的朗读中，也需要结合情境和人物身份作一定的模拟，在语言上具有一定的变化和对比，以增强感染力。但从总体上说，朗读还是注重通过语言的规范、语句的完整和语义的精确，将原文字的主旨明晰准确地转换为相应的有声语言传送给听众，它呼唤的是听者的理智思考，使听者能够全面、准确地理解。

2. 声音自然

朗读对声音再现的要求是接近自然、本色、生活化，它注重的是声音洪亮且音量均匀，吐字节奏、停顿及声音高低对比可以根据表述需要而有所变化，但不宜有太大的变化。

3. 不限于普通话

朗读以听者全面准确理解表述内容为目的，所以，它在要求语音规范的基础上，要求朗读者运用普通话，但又不限于普通话。也就是说，在现实生活中，朗读应当选用普通话，但有时在听众听得明白、能够理解的前提下，用方言朗读文件社论、司法文书直至用方言进行课堂教学的现象也还是存在的，并且也是允许的。

4. 对态势语无要求

朗读以听众理解为主要目的，因此，朗读除了注重语音规范和语义准确再现之外，一般对朗读者的形体、态势等均无明确要求，如教师可以在走动中朗读课文，播音员通常可以坐着读播新闻等。

5. 应用范围广

朗读的适用范围很广，几乎可以这样说，只要是文字，都可以朗读，不仅诗歌、散文、记叙文、说明文无一不可，而且社论、新闻乃至家信、打油诗，也无不可者。

第三节　朗读的作用和要求

朗读训练既是凭借文字的表述训练诸环节中不可或缺的重要一环，也是单向口语表述训练中不可或缺的重要一环。朗读不仅可以提高阅读能力，而且可以强化理解能力。系统化的朗读训练，更是可以有效地强化从无声文字到有声语言的转换能力。朗读能力强，可以忠实地再现原文稿的全部思想，还可以通过语言表述诸因素的调节弥补原文字底稿的某些不足。

规范化的朗读需要符合以下几个方面的要求：
❖ 声音响亮悦耳；
❖ 语音标准规范；
❖ 语气准确恰当；
❖ 语调鲜明和谐；
❖ 表意清楚明晰；
❖ 情感真实到位。

第四节　朗读的方法与技巧

朗读时需要注意停顿、重音、语调、节奏四种基本技巧。

1. 停顿

平时人们说话总要停一停、歇一歇，这不仅是生理上的需要，也是表意的需要。那么，怎样停顿才能把意思表达得更准确、更清楚一些，这是朗读者需要注意和研究的问题。朗读中的停顿有三种：

（1）语法停顿，即按篇章段落及标点符号的功能自然停顿。一般来说，段与段之间停顿时间稍长，其次是句号、问号、感叹号、逗号，最短的是顿号。值得一提的是，朗读中常常会碰到没有标点符号的长句子。例如："我批评的是那些不专心听课的同学和不做作业的同学。"该句子较长，一口气读下来费劲。碰到这种情况，朗读者可按句子意群作适当的停顿："我批评的是∧那些不专心听课的同学∧和不做作业的同学。"（标"∧"处作停顿）

（2）逻辑停顿，即按朗读者要强调的意思作停顿。例如，读"我在大学里教过书"一句话时，如要向听众强调"我"而不是别人，就在"我"字上作停顿；如要向听众强调"在大学里"教书而不是在中学、小学教书，就在"里"字上作停顿。

（3）心理停顿，即朗读时，中途故意突然停顿，使听众产生急于听下去的心理，然后再说出下文。这种停顿容易激起听众兴趣，从而集中注意力。

2. 重音

人们在朗读中为了更好地表情达意，常常会将声音有意提高或压低，这就是重音。而怎样运用重音，则是朗读中应该注意和研究的问题。朗读中的重音有两种：

（1）强调重音，即按朗读者想要强调的意思加重声音，如前文所举的例句"我在大学里教过书"，要强调"我"而不是别人，除了在"我"字上作停顿外，还可以相应地作重音处理。同样，要强调在"大学里"教书，而不是在中学、小学教书，那么，重音就要落在"大学里"三个字上。

（2）感情重音，即按朗读者情感表达的需要处理重音。一般来说，表达兴奋、喜悦、激动之情宜将声音放大提高；表达悲哀、沉痛、冷淡之情，宜将声音放小压低。例如：

春分刚刚过去，清明即将到来，"日出江花红胜火，春来江水绿如蓝。"这是革命的春天，这是人民的春天，这是科学的春天！让我们张开双臂，热烈地拥抱这个春天吧！

（郭沫若《在全国科学大会闭幕式上的讲话》）

3月14日下午两点三刻，当代最伟大的思想家停止思想了。让他一个人留在房里总共不过两分钟，等我们再进去的时候，便发现他在安乐椅上安静地睡着了——但已经是永远地睡着了。

（恩格斯《在马克思墓前的讲话》）

以上两段文字，朗读者要把内心情感更好地表达出来，必须恰当使用感情重音。由于两段文字抒发的感情不同，所以重音的处理也不同。郭沫若的讲话表达了对科学春天到来的欢欣鼓舞，感情热烈奔放，因此朗读时宜将带点的字作高音处理，否则，热烈的感情会冷冰冰的。而恩格斯的讲话，由于表达的是对马克思的崇敬与哀悼，所以，朗读时宜将带点的字作低音处理。如果朗读时音量大、音调高，那么，势必把沉痛哀悼之情一扫而光。

由此可见，重音的表达是否得当，对表情达意，对朗读的效果都会造成极大影响，不可忽视。朗读者要依据自身的生活体验，把握好重音的表达。

3. 语调

语调是人们说话时表现出来的声音高低、强弱、长短的变化。在表情达意中，语调极具表现力，同一句话用不同的语调表达，语意上有很大的差别。例如：

你去！——语调强而有力，表示坚决。

你去。——语调平直，表示肯定。

你去？——语调轻飘，表示怀疑。

你去吧！——加了语气词"吧"，语调更为平和，表示提议。

你去嘛！——加了语气词"嘛"，语调变得弯曲，表示央求。

你去吗？——加了语气词"吗"，语调高而上扬，表示征询。

可见，语调的变化能表达人们丰富的思想感情，显露出人们内心世界的细微波澜。难怪有人说，"伤人的往往是语调，而不是语言本身"。

朗读时，可以按如下的要求使用语调：

（1）表达平静、淡漠、庄重、哀悼的态度和情感，用平直语调较为妥当，也与场合更为协调。例如：

我今天来，是来安葬凯撒，并不是来赞扬他的功德。（表示平静、淡漠）

3月14日下午两点三刻，当代最伟大的思想家停止思想了。（表示庄重、哀伤）

（2）表示鼓动、号召、呼吁、激愤、责问的态度与情感可用上扬语调。这种语调有助于宣泄朗读者内心的激动，从而达到感染听众的效果。例如：

让我们张开双臂热烈地拥抱这个春天吧！（表示鼓动、呼吁）

我们该如何抵抗？还要靠辩论吗？先生，我们已经辩论10年了，可辩论出什么更好的抵御措施了吗？没有！（表示激愤与责问）

（3）表示坚信不疑或意向坚决，或祈使的态度与情感，用下降语调可以加强效果。例如：

全能的上帝啊，阻止这一切吧！（表示祈使）

至于我，不自由，毋宁死！（表示意向坚决）

（4）表示轻蔑、不齿、不满、怀疑、得意、幽默、感叹的态度与情感，用弯曲语调能增添语气色彩，增强语言生动性。例如：

杀死了人，又不敢承认，还要污蔑人，说什么"桃色事件"，说什么共产党杀共产党。无耻啊！无耻啊！（带点的字表示轻蔑、不齿）

除上述规律，还必须强调一点，人们在朗读一段文字乃至一句话时，都不可能完全用一种语调来读，因为那将是单调无味的；只有作合理适当的变化，才会动听。

4. 节奏

说话的节奏，是指人们说话时表现出来的抑扬顿挫、轻重缓急、回环往复的变化，但它无固定形式、固定节拍。具体来说，在一篇讲话中，它可以在段落之间、层与层之间、语句之间形成节奏，发生变化，呈现相似语势、相似语气和相似转换的回环往复的形态。

节奏按抑扬顿挫、轻重缓急，大致可以分为轻快型、凝重型、低沉型、高亢型、舒缓型、紧张型等六种类型。

轻快型——多扬少抑，多轻少重，语节少而词的密度大。

凝重型——语势较平稳，音强而着力，多抑少扬，语节多而词疏。

低沉型——语势多为落潮类，句尾落点多显沉重，音节多长，声音偏暗。

高亢型——语势多为起潮类，峰峰紧连，扬而更扬，势不可遏。

舒缓型——语势多扬而少坠，声较高而不着力，语节内较疏但不多顿，气流长而声清。

紧张型——多扬少抑，多重少轻，语节内密度大，气较促，音较短。

在朗读过程中，运用哪种节奏，要依据内容和感情而定，即所谓的"感有万端之异，斯音有万态之殊"（马宗霍《音韵学通论》）。语调是这样，节奏也是这样。必须强调的是，在朗读一篇文章时，不能只用一种节奏，而应随思想感情的变化而变换。例如，郭沫若《在全国科学大会闭幕式上的讲话》前半部分叙述科学工作者在新旧不同时代的不同遭遇，节奏宜舒缓一些；后半部分表达对科学工作者及青少年的祝愿，节奏可转为轻快；末段是对春天的赞叹，节奏可由轻快转为高亢。朗读其他文章，也要根据具体的内容和感情处理节奏。总之，节奏要不断转换才跌宕多姿。至于如何转换，以下的方法可供参考：欲扬先抑，欲抑先扬；欲快先慢，欲慢先快；欲轻先重，欲重先轻。

思考练习

认真学习文中介绍的朗读方法和技巧，朗读本书第一部分《精品阅读》中的诗文佳作。

第八章 演　　讲

　　人们在开展政治活动、经济活动、科学文化活动以及其他种种社会交际活动中，必然要发表见解、提出主张、释疑解惑、抒发感情，以达到说服人、感染人、教育人、激励人的目的。一场富有吸引力的演讲，不仅可以生动地反映生活，揭示真理，帮助人们正确认识客观规律，同时也可以培养人们美好的道德情操，促使人们奋发向上。

　　随着现代化进程的加快，人际间的横向联系大大加强。演讲作为一种交流思想、传播信息的语言艺术，已成为社会交际中一种不可缺少的技能。

第一节　演讲的含义

　　演讲是一种口头语言的表达方式，是演讲人在特定的时空环境中，以有声语言和态势语言作为手段，针对现实社会中的某个问题或者围绕一个中心，面对广大听众表述见解、抒发感情，从而影响和感召听众的一种信息交流活动。

　　演讲中"讲"和"演"是紧密结合、相互协调、共同发挥作用的。演讲者对公众发表演讲，主要形式是"讲"，运用有声语言并追求言语的表现力和声音的感染力；同时辅之以"演"，运用态势语，使其讲话"戏剧化"起来，以达到特殊效果。

第二节　演讲的特点

1. 现实性

　　演讲是针对社会政治以及人们的思想、生活和工作问题，提出见解、主张，以期启发、影响、感召人们的社交活动。它要求从实际出发，紧贴社会现实，说实话、讲实事、吐真情。演讲的主题和材料要有现实针对性，要能准确表达演讲者的观点、主张和思想感情。若演讲的内容离开了社会现实，只凭借空洞的说教、华而不实的言辞，在改革开放的今天，很难获得听众的认同，自然就达不到感召听众的目的。

2. 艺术性

演讲虽不是艺术活动，但相对于其他社交口语的表达形式，它要求具备一定的艺术性。在演讲活动中，演讲者为了最大限度地达到自己的目的，使听众心悦诚服、感动振奋，必须做到"晓之以理，动之以情，喻之以利，导之以行"。演讲有了艺术性，才能在有限的时空中获取最佳的宣传效果。演讲的艺术性体现在：语言美感，即深邃的思想、聪敏的才智、浓烈的感情与生动活泼的语言高度统一；形象美感，即根据主题和语言表达的需要，所运用的使人为之动情的仪表和态势语言；音乐美感，即声音清晰、圆润、洪亮、甜美，语调铿锵和谐，富有节奏感和韵律美。

3. 感召力

感召力是演讲的显著特征。古希腊演讲家德摩西尼曾经对他的朋友这样说："你所讲的只令人说个'好'字，而我却能使听的人一起跳起来，众口同声地说'让我们赶快去抵抗敌人'！"这里所说的"跳起来""众口同声"正是演讲感召力的效果。演讲的感召力既来源于内容，也产生于演讲者炽烈的感情，这种感情拨动听众的心弦，点燃听众热情之火。同时，演讲的艺术性也是构成感召力的重要原因。

第三节 演讲的种类

按照不同的标准，演讲有不同的种类。

1. 按功能划分

按照功能，演讲可以划分为说明性演讲、激发性演讲和激励性演讲。

说明性演讲是一种以传达信息、阐明事理为主要功能的演讲。它的目的在于使人知道、明白，而不是鼓励、激发。

激发性演讲就是指演讲产生了让听众激动起来、把听众激发起来的效果。这种演讲绝不单单是在向听众传递信息、阐释事理，也决不仅仅是说服听众，让听众对你产生信任感，而是要更进一步，让听众在思想感情上与你产生共鸣，让他们为你的思想观点而欢呼雀跃，与你一道喜、怒、哀、乐，使他们在你的演讲中受到激励。

激励性演讲就是演讲在听众中产生了欲行、欲动的效果，也就是说，在激发听众的基础上，使听众产生了一种欲与演讲者一起行动的想法。它较之激发性演讲又进了一步。这种演讲已不满足于听众听演讲时的片刻激动，而着眼于使演讲内容成为听众以后行动的动力。激励性演讲要求演讲者感情饱满、情绪激昂。这种演讲的特点是鼓动性强，多以号召、呼吁式的语句结尾，具有强烈的宣传鼓动效果和催人行动的力量。

2. 按形式划分

按照形式，演讲可分为命题演讲和即兴演讲。

1）命题演讲

命题演讲，顾名思义，命即命令、指派，题即题目，也就是说按照指定的题目来演讲。命题演讲包括两种形式：全命题演讲和半命题演讲。

全命题演讲是由别人来拟定演讲的题目。它的题目一般是由演讲活动组织部门来确定的。比如，某高等职业技术学院在"五四"青年节到来之际组织了一次以"让'五四'精神发扬光大"为主题的演讲活动。组织部门分别从各个系抽选 10 名学生代表进行演讲，为了使学生的演讲各有侧重、体现特点，组织部门拟定了 10 个题目，即《努力学习，报效祖国》《青春无悔》《青年人要从一点一滴做起》等，然后把这 10 个题目分别派发给 10 位演讲者，要求学生以此为题组织材料，准备演讲。这就是全命题演讲。

半命题演讲指的是演讲者根据演讲活动组织单位限定的范围，自己拟定题目进行的演讲。目前，我国举办的演讲比赛中大多数的命题演讲采用这种形式。如，中央电视台与《演讲与口才》杂志社联合举办的"十城市青少年演讲邀请赛"就采用了这种形式。这次演讲是以"四有"教育为范围，题目自拟。来自全国各地的 18 名选手分别以《我愿做一支蜡烛》《同龄人的使命》《新时代的流行色》等为题目进行了演讲。18 名选手分别从不同的侧面、不同的角色，围绕"四有"新人的理想，畅谈了"四有"新人的使命，整个命题演讲都是在"四有"这个范围内进行的。

2）即兴演讲

即兴演讲，就是演讲者在事先无准备的情况下，就眼前的场面、情景、事物、人物有感而发，临时起兴而发表的演讲。即兴演讲的特点一是有感而发；二是时境感强，即"到什么山，唱什么歌；见什么人，说什么话"，入乡随俗；三是篇幅短小。

即兴演讲看起来篇幅短小，又有感而发，似乎不难，实则不然。想要使即兴演讲达到预期效果，除了演讲者自身的文化、语言素养之外，尚需符合以下方面的要求：一是紧扣主题，要求选材既能说明主题，又符合时境；二是抓住由头，缘事而发，这也是演讲的一个基本技巧；三是胸有成竹，这需要演讲者有广博的知识、丰富的联想和很强的语言表达能力；四是言简意赅，不枝不蔓，寓繁于简。

即兴演讲内容的组织，可以从以下几方面着手：

（1）从会议上的发言，特别是会议主持人或主要人物的发言中捕捉话题，选准一点，迅速组合。这样的话题能紧依会议的主旨，且在出席会议前思想已有认识和准备，易于发挥。

（2）就地取材，以眼前的人、物、事作为论述的材料，最好是选取有特色、与会者有所反应的事物进行联想，加以阐述、发挥。在联想、阐述中要机敏地调动自己的知识，筛选出对眼前听众来说新鲜而又能与论题相联系的事物，从多角度比较或衬托，从而加以发挥。

（3）迅速打好腹稿，想好开头以及承转、结尾，从容上台，不推托拖延。

（4）抓住中心，简短精练地表述，切莫拖泥带水；风趣得体，需要强调别人的观点时要转换角度，宁可少说也不要重复别人的话语。

第四节　如何进行命题演讲

一、演讲前的准备

1．选题应恰切

演讲的选题是成败的关键，即使是命题演讲，也存在一个具体的论点如何切合整个命题范围的问题。选题要根据以下三个原则来确定：

（1）要切合实际需要。这是演讲的现实性的特点所决定的。选取的论点应从现实生活中提炼出来，要能使听众提高认识，或理解赞同，或共鸣响应。如果没有对现实的真知灼见，再好的"赞美诗"、再高超的理论，也难以得到听众的认同。

（2）要本人熟悉。选题应当是演讲人自己熟知或有一定切身体会的，虽只是一般了解，但经过深思熟虑，有所发现，作出深刻阐述也是可能的。熟知才能言之灼灼，产生激情，感染听众。

（3）要受听众欢迎。选题应当尽量符合听众的要求。场合不同，听众的年龄、身份、职业、文化程度、思想状况不同，要求也不同，演讲人应根据情况变换角度和内容。

（4）具体明确。选题忌旧、忌泛，内容应反映新观念，具体明确，才容易谈深谈透。

2．精心写作

一篇演讲稿，要精心地写作，使主题与材料巧妙结合，形成严整、完美的结构，也就是把逻辑结构和篇章结构统一于演讲的整体之中，同时必须讲究语言艺术。

1）逻辑结构

逻辑结构是方式的问题，包括正确鲜明的论点、真实而充分的论据、科学严密的论证。论证方法是逻辑结构的重要组成部分，要根据演讲的内容确定，或演绎，或归纳，或类比，或归谬，或几种方法并用、套用，使论点与论据之间有必然的内在联系。

2）篇章结构

篇章结构表现在演讲中，就是开头、主体和结尾三部分。"响开头、曲主体、蓄结尾"是人们对演讲结构的一般要求。

开头是给听众的第一印象，要根据选题和现场听众的具体情况精心设计，或开宗明义，或故事引入，或名言统领，或巧设悬念。总之，结合现场和演讲内容的需要，演讲者可以因时、因地、因人、因事、因情而精心设计、创造出千姿百态的开头，以能引人注意、引人入胜为佳，最忌陈词滥调、忸怩作态、故作谦虚、冗长乏味，也忌道歉式、攻击式、炫耀式和庸俗式的开头。

主体的层次排列可递进，可横列，可纵横交替。条理要清晰，内容要张弛有度，声调要有节奏起伏，才能使听众渐入佳境，把演讲推向高潮。

结尾在演讲中不可忽视，俗话说"编筐编篓，贵在收口"。演讲也是这样，精彩的结尾可为开头、主体增色，引来听众的掌声。它在演讲中担负着这样的任务：再现主旨，加深认识，收拢全篇，使之完美；鼓起激情，促人行动；耐人寻味，予人启迪。明朝诗人谢榛说过："起句当如爆竹，骤响易彻；结句当如撞钟，清音有余。"说的虽是文章，演讲也应该这样。演讲结束语忌没完没了、突然中断、说一些贬低自己演讲的话、自揭自己演讲过程中的错误。

3）语言艺术

演讲稿具有较强的逻辑性，也具有一定的艺术性，对语言艺术有较高的要求。有了好材料，有了好结构，还必须通过优美动人的语言来表达。深刻的思想，精巧的结构，最终都要靠语言文字物化，才能得以体现和传播。要使演讲稿有文采，必须讲究语言艺术，可见演讲的语言很重要。下面着重谈三个方面的要求：

第一，通俗易懂的演讲语言。用浅显的话语说明深刻的道理，是运用语言的真本事，是最受欢迎的。1949 年 10 月 1 日，在中华人民共和国成立的开国大典上，毛泽东主席用"中国人民从此站起来了"这句话，一下子就打开了人民群众感情潮水的闸门。这句话如此简单、通俗、明白，但却说出了一个伟大的真理。

第二，准确鲜明的演讲语言。语言的准确，就是表达得清楚、贴切，用词精准、规范，做到不产生歧义，不引起误解，使人们听了就懂。语言的鲜明，是指演讲稿的观点和爱憎要明确，不含糊，不艰深古奥，不佶屈聱牙。

周恩来《在上海鲁迅逝世十周年纪念会上的演说》中，谈到鲁迅先生的立场和方向时，语言表达就十分鲜明：

"鲁迅先生曾说：'横眉冷对千夫指，俯首甘为孺子牛'。这是鲁迅先生的方向，也是鲁迅先生之立场。在人民面前，鲁迅先生痛恨的是反动派，对于反动派，所谓之千夫指，我们是只有横眉冷对的，不怕的。我们要以眼还眼，以牙还牙。假如是对人民，我们要如对孺子一样地为他们做牛的。要诚诚恳恳、老老实实为人民服务。"

这段演讲采用对比的方法，把鲁迅的方向、立场、爱憎讲得非常鲜明。

第三，生动活泼的演讲语言。为了使演讲取得理想的效果，演讲者必须善于运用幽默语言和抒情语言，运用修辞方法，例如排比、对比、对偶、设问、反问、反复、层递等，设计精巧的演讲词，以达到最佳演讲效果。

英国首相丘吉尔二战期间的著名演讲《我们将战斗到底》，就大量运用排比句，对听众晓之以理，动之以情，从而增强了演讲的感染力。他说：

我们将战斗到底。我们将在法国作战，我们将在海洋中作战，我们将以越来越大的信心和越来越强的力量在空中作战，我们将不惜一切代价保卫本土，我们将在海滩作战，我们将在敌人的登陆点作战，我们将在田野和街头作战，我们将在山区作战。我们绝不投降，即使我们这个岛屿或这个岛屿的大部分被征服并陷于饥饿之中——我从来不相信会发生这种情况，我们在海外的帝国臣民，在英国舰队的武装和保护下也会继续战斗，直到新世界在上帝认为适当的时候，拿出它所有一切的力量来拯救和解放这个旧世界。

二、演讲时的注意事项

1. 不读稿不背稿

命题演讲，一般是在了解了命题之后作好准备并写好了演讲稿。这种演讲既可以保证思想内容的正确完善，又可作语言的加工润色，对态势语与口语的紧密结合可作预先的设计，使艺术形式与思想内容完美统一，更有效地发挥演讲的感召力。命题演讲在进行中要特别注意的是：不能读稿、朗诵稿或背稿，因为这样往往只有"讲"而没有"演"，影响语言的流畅和演讲的气势，无法与听众进行感情交流。所以，在已写好演讲稿的情况下，应预先"吃透"演讲稿的内容，成竹在胸、烂熟于心。上台后，持稿而不读，似用(稿)而不用，若即若离，且讲且演，在演和讲中，根据临场情境和听众的反馈进行再创造，以增强演讲的效果。命题演讲没有稿不好，全照稿也不行。

2. 声情并茂

演讲首先是一种听觉艺术，有声语言是演讲人运用的主要艺术手段。有声语言在表达上最基本的要求是：语音清晰、语言规范、语意得体，适合题旨、情境的要求。进一步的要求是流利自如，声随情发，从容挥洒。最高要求是丰富多彩，以情发声，以声传情，声情并茂。为了达到最高层次的要求，演讲者必须掌握有声语言的表达技巧。这些技巧主要有音准、音色、音量、音调的运用以及语速、语气的掌握。

3. 辅以态势

演讲不仅体现有声语言的艺术，而且要辅以态势，只有使有声语言与态势语珠联璧合，和谐统一，才能使演讲艺术趋于完美。有关态势语的知识我们在前面已经学习了，这里不再重复。态势语在演讲中具有举足轻重的地位和作用，它能使表达的意思更为明晰和有力。使用态势语，总的原则为六个字，即准确、自然、精练。

4. 讲究整体形象

演讲人总是以其自身形象出现在听众面前，这样，他必然以其整体形象直接诉诸听众的视觉感官，形象的美或丑、好或差，不仅直接影响演讲者自身思想感情的传达，而且也直接影响着听众的感官和心理情绪。孙中山曾经指出：一个宣传者身登演讲台，应该衣着整洁，举止大方，还没有开口即使全场有肃穆起敬之心。这就是俗话说的"好台缘"。好台缘是由演讲人的仪表美产生的。仪表美是指身体形貌、衣着修饰、风度气概等构成的整个身体形象的表现形式。其中风度气概是一个人的思想品质、性格气质、文化水平、工作作风等的外在体现。风度美表现为精力充沛、气宇轩昂、优雅、端庄、敏捷、准确、协调。衣着修饰是仪表美的重要条件，心理学家认为：穿得整齐漂亮时，便觉得身上多了一份力量，这力量很难解释，但却是明确的，它使人增强了自信力，提高了自信心。衣着修饰要注意符合自己的年龄、职业和身份，符合自己的脸型、肤色、身材的特征，符合时代精神、社会风尚和民族审美，也要符合演讲的内容和场合。

5. 自身失误补救

俗话说："智者千虑，必有一失。"演讲者在演讲中出现失误是在所难免的。演讲中如果忘了演讲词，千万别让自己"卡壳"太久，而应努力使自己集中思想，争取在两三秒之内回忆忘掉的词语。如果实在想不起来，可根据原来的意思另换词语，或者干脆将下一段内容提上来讲。演讲时如果出现遗漏词或念错词、讲错话的失误，演讲者最好能够悄悄改过，不露痕迹。发现自己漏讲了某一点、某一段，可以随后补上，不必声张。念错某个词，或讲错某句话，也可以及时纠正，或在第二次出现时纠正。万一听众发现了你的错误，也不要紧，演讲者不妨将错就错，自圆其说。

例如，上海市某高校有一位同学作演讲时，想用一首诗作为开场白："浓浓的酒，醇醇的……"但他一上台就念成了"酒"——将"浓浓的"漏掉了。他灵机一动，将错就错，干脆将诗改成："酒——浓浓的、醇醇的……"使错误不留痕迹，演讲得以继续下去。

演讲是一个人综合素质的表现，它需要具备敏锐的观察力、缜密的思维能力、良好的语言文字能力，同时也表现一个人的思想水平、认识水平和知识面。随着社会的发展，演讲的实用价值越来越为人们所重视，它能增添个人的进取机会，提高事业的成功率，甚至成为必备的社会修养。因此，我们必须掌握演讲的本领，而演讲本领的掌握最重要的是多练。只有不断地训练，才能拥有能言善辩的口才。

思考练习

请围绕下面任一主题，发表 5 分钟的演讲。

1. 你怎样理解庄子《逍遥游》中"逍遥"的含义？
2. 好书分享：选一本自己喜欢的书进行主题、感悟、意义等的分享。
3. 好电影推荐分享，要求有条理且具体。
4. 介绍自己的家乡（美景、美食、历史故事、改革开放以来的变化）。
5. "我的梦想"主题分享（侧重于将自我成长和建设国家结合起来）。
6. 你认为是"人之初，性本善"还是"人之初，性本恶"？
7. 你认为是"知难行易"还是"知易行难"？
8. 你认为对当代大学生来说网络的影响是"利大于弊"还是"弊大于利"？

第九章　自我介绍

在日常工作生活中，互不相识的人见面总免不了要作自我介绍。从某种意义上来说，自我介绍是进入社会同他人交往的一次亮相。短短的几句话，就能影响他人对自己的第一印象，潜伏着把握一生之舵的契机，有时会给人带来意想不到的收获。

第一节　自我介绍的内容

由于交往的目的、要求不同，自我介绍内容的详略也不尽相同。当需要详细介绍时，内容应包括以下几点。

（1）姓名。要有意识、清楚地报出自己的名字，其中难写、易混的字要解释。为了让别人记住自己的名字，在介绍过程中或结束时，不妨再说一次自己的名字。这种希望对方记住的积极态度会给人留下深刻的印象。要让对方充分了解自己的名字时，最好说："我，叫作李小民"或是说："我是李小民。"在说"我……"或者"我是……"时要稍微呼吸一下，大致每字用 0.8~1 秒的时间。

（2）籍贯或出生地。中国人的同乡认同感可以使自我介绍者与在场的同乡与近邻的人产生亲切感，也可据此找到话题，活跃气氛。

（3）毕业学校和所学专业。这能使对方了解自己的文化层次，或许还能发现校友、同窗以及跟自己同一专业的人，这对进入社交领域大有好处。

（4）特长与兴趣。这能让人了解自己的个性、爱好、特长，以利于今后的交往。"嘤其鸣矣，求其友声"，兴趣相近的人，容易互相认同。

（5）职业与职务。这是为了让大家了解你的交际环境和小世界。

（6）工作单位和通讯地址。这也是为了让人了解你的交际环境和小世界。

（7）可能时要介绍经历、年龄。介绍经历可以让人更了解自己。至于年龄，要视交流环境选择介绍方式，最好能以幽默的语言带出，中国人常以自己所属的生肖来委婉表示。

以上这些内容是在需要详细介绍自己的时候必须涉及的。如果在介绍时同时递上自己的名片，或者你是刚刚走出校门的大学毕业生，那么上述（5）、（6）项就可以省略，或者有所选择地介绍。

第二节　自我介绍的注意事项

自我介绍实际上是一种自我推销，它给别人留下的是第一印象。一般来说，自我介绍时要注意以下几点。

1. 平和自信

初次交往，都想互相多了解对方，又都想被对方所了解。自我介绍时就要从容自信、大大方方、不卑不亢，多一点微笑，多一分亲善，把寻求理解、友谊的意向传递到别人的心中；切不可羞答忸怩、吞吞吐吐、左顾右盼、呆板冷漠，更不可摆样子或故弄玄虚。应该勇于向他人展示自己，树立自信，让别人产生希望与你交往的愿望。

2. 繁简得当

应视交流的需要来决定介绍的繁简。一般说来，参加聚会、演讲、为他人办事、偶尔碰面、为单位公关等，自我介绍宜简约些，只要介绍姓名和院校或者工作单位即可；而在另一些场合，如求职、恋爱、找人办事、投标、深交朋友等时，则可以介绍得细致一点。

3. 把握分寸

介绍自己要有自谦和自识，自我介绍少不了介绍"我"，但要把握好分寸。有的人自我介绍时，左一个"我"，右一个"我"，如何如何，叫人听了反感；有人把"我"的形象树立得很高大；更有甚者，一提到"我"时就洋洋得意。他们的自我介绍都不会给对方留下良好的印象。掌握分寸，关键要以平和的语气说出"我"，要目光亲切、神态自然，这样才能使人从这个"我"字感受到你自信、自立而自谦的美好形象。"夸奖的话，出于自己口中，那是多么乏味！"所以，切不可自吹自擂，一般不用"很""最""第一"一类的字眼，适当地留有余地，这样才能使对方对你产生信任感。

4. 巧言介绍

加深印象是自我介绍的目的，介绍得越巧妙，别人对你的印象就越深。这可以反映一个人的知识水平和性格修养，也可以体现一个人的口才。一个人的姓名往往有丰富的文化沉淀，或折射出凝重的史实，或反映时代的乐章，或寄寓双亲对子女的殷切厚望。因而，巧妙地介绍自己的姓名，也可以令人动情，加深别人对自己的印象。

5. 幽默生动

自我介绍中，如能运用生动活泼、风趣而又富于幽默感的语言，就能给对方留下更深刻的印象，也比较容易引起人们的好感和认同。在介绍过程中，要配以恰切的态势语，表现出亲切、坦诚的神情，避免不良的习惯动作和口头禅，从而在祥和、轻松的气氛中把信息传递给对方。

6. 独具特色

简单地自我介绍留给人的印象非常平淡，独具特色的自我介绍才能给他人留下深刻的印象。

7. 音速恰当

音速恰当即是语音清晰，语速适中。自我介绍必须让对方或在场的人听清楚，听明白。因此要发音准确，吐字清楚，声音响亮；不可含糊不清，小声嘀咕。讲话的速度应不紧不慢，缓急有度；不可连珠炮似地抢说，也不能拉长声调，拖泥带水。

第三节 如何进行自我介绍

一、介绍姓名

1. 陈述式介绍

有个叫作陈逍遥的学生向老师这样介绍自己：老师，恕我冒昧，我叫陈逍遥，耳东陈，逍遥自在的逍遥，是××大学的学生，我很想认识您，这不会浪费您太多的时间吧？

2. 幽默式介绍

一个叫作晋群的人这样介绍自己的姓名："普通"的"普"字去掉头上的两点是"晋"，我总觉得那两点该放上面，因为我太普通了，晋群、普群，普通的群众。

还有一个人说：我叫聂品，三只耳朵，三张口，就是没有三个头……

3. 典雅式介绍

有一个叫张一弛的人自我介绍说：本人姓张，弓长张，"文武之道，一张一弛"，我的名字就是句中的"一弛"。

一个叫章一池的人自我介绍说：我姓立早章，"风乍起，吹皱一池春水"，我的名字就是这诗句中的"一池"。

4. 巧妙式介绍

在一次全国"荣事达杯"节目主持人大赛中，一个名叫潘望的主持人是这样自我介绍的：我叫潘望，早在孩提时代，我那只有小学文化的军人爸爸和教小学的妈妈就轮番地叮嘱我："望儿，你可是咱们家的希望啊！"为了不辱使命，肩负着重托，我脚踏实地、一步一个脚印地走来，直到今天，走到这个国家级的最高赛场。但愿老师们能给我这只盼望飞翔的鸟儿插上奋飞的翅膀。

〰〰 二、在班集体中的自我介绍

我

胡敏霞

1975年11月的一天晚上，我出生在湖南岳阳的一个知识分子家庭。听家里人说，我一出娘胎便哇里哇啦地哭个不停。也许由此注定我长大后爱说笑，急性子。我属兔，有着蹦蹦跳跳好动的秉性。从小喜欢和弟弟等一些小男孩玩耍，学到了不少"男子汉"气概。作为大人们眼中"乖乖女"的我，就这样生活在优越环境中，受到宠爱，好强，受不了半点委屈。

小时候的我，常喜欢与弟弟搞恶作剧，害得家里人拿我没法子。爸妈常说，一个女孩子家，这么调皮，不得了。每逢暑假，爸妈总要送我们姐弟俩去乡下爷爷家，和爷爷一起去钓鱼，说是培养我的耐性。可结果呢？我在河边拿根钓竿装模作样，叽叽喳喳地说个不停。弄得爷爷和弟弟再也不带我去钓鱼了，说吵跑了鱼。没办法，我回到了爸妈身边。爸爸是梅县人，常骄傲地说："梅县是足球之乡。"他与姐姐一谈起足球赛事就眉飞色舞地说个不停。我呢？一无所知，坐冷板凳。不行，我也要懂。于是，我从此专看足球赛，一坐一两个小时。这样心静了，又长了知识，倒是一举两得。由此，我也迷上了各种各样的球赛。

我叫胡敏霞，大家都已知道，可是关于这个名字的来历是无人知晓的。子女随父姓，仿佛是天经地义的事。可我例外，随母姓，父母还给我一个好听的名字"胡敏"。大概是我太爱吵，要我遵循古训"敏于事而慎于言"吧！可上学时，凑巧得很，班上有一男生也叫胡敏。他比我大，于是"大胡敏""小胡敏"就叫开了。长大升学了，机缘巧合，我俩又是同班，于是"男胡敏""女胡敏"又传开了，还有一些风言风语怪难听的。我受了莫大的委屈似的，哭了，于是自己改名"胡扬敏"。这下惨了，"胡敏要扬名了。"急中生智，便又改为现在的"胡敏霞"了。至于为什么给自己取一个"霞"字，这可是个秘密。

我嘛，从小在湖南长大，湖南人的热情、质朴、爽直、好帮助人的美德培育了我。长这么大，天南地北，名胜古迹倒领略了不少，增长了不少见识。与同龄人、大人们聊天，总有说不完的话儿……

这，就是我，希望和大家交个朋友。

【评析】

这篇自我介绍突出了自己的个性，给人留下了鲜明的印象。语言生动活泼，体现了口头语体的特点。在类似的交流环境中，例如同学间互相了解和初次上讲台演讲时，本例值得借鉴。

三、新职员的自我介绍

(一)

经理、各位同事：

我叫单知愚。单，写成字是单双的单；知是知道的知；愚是愚笨的愚。合起来念是尚(单)能知道自己之愚的意思。我原在内地省份的一家公司工作。俗话说："水往低处流，人往高处走。"我向往沿海改革开放的环境，希望能到特区的企业工作，这是内地很多与我同龄的人的想法。所以，就到这里的人才交流中心注册登记，又十分高兴地接受了公司的聘用，并很荣幸地被安排到财会部工作。今天，与各位师傅、师兄师姐见面，请大家收下我这个徒弟、接纳我这个同事。我虽然念过几年大专，但书上读来的知识在实践中就觉得浅；也做过几年会计，但前几年计划经济下的管理工作与这里的市场经济大不一样，我新来乍到，观念要转变、工作方法要跟上、环境要适应，只有一个办法，就是虚心向各位学习，努力在实践中学习，真心实意地向大家求教！

我出生在一个知识分子家庭，有自己待人处事的原则，知道把文明礼貌放在第一位，但生活中往往有点呆气。我很想成为大家的朋友，生活中未曾注意到的缺点、毛病，也盼望能够得到大家的指正，这也是我的真心话。

我想我会很快成为财务部这个家族中的一员，请大家相信我，给我信心。我是小弟弟，大家有什么事用得着我的，尽管吩咐，我会尽犬马之劳。以后，请大家不要忘记，我叫单知愚，就是知道自己的愚，但也知道在大家的帮助下，会慢慢成长、变得聪明。

(二)

各位领导、各位同事：

我叫吴奕虹，安徽人，很高兴公司能聘用我，要我从事化妆品推销工作。与各位师兄师姐相比，我有很多不足的地方。比如说，没有经验，也谈不上有口才，商品知识也知道得不多，但在公司领导和各位同事的指点下，我会努力学习，尽快去掌握。我很喜欢我们公司安排推销的这些化妆品，进公司之前就一直在使用。江南出美女，我是安徽人，也能沾上点边吧！虽然我长得不漂亮，但好用的化妆品能提升肌肤状态和整体美感，这时我就可以向顾客津津乐道公司这些化妆品的优点了。

我文化程度不高，大专三年虽然学了些营销常识，但要适应市场需求的变化，要在工作中运用，还得下功夫从头学起。在家里我是姐姐，从小帮爸妈带小弟弟，所以也就养成了爱劳动也会劳动的习惯；我从小爱唱歌，爱蹦蹦跳跳，大家有什么要我帮忙的，我一定尽力。

谢谢大家，请大家多多关照！

【评析】

以上是两则新参加工作的人与同事初次见面时的自我介绍。因为交流对象是每天在一起时间最多，工作、处事关系最密切，而利益又相关的各位同事，进入这样的交流环境，自我介绍就要明确，该说的要说到，不该说的不能说。这两则介绍都能针对即将从事的工作的性质和适应交流对象的心理要求来介绍自己的经历和个性，谦逊、有礼并带几分幽默，给人留下可以信赖、可以共事的良好印象。

思考练习

1. 自我介绍的注意事项是什么？
2. 请面对全班同学作一个自我介绍，要独具特色，给人留下深刻的印象。

第十章　面试口语

在现代人才市场上，通过面试招聘已经越来越成为一个必不可少的环节。面试，就是短时间内主考与应聘者之间面对面的交流。这要求应聘者有特殊的口语交流能力。应聘者在面试的过程中羞羞答答、唯唯诺诺，会被认为是无能；口若悬河、滔滔不绝，又可能被认为是目中无人、自我感觉太好；而一本正经、实话实说，则有可能被视为脑子不活或心眼太死……面试时的表现，事关"饭碗"，事关事业、前途和人生理想，的确不容轻视。有些人把面试比喻为打开命运之门的钥匙，有些人把它比作挑战。掌握面试的必备知识，对求职谋业举足轻重。

第一节　面试的种类

面试的方式多种多样，根据程序可分为初试、复试和录用面试；按面试的人数分为单个面试和集体面试。

一、初试、复试和录用面试

初试就是从众多的求职者中筛选出比较好的人选。初试一般由人事部门主持进行，考察求职者的基本情况，如学历、经历、求职意向、工作态度、身心素质及仪表风度等。根据职位要求淘汰不符合条件的求职者，初试合格的求职者可以进行复试。

复试由用人部门主管负责主持，一般考查其实际工作经历与教育背景，评价其能力潜质，从而确定求职者是否适合应聘岗位。经过初试、复试，求职者就可进入最后一轮的录用面试。

录用面试的考官由人事部门及有关用人部门、专家、主管领导担任，综合评定应聘者的成绩。录用面试要求对应聘者的全面素质进行考核，并且与求职者确认一些实际性问题，如职务、职称、工资、福利、保险等。求职者可利用此机会以合同的形式与雇方确认。面对一次又一次的面试，求职者需要极大的耐心和必胜的信念，不可急躁或畏惧困难，努力过关斩将，必将换取胜利的果实。

二、单个面试和集体面试

单个面试，顾名思义就是主考官与求职者单独面谈，这是招聘单位最常用的一种面试方法。单个面试是"一对一"的面试，可以使面试双方直接就许多问题交换意见，相互征询，也让考官从中确定对求职者的评价。

集体面试是当一个职位应聘人数过多时为了节省时间而采用的方法。一般为5～10人参加，面试时间为15～30分钟。集体面试往往要求应试者就某一问题进行广泛深入的讨论，协商解决某一问题。主考官则在一旁观察求职者的表现，并给予评价。在集体面试时，求职者要给主考官和其他应试者一个好的印象，保持头脑清醒，发挥自己的独特个性，发表观点时要条理清晰，观点明确，语言通顺流畅。

除了以上两种分类方式外，还有根据面试形式划分的餐桌面试、会议面试和问卷面试等。不管面试的分类有多少种，目的都是考查应试者的知识能力水平以及心理素质状况。为此，应试者平时要多锻炼自己的口才和应变能力，并且不断提高自身的学识水平。

需要说明的是，以上对面试所作的分类并不是严格的。现实中的面试情况千差万别，采取的形式也多种多样，绝大多数用人单位都会根据本单位的实际情况制定出适当的面试方案。以不变应万变的最好方式，是加强自身的"修炼"，内涵是一切的基础。

第二节　面试的过程

单个面试一般分为三个阶段，即起始阶段、实质阶段和尾声阶段。

1. 起始阶段

最初印象对面试的过程和结果起着十分重要的作用。考官主要是考查评价你是否具备了作为一个"社会人"的基本素质。如果你给人留下的最初印象不好，那么改变这种印象是很困难的。以下几点值得借鉴：

首先，在面试之前，要检查一下自己的装束，理清一下头绪，平静一下心情，然后轻叩两下房门，得到考官的应允后方可入室。

其次，入室后，将房门轻轻带上，然后微笑地、热情地同面试的人打招呼。假如考官主动伸出手来，就报以亲切而温和的握手，切忌主动去和考官握手。

再次，落座后两膝并拢，坐姿要端正，面向对方，精神饱满。切不可东张西望，不请自坐，更不要跷起二郎腿不停地抖动。

2. 实质阶段

这一阶段是对面试者基本内容的考查，主要是通过"问"和"答"来进行的，考官会从行为特征、知识水平、能力素质、心理特点等不同侧面了解应试者，提问的范围也比较广，因而需要掌握一些技巧才能顺利通过。

3. 尾声阶段

要特别注意对方结束面谈的暗示，在听到暗示后，应主动站起来，面带微笑，礼貌离座，说声"谢谢"再离去，给人留下好印象。

第三节　面试的要求

面试回答问题时，要求做到以下几点。

1. 沉着自信

每个求职者都有一个良好的愿望：能够拥有一份属于自己的理想的工作。但真的走上求职道路的时候，有的人不是眼高手低，让机遇从身边悄悄地溜走，就是在用人单位面前心慌意乱，语无伦次，使别人大失所望。

求职就是把自己的素质、能力等各方面的条件交给用人单位去挑选，其结果无非两种：成功与失败。而求职的成功与失败是由多种因素决定的，不仅仅是求职者单方面的原因，并且一次求职不成也并不说明自己就"无能""不行""没有本事"。这里的关键是自己的条件与对方的标准是否吻合。同一个求职者，在这里求职不成，并不等于在别处也求职不成；今天求职不成，不等于明天求职不成。即使四处碰壁，也不能说明自己就是无能之辈。只要锲而不舍、坚韧不拔，总有人会欣赏你的。有了这样的心态，就会把求职当作人生的一次普通经历，就能坦然地面对用人单位审视的目光，沉着自信地接受对方的挑选。有了这样的自信，面试的时候才会沉着应对，才能恰到好处地回答问题，才能"过五关，斩六将"，败不馁、胜不骄，把命运掌握在自己的手中。

2. 诚实坦率

不诚实是没有前途的。对于面试官的所有提问都应该如实作答。在回答问题时，不要吞吞吐吐、闪烁其词，更不要欺骗面试官。是碗说碗，是碟说碟，不要把碗说成碟。当然在保证内容基本真实的前提下，在言辞表达上作适当的润色是允许的。仍以碗、碟为例，如果你是碗而对方要的是碟，你就可以向其说明你这个碗有多么不像碗，而跟碟有多么惊人的相似。

当面试官提出的问题你实在不知道、不熟悉时，万不可不懂装懂，大放厥词。在内行人面前，任何牵强附会、自圆其说的回答都只能越发显出你知识的浅薄。所以，在确实不知道如何作答的时候，老老实实地答上一句"实在抱歉，对这个问题我了解不多，请您指教"。冲着这份坦率，面试官有可能会放你一马。

3. 扬长避短

与所应聘职业相关的特长越多，短处越少，成功的机会就越大，这是非常显而易见的道理。每个人的特长并不一定都是什么惊天动地的大本事，但也许这点小特长正是用人单位所需要的。因此把你的长处发挥得淋漓尽致，把短处带来的负面影响减至最低，学会用自己优点的光彩来掩盖缺点带来的遗憾，自然会加大胜算。

4. 不卑不亢

所谓"求职"，是指对职业的"追求"，而非"央求""恳求"。职业目标应当通过正常的途径去实现，靠自己的实力去争取。首先，不可因为害怕面试失败就失去了应该坚持的原则。在面试过程中，不可卑躬屈膝、忍气吞声；不可一脸谄媚、阿谀逢迎；不可唯唯诺诺、毫无主见；更不可错拍马屁，"擦鞋"都不得要领。要明白，用人单位需要的是人才，是能给单位创造效益的人。其次，不要恃才傲物。有些人总是自我感觉良好，自以为"老子天下第一"，在面试时总喜欢与面试官抬杠，甚至以发现和指出面试官的错误为荣，以此来显示自己的才能。上述两种做法只能使面试的成功率大大降低。不卑不亢、适时适度地表达自己的主见，才是正确、理智的做法。

5. 简洁精练

对于面试官提出的问题，回答最好简单明了、切中要害，不要长篇大论，啰啰嗦嗦答一大堆，到最后自己也不知道说了些什么。无论多复杂的问题，答案绝对不要超过三点，回答时间不要太长，除非面试官一再鼓励。面试时间有限，紧扣题目、思路清晰的回答才是最理想的。

当应试者以简洁明白的语言清晰明确地表达自己时，其老练和稳重的形象就树立起来了。开门见山、口齿清楚、表述准确，不过分讲究和刻意加工，不卖弄学问，不转弯抹角，同样具有相当大的表现力和感染力。一个满嘴"名家名言"，谈话中术语或成语满天飞的人，有时还没有那些朴实的人表达得深刻。这就是藏巧于拙、大巧若拙的面试艺术。

第四节　面试的常见问题

一、关于求职者自身的问题

1. 请作一个简单的自我介绍

可以说，这是一道"必考题"，是面试中被问到的最多的问题之一。许多面试官提问的第一个问题，就是"请谈谈你自己""请作自我介绍"。一段短短的自我介绍就是推荐自己的绝好时机，能否引起用人单位对你的"购买欲"，这段"广告"的效力起着很大的作用。那么，面试时的自我介绍应该注意哪些问题？

首先要提前准备。不要面试时才开始思考答案，这种常见的题目宜早做准备，最好抽时间写一份有说服力的个人简介，这在以后的面试中也是用得着的，只是需要在针对性上作些变化。

其次介绍的内容要适当。告诉对方你的学历、专业背景、技能、特长、经验、性格等。这些情况最好与应聘职位具有关联性，避免介绍与此无关的内容。自我介绍应与个人简历的描述相一致，切忌自相矛盾。

要避免"模仿秀"。首先，不要模仿一些所谓的面试"秘笈""宝典"中提供的模式，不要照着现成的样式依葫芦画瓢。雷同、缺乏个性与说服力的自我介绍容易在面试中出局。其次，不可照本宣科，像朗诵课文似的作自我介绍会给人以虚假的印象。在介绍自己时语言应当流畅自然，使人感觉你是如数家珍、信手拈来。

2. 你有什么优势与特长

有时候面试官问的是"优点"，有时候问的是"特长"。前者回答的范围较广，可从多个角度作答，如性格优点等，但后者一般指某方面突出的技能，如吃苦耐劳可作为优点，书法绘画可作为特长。在介绍自己的优点和特长时应当注意以下问题：

优点与特长的表述应与单位招聘要求相一致。例如，"性格活泼外向、交际广泛"对于办公室文员和档案管理员这类职位显然是不合适的；"文静、端庄"会与销售、推广人员所应具有的素质背道而驰。只有与所谋求的职位需求相一致，你的优点才能成为面试中的优点。

优点与特长的表达应建立在事实与数据的基础上，多一些客观事实，少一些主观评述。"演讲比赛一等奖"要比说一百遍"说话能力出色"更有说服力。

优点与特长重"质"不重"量"。不要唠唠叨叨说一大堆你如何如何好，把自己吹成"百项全能"，挑两三个最重要的说说就可以了。实际上，只要你在某方面的优点或特长足够强大，用人单位就会考虑把你留下。

3. 你有什么缺点或不足

不要以为用人单位傻，他们当然也知道从你嘴里撬不出什么大毛病来，因为任何人都不会乐于在面试官面前一五一十地数落自己的缺点。其实问这个问题的真正用意，是要你提出补救的办法。完整的问题应该是这样的："你有什么缺点或不足？如何补救？"但求职者往往想不到这一点，于是许多应试者作出的回答，或者是隐瞒自己的缺点，或者是说一些瑕不掩瑜的小毛病，或者是拿优点当缺点来敷衍，如"我最大的缺点就是干活太卖力，不注意休息"，谁听了都觉得别扭。正确的做法是，如果确实存在明显的缺点，应该坦诚相告，并表示你弥补缺点的决心与做法，相信这样是可以化不利为有利的。

4. 是否有相关的工作经验

面试官一般会根据简历上所描述的工作经历或实习经历进行提问。对于尚未完全跨出校门的大学毕业生来讲，工作经验实在是太缺乏了，所以回答这个问题令人头疼。许多学生在校时只知道努力学习获得好成绩，往往忽略了社会实践。如果在这方面的经历实在是一片空白，那么建议你如实作答，但回答时应强调你在专业知识和工作能力上的优势。例如："我今年刚毕业，对这项工作还没有太多的经验，但是根据我在学校里所学的知识，在我未来同事的帮助下，我相信自己能迅速进入角色。"如果在校期间参加了本专业的实习，或做过兼职，这些经历应该强调一下，因为这些就是你的优势。

不要把一些道听途说的工作说成是自己的。工作经验方面很难造假，因为当面试官问起工作细节时，你的谎言就会不攻自破。

5. 选择这个专业的原因(或者"你对本专业有什么感想?")

如果专业不对口，避免回答说你的选择并非出于自愿，而应强调你对专业的兴趣以及在学校学习时所付出的努力。最好能结合该专业的发展前景说明它对自己日后的发展有何帮助。即使专业对口，也不应该做出自己其实不喜欢所学专业之类的回答，而应说明除了本专业以外你还广泛涉猎其他方面的知识，尤其是与应聘职位相关的知识。

6. 六级是否通过(或"英语水平如何?")

随着我国与国际贸易往来增多，如今用人单位越来越重视应聘者的外语水平，尤其是英语水平。这个问题对于那些通过英语六级的学生来说是比较容易回答的，但未通过者回答起来可能就比较尴尬了。除了说明你在学习别的语言，或者说明未能通过的特殊原因，或者说明现有的英语水平就可以应付所申请的工作，似乎没有更好的答案。

7. 平常有什么业余爱好

首先不应回答"没有"，那样的话你的业余生活未免过于单调了。如果有就说出来，并尽量说明此项爱好对你未来工作的益处。如喜欢长跑说明你比较有毅力，喜欢下棋说明你有理性思维等。爱好应当是积极向上的，如琴棋书画、唱歌跳舞，同时还要迎合招聘者的胃口。举个例子，如果对一个年龄稍长的面试官说你热爱"街舞"、喜欢"泡吧"，那么这次面试也许会遭遇挫折。

8. 是否愿意到一线工作

如果你回答了"否"，那么面试就可能到此为止了。但回答"愿意"时也不要太爽脆，以免给人留下口头承诺不可信的印象，还要避免用不情愿的语气回答，如"我知道我也只能打打杂，干不了什么大活"。你可以回答"只要单位需要，我愿意接受锻炼。我相信这对我以后的发展会有帮助"一类的话，对方听了也会感到舒服。

除了以上所列的常见问题，面试中关于个人方面的常见提问还有：

❖ 能介绍一下你的家庭吗？

❖ 你学过什么相关课程？

❖ 你的大学成绩如何？

❖ 你担任过学生干部吗？组织过什么活动？

❖ 你想过创业吗？

❖ 你喜欢你的学校吗？

❖ 你怎样打发你的业余时间？

❖ 你有了烦恼怎么办？

二、关于用人单位与应聘职位的问题

1. 你怎么知道我们在招人

看似漫不经心的一问，其实内藏玄机。类似于"我听×××说的""我在××报纸上看到了你们的招聘广告""我在招聘会上碰到了你们在招人"的回答，只能给你打个及格分。对比一下这种回答："出于对此行业的兴趣，我经常登录贵公司网站浏览学习，在那里我看到了贵公司的招聘信息。我自信能胜任某职位，于是就来试一试。"相较而言，后者更能说明你主动关注用人单位，这当然比你被动接受招聘信息因而前来应聘的效果更佳。

2. 你对这个行业有什么了解

如果你所应聘的职位属于自己的专业范围，这个问题就比较容易回答。可以利用这个机会展示一下你的专业水平，谈谈该行业的兴衰成败都没有问题。但是如果对此知之甚少，那就不要外行充专家，知道多少回答多少好了。回答的内容要准确，不确定的不要说，因为面试官一般都是行家里手，说错了会闹笑话。也可以给你的回答先套上一顶保险的帽子，如"就我所知道的而言……""我所了解的情况是……"等。

3. 以前是否听说过我们单位

如果你一口回答"听说过"，那么用人单位的下一个问题肯定是"听说过什么"。如果你对该单位有所了解，应当主动作补充说明，如："当然听说过，贵公司自行研发的××产品鼎鼎大名，公司内部的人性化管理也是我非常欣赏的。"如果对该单位没有什么了解，也不要直接就回答"不，从来没有"，而应当以等待面试前所了解的信息作答，如面试开始前在用人单位看到的该企业的口号、员工的干劲、工作的氛围等。

4. 应聘本公司的原因（或"你认为适合你的工作是怎样的？"）

别张口就说"工资高""福利好""能解决户口"，即使这些是你心里所想，也不要直接说出口。在这个依然提倡付出和奉献的社会，不要让人觉得你身上有着太多的功利色彩。对于这个问题的正确回答，是要结合应聘职位，重点说明对于该工作的兴趣、渴望取得事业上的成就、该单位经营与管理的优势以及给你提供施展才华的空间等方面，尽量体现你的事业心和进取精神。

5. 你认为这个工作的职责是什么

最好不要贸然回答，有些职位的职责是很难从字面上看出来的。稳妥的回答是不要直接回答，"难得糊涂"嘛。如："我相信贵公司对每一个岗位都有严格的职责分工。对于我职责范围内的事情，我一定会努力做到最好。"

6. 你如何看待专业不对口

如果所应聘的职位与你的专业并不对口，对方极有可能问这个问题。在回答时，不要把学习了四年的专业贬得一文不值，也不要说你其实并不喜欢该专业一类的话。可以回答，大学期间也注重专业以外知识的学习，尤其是与该职位相关知识的学习；也可以说，大学教育只是素质教育与基础教育，学的是方法，修行在个人；还可以从你的专业与所应聘职位的关联性着手，说明虽然专业并不对口，但该专业对你未来的工作大有裨益。

7. 这项工作的压力比较大，你是否能承受

在不明确该项工作职责时，不要轻易回答"没问题"，否则日后有可能繁重的工作任务会让你苦不堪言。可以先问问该项工作大概的职责范围，然后再回答："年轻人是应该接受锻炼的。在我力所能及的职责范围内，我一定能把它做好。"

8. 你什么时候进入角色（或"你觉得你需要多久才能融入工作？"）

避免回答具体的时间，如"一个月""60 天"之类的回答并不十分妥当。以下回答可作参考："根据我在校期间掌握的知识，我相信在同事们的帮助下我能很快进入角色。""根据您刚才介绍的该岗位职责，我对通过贵公司的试用期充满信心。"

9. 你如何规划你的未来（或"你有什么职业发展目标？"）

"3 年内我要当上经理""两年内我要使我部门的工作业绩翻一番"，此类的豪言壮语缺乏现实的根据，太明确了也会有张狂之嫌，倒不如表达得更保险一些，如"成为一名内行的专业人士""希望能成为公司不可缺少的骨干力量之一"等。

10. 如果被录用，你什么时候可以上班

提出这个问题的招聘单位一般都是急需用人的，因此回答的时间越早越好。如果你随时都能上班，可以回答："如果您需要，现在就可以。"如果你在学校还有一些未了的事情，如非特别重要，可以把它们先放在一边以服从找工作的大局。老师们一般也会通情达理的，毕竟找工作是毕业生的头等大事。如果确实有重要的事情必须先行处理，则应向用人单位作出说明，并表示会尽快解决。

除了以上所列的问题，面试中关于用人单位和应聘职位的常见提问还有：

❖ 你对加班有什么看法？

❖ 你能出差吗？

❖ 你认为应该怎样处理生活中的情绪与工作的关系？

❖ 你希望有个怎样的领导？

❖ 你怎样对待上司的批评？

❖ 如果你与领导的意见相左，你会怎么处理？

❖ 你怎么处理与同事之间的矛盾？

❖ 你认为怎样才能做好你的工作？

❖ 如果我们给你安排一个别的职位，你会接受吗？

❖ 你觉得你能在这里待多久？

❖ 你愿意干最基础的工作吗？

❖ 你怎样对待细小和繁杂的工作？

❖ 对公司的发展你有什么建议吗？

▶▶▶ 三、其他常见问题

1. 薪酬的问题

薪酬问题可能是求职者最关心的了。当与用人单位坐在一起谈薪水时，一些没有经验的毕业生或者羞于启齿，或者不谙行情，从而使自己在薪酬谈判中处于十分被动的地位。那么，如何知道自己的"身价"？如何把自己"卖"个好价钱？一般来说应遵循以下几个原则：

（1）预先分析，心中有数。在参加面试前，应对期望薪酬有个大概的估算，以让自己在被用人单位问及的时候能心中有数，从容应对。估算的考虑因素有以下几点：第一是个人的学历和能力，学历越高、能力越强，"身价"自然也就越高；第二是社会需要，学校和专业越热门的毕业生薪酬越高，学校名气不大和冷门专业的毕业生薪酬相对较低；第三是市场行情，大多数的职位在市场中都有一个相对稳定的"价位"，这是用人单位给你"开价"的重要依据；第四是单位性质、规模和经营状况，从性质上说，国企工资水平一般较低而福利较好，外企的薪酬较高而福利较少；第五是单位规模，大单位薪酬水平一般较高，小单位薪酬水平较低；第六是经营状况，效益好的单位的薪酬水平自然较高，自不待言。

（2）首次见面不提钱。在第一次与用人单位接触的时候，如果对方不问期望月薪，也最好在这个问题上缄口不言。这个问题在应聘国企时应尤为注意。如果在见面时一上来就开门见山地问："一个月多少钱"，受中国传统观念的影响，用人单位对你的印象恐怕要大打折扣。

（3）用人单位先"出价"。薪酬问题是求职招聘双方之间最敏感、也是最重要的问题，因此在合适的时机用人单位一定会谈及。一般来说，提出薪酬的时机是在面试结束之后、录取之前，但随着现在就业的日益市场化，越来越多的单位在面试结束前就会提出这个问题。

在用人单位"出价"或问你"期望工资是多少"前，你先要沉得住气，而不要在薪酬上"猴急"。

（4）开口不要"一口价"。在回答期望薪酬时，切忌"一口价"。如："2500，少一分免谈""不能低于3000"等，这种回答会让用人单位非常不快。正确的做法是，给用人单位一个可商量的范围，如："我希望我的薪酬能在2000～2500元之间。"此外，最好还要根据企业的性质"开价"。由于国企的工资水平一般都有严格的规定，而规定不会轻易改变，即使"开价"1000元，而规定工资比你的要求高，国企也绝不会亏待你的。因此，在回答国企的这个问题时，倒不如要求低一些，以显示你乐于付出，不计报酬。而对于外企或民营企业，尤其是外企，万不可自贬身价，可把价格开高一点，以显示你的自信。即使这个价格开高了，而只要对方认为值得，财大气粗的外企也一定会再找你商量的。

2. 被要求进行提问的问题

"你有什么问题要问吗?"当面试官问及这个问题的时候，记住一定要提问，这点非常重要! 提问的好处在于，一是可以就所关心的情况进行了解，二是为了使面试的气氛更和谐。双向交流、有来有往的问答才能使谈话得以延续，而且提问还能变被动为主动。可以说，提问是面试制胜的法宝之一，用好这一"法宝"，对面试的成功大有裨益。

正确的提问方法是：根据对话的场景和个人所关心的问题进行提问，而不应拘泥于公式般机械地提问。下面列出一些问题供参考：

- ❖ 关于我的资历您还想了解哪些情况?
- ❖ 这是最后一轮面试吗?
- ❖ 请问我什么时候能知道面试结果?
- ❖ 我的这个职位主要负责哪些工作?
- ❖ 需要经常出差吗?
- ❖ 我的工作地点在总部还是在分部?
- ❖ 我能向我的前任请教吗?
- ❖ 贵单位对这一职位的期望目标是什么? 我想了解一下我的努力方向。
- ❖ 我将接受什么样的培训? 为期多久?
- ❖ 能谈一下我的发展机会吗?

3. 关于求职情况的问题

用人单位有时会问起你求职招聘的相关情况，如是否给别的单位投了简历? 参加过多少次面试? 结果如何? 如果有两家公司同时想录用你，如何选择? 对待诸如此类的问题，不要对面试官说你投出去的简历都石沉大海、杳无音信，也不要说在以前的面试中表现糟糕、技不如人。可以告诉他你投出的简历已经让你参加了多次面试，未有结果，但更愿意留在这个单位。也可以告诉他你刚刚才开始找工作，而这是你第一次参加面试……总之，问题是死的，答案是活的，根据个人情况作出不同的回答，只要适当、得体即可。

实际上，面试问题无法也不可能一一列举。各用人单位根据自己的不同情况，就所要了解的应试者素质，设计出各有特点的面试题目，求职者要想在面试中胜出，光凭以上的知识还是不够的，必须要学会随机应变。只有这样，才能在面试中突围而出，才能从容对付各种"狡猾"的面试官，才能将一个又一个的"刁难问题"逐一击破。

第五节 大学生怎样进行面试

一、大学生面试的常见问题

大学毕业生在求职过程中，在自我介绍时应更加注意做到恰当、客观。许多大学毕业生社会实践经验不足，社会阅历贫乏，在求职中往往容易夸大其词，或者话不对题。大学毕业生在介绍自己时，都会举出一些在学校的成绩来证明自己的才干。下面是一位大学生在求职面试时的自我描述：

"我出身于一般干部家庭，喜欢学习主要是受同学的影响，考入大学后曾3次被评为校优秀学生干部，四年共获得8次甲等奖学金，在全省大学生演讲比赛中获得过三等奖，发表论文3篇……"

上述的描述方式，为对方提问提供了机会，留有被对方认同的余地。同样的情况如果用下面一种方式来描述，形容词和自夸词比较多，结果可能适得其反：

"我出身于一般干部家庭，从小就喜欢学习，经常受到家长和老师的表扬，上大学后多次被评为校优秀学生干部，优秀学生干部名额很少，有时一个班才一人。在全省大学生演讲比赛中，我过五关斩六将，经过四轮竞争，全校只有我一人进入决赛，并获得了三等奖……"

一位理科毕业生到某研究所求职，他在自我介绍时这样说：

"我的父母都是搞科研的，我家虽然不太富裕，但是我家的书却可以开一个图书馆。由于在这种环境中长大，我的奖学金大多数花在了买专业书上。我只是一个普通的大学生，但搞科研时的苦和累我都理解，我从父母身上知道了科研工作的艰巨性，但这些苦和累我都能承受……"

这位毕业生从自己的父母、藏书等入手向用人单位介绍了自己父母都搞科研，这是情景认同；自己的奖学金大都用在购买书籍上，这是形象；作为普通大学生对搞科研的苦和累能够理解，并愿意尝试，这是情感认同。这样一来，就缩小了自己与用人单位的心理距离，并使对方容易认同并接受你的自我介绍。

一位出身于高干家庭的大学毕业生，到一个普通公司去面试，结果他被录取了。他是这样作自我介绍的：

"我父亲虽然是高干，但他对我的要求很严格。家中虽然有保姆，但我自己能干的活，父亲从来不让保姆替我做，而让我自己动手。由于我是在这种环境中长大的，什么事情都靠自己，也从不依赖父亲的特权。所以，到你们公司去，再大的苦，我都能吃……"

在一次招聘管理人员的面试中，一位应试者较好地回答了所有问题，主考官又提出了这样一个问题：

根据你的面试表现，你符合管理人员的条件。不过，我们招聘的管理人员名额有限，很可能委屈你当一般的工作人员，不知你意下如何？

主考人提出这个问题，可能真是因为"名额有限"，也可能是要试一试你的胸怀、你的心理状态。如果你简单回绝，说你只想当管理人员，不愿当一般工作人员，这样的应聘者是不受欢迎的。如果你直率地回答："当一般工作人员也可以"，那等于降低了自己的应聘要求，有可能在以后的工作安排和工资待遇上授人以柄。这位应聘者一番考虑后，作了这样的回答：

"我注意到了贵单位的招聘公告中讲的是招聘管理人员这一事实，我也是基于这一目的而来应聘的。当然，也许在进入管理层之前，需要做一段时间的一般工作以熟悉具体情况。不少有远见卓识的单位负责人对手下的骨干都是这样安排的。如果真是这样，说明贵公司是立足长远考虑的，我也有充分的自信不会在一般工作岗位上干很久。"

很明显，这样的回答是得体的，既不会给自己的今后入职造成被动局面，也为以后的发展作了铺垫，同时还给对方留下一个好的印象。说明这位求职者沉着自信，具有良好的心理素质，对这次求职有着充分的心理准备。

面试口语要把握一定的"度"，如讲话的速度、音调的高度、感情的温度，以及表情、手势、姿态的风度等。讲话时语速不可太快也不要太慢，声音要不高不低，要体现热情但不要过于激动或冲动，动作势态和表情手势要优雅大方、彬彬有礼、举止有度，让人感到沉着自信，不温不火。

有两名刚毕业的大学生到同一家公司应聘。从外表来看，甲西装革履，颇有风度，乙相貌平平，穿着朴素。按理说来甲在面试中应占有优势。但结果是乙被录取了。原来，甲自恃自己口才好，不等主考官说完便滔滔不绝地发表意见，中间不让人插话，似乎着意想让别人觉得他才华横溢，见解不凡。而乙在面试中平静而又十分得体地叙述了自己的见解和想法。主考官说，他从乙的叙述中，看到了他礼貌、自信和稳重的品质，看到了他潜在的创造力。而甲语速过快，给人的感觉有些轻浮，不扎实，工作中可能会缺乏实干精神。

这里，主考官对两位求职者的判断是否准确尚且不论，但甲的失败与他过强的表现欲无疑是有关系的。他没有把握好交谈的"温度"，摆出一副"普天之下舍我其谁"的架势，这样的人锋芒太露，容易被视为好高骛远、盛气凌人、志大才疏。相比之下，乙的叙述不温不火，语调平稳，口气温和，沉着自信，当然就容易赢得主考官的好感了。

一位女大学毕业生去一家公司应聘市场营销员，下面是她与考官的一段对话：

考官："你学的是经济管理，不符合我们的需要。"

女生："（拿出自己的自荐表）您看，我们也学了市场营销这门课，我学得还挺不错的！如果我进了公司，对外可以从事市场营销，在内可以协助管理，可以为公司多做些工作。"

考官："不过，我们希望招一位男生。"

女生："当然，女生比起男生来，跑营销是困难多一些。但是，从另一个角度来看，女生又有男生不具备的优势，比如，各公司的经理多是男士，我们去联系业务，说不定成功率更高"！

考官："（笑）你的机灵劲倒适合这份工作。"

面试时自信是成功的基石。要取得面试的成功，应聘者必须树立必胜的信心，充分相信自己的实力，理直气壮地介绍自己，寻找展示自己特长、优势的机会，学会扬长避短。上述女生就是这样做的，所以她取得了成功。

◈◈◈ 二、应聘面试实例

一位农学专业毕业生来到一座沿海城市，看到某某市经济广播电台招聘采编人员的消息，便登门应聘。

电台接待人员（不大热情地）说："对不起，报名已经截止了。"

应聘者："今天不是报名的最后一天吗？"

接待人员："虽然报名截止时间未到，但报名人数已经大大超过预期计划，所以不再接受应聘材料了。"

应聘者："请问，你们决定录取人选没有？"

接待人员："那倒没有，还要考试呢。"

应聘者："只要还没有决定人选，我就有希望。请收下我的自荐材料吧，说不定老总认为我正是合适的人选哩！"

接待人员："你这么有信心？好，就把自荐材料放下吧！"

（面试时，考官——电台主编翻阅着材料，略带疑惑地望着这位同学）

考官："农业大学？农学专业？我还是第一次遇到。来我们电台应聘的可都是名牌大学新闻专业、中文专业的毕业生啊！"

应聘者："虽然在专业学习上我缺少优势，但我在学校一直担任广播站记者和播音员。在省级报纸、校报上发表过多篇新闻报道；在学校和省高等学校举办的演讲赛和辩论赛上都获得过奖项；材料上都有证明。"

考官："呵，还是最佳辩手、优秀学生干部，条件是不错……只是，我们不需要农学专业的呀！"

应聘者："（几天来求职所遇到的委屈，一起涌上心头）可是，经济广播电台搞经济，不能扔下农民这一大片听众吧！朱镕基总理说过'谁掌握了农民的心理，谁就掌握了市场。'要说到针对农民听众的心理，在几十位应聘者中，我最有优势。大学四年，我熟悉农村、农民和农业，对农村社会进步、农业经济发展和农民所思所想都比较了解，让我来做农村这一广阔天地的采编工作，应该是'适得其所'的！"

考官："你说得有道理。不过，面对强劲的竞争对手，失败是常有的事，这么远跑来，是否会觉得冤枉？"

应聘者："不！能有机会见到您，见到几十位翩翩才子聚集在这里，我感到××市经济广播电台真好！我相信您的慧眼，优秀的不会从您手上轻易放过，不优秀的败在强有力的对手阵前也没有什么可后悔的。同时，我对自己的实力有信心。"

考官："我很欣赏你的自信，预祝你成功！"

应聘者："非常感谢!"

（经过严格的笔试与复试，这位同学从几十位应聘者中脱颖而出，成为该电台第一个农业专业毕业的工作人员。）

上述这位同学在几乎被拒绝于门外，面试时又明显处于劣势的形势下，面对接待人员的冷淡、考官的排斥、竞争者的压力，他凭着自信、善答(弹性回答)、巧答和自己的真才实学最终脱颖而出。

思考练习

几位同学轮流担任面试官、应聘者，模拟面试场景，进行面试口语训练。

第三部分　应用写作

第十一章 通用应用文

　　随着社会经济的蓬勃发展和信息时代的高速变化，作为信息载体的应用文，也越来越受到人们的重视。随着社会交往的丰富多彩、社会分工的复杂精细和技术的日新月异，应用文的使用频率越来越高，这也就要求人们掌握与之相适应的多种应用文的写作。对于综合实用型人才来说，应用文的写作能力是一项重要的基本技能，必须认真学习、熟练掌握。

　　应用文是机关团体、企事业单位或者个人在日常工作、学习和生活中为办理公私事务而经常使用的、具有实用价值和一定惯用格式的文字信息载体。它是人们传递信息、沟通关系、处理公务及日常事务的重要手段，是使用最广泛、最频繁的一种书面交际工具。

　　了解和掌握各类应用文的格式结构、语言风格等方面的特点和规律，使应用文的写作更加规范化、科学化，以充分发挥其社会作用。应用文的使用范围很广，种类很多，而且还在不断发展，因此，对应用文范围的界定和分类，一直众说纷纭，很难有一个统一的标准。本书主要从应用文的使用范围出发，把应用文分为通用应用文和专业应用文两大类。

　　通用应用文主要是指使用范围没有专业限制，所有单位或者个人在日常工作、学习和生活中都可能会用到的一些应用文文种，包括公文类和事务类两个类别。本书主要从这两类应用文当中选择了一些较为常见的文种进行学习。

第一节 公文概述

一、公文的性质和特点

1. 公文的性质

　　公文即公务文书，它是党政机关、社会团体和企事业单位在处理公务时，按照法定的职权范围、特定的体式，经过一定的处理程序形成和使用的文字材料。中共中央办公厅、国务院办公厅 2012 年 4 月 16 日联合印发的《党政机关公文处理工作条例》中指出："党政机关公文是党政机关实施领导、履行职能、处理公务的具有特定效力和规范体式的文书，是传达贯彻党和国家的方针政策，公布法规和规章，指导、布置和商洽工作，请示和答复问题，报告、通报和交流情况等的重要工具。"

2. 公文的特点

我国公文有统一性的特点，它的格式、种类、行文规则、办理等都是全国统一的，一般按照中共中央办公厅、国务院办公厅印发的《党政机关公文格式》GB/T 9704—2012 执行。

（1）内容和程序的合法性。公文的具体内容和制定程序必须符合法律和有关规章的规定，否则无效。

（2）形式和格式上的规范性。

（3）公文语体的简明性，观点严谨、鲜明，文字朴实、庄重。

（4）对机关工作的依赖性。机关工作是公文形成的基础，公文是机关工作的专用工具。

公文除了文字文书之外，还有电信文书（电报、电话记录）、声像文书（录音、录像）、图形文书（以图表为主，伴以简要文字说明）。

随着电子计算机的广泛使用，机关开始运用各种办公自动化工具，而且还利用计算机组成机关管理自动化系统。电子计算机集数据、文字、图像和声音、视频处理于一体，使办公进入一个快速、准确的崭新阶段。

二、公文的种类

《党政机关公文处理工作条例》中，规定党政机关公文的种类分为 15 种，即决议、决定、命令、公报、公告、通告、意见、通知、通报、报告、请示、批复、议案、函、纪要。

（1）决议适用于会议讨论通过的重大决策事项。

（2）决定适用于对重要事项作出决策和部署、奖惩有关单位和人员、变更或者撤销下级机关不适当的决定事项。

（3）命令适用于公布行政法规和规章、宣布施行重大强制性措施、批准授予和晋升衔级、嘉奖有关单位和人员。

（4）公报适用于公布重要决定或者重大事项。

（5）公告适用于向国内外宣布重要事项或者法定事项。

（6）通告适用于在一定范围内公布应当遵守或者周知的事项。

（7）意见适用于对重要问题提出见解和处理办法。

（8）通知适用于发布、传达要求下级机关执行和有关单位周知或者执行的事项，批转、转发公文。

（9）通报适用于表彰先进、批评错误、传达重要精神和告知重要情况。

（10）报告适用于向上级机关汇报工作、反映情况，回复上级机关的询问。

（11）请示适用于向上级机关请求指示、批准。

（12）批复适用于答复下级机关请示事项。

（13）议案适用于各级人民政府按照法律程序向同级人民代表大会或者人民代表大会

常务委员会提请审议事项。

（14）函适用于不相隶属机关之间商洽工作、询问和答复问题、请求批准和答复审批事项。

（15）纪要适用于记载会议主要情况和议定事项。

上述 15 种公文，从不同的角度可以这样分类：

（1）按行文方向划分，可分为上行公文、平行公文、下行公文三类。

上行公文是指下级机关（单位）向它所属的上级领导机关（单位）所发送的公文，如请示、报告等。

平行公文是指平行机关（单位）或者不相隶属的机关（单位）之间，为协商或通知有关事项而制发的公文，如函等。

下行公文指上级机关、单位发往所属的下级机关、单位的公文，如决定、命令、通知、公告、通告、通报、批复等。

公文的上行、平行、下行有时有交叉现象。如公函主要用于平行机关或不相隶属的机关之间，但有时也用于上级机关对下级机关的联系。而这种交叉也并不影响公文的基本分类。

（2）按承担的职能划分，可分为联系性公文、知照性公文、报请性公文、提议性公文、指挥性公文、规范性公文、实录性公文等七类。

联系性公文是用于各部门之间联系工作的公文，如函。

知照性公文是向有关对象通知、关照某些事项、情况、规定或要求的公文，如通知、通报、公告、通告等。

报请性公文是向上级机关汇报情况或请示问题的公文，如请示、报告。

提议性公文是向有关机关提出问题或建议的公文，如议案。

指挥性公文是上级机关表明决策意图，以指挥下属机关和有关人员行动的公文，如命令（令）、决定、批复等。

规范性公文是指对有关问题作出明确规定，以规范人们行动的公文，如通知、公告、通告等。

实录性公文是以对实际情况的记录为基础所形成的公文，如纪要。

按处理时间划分，公文还可分为特急公文、急办公文和常规公文三种，可分别称为特急件、急件、平件。按机密程度划分，公文也可分为绝密公文、机密公文、秘密公文和普通公文四类。

〰 三、公文的格式

公文一般由份号、密级和保密期限、紧急程度、发文机关标志、发文字号、签发人、标题、主送机关、正文、附件说明、发文机关署名、成文日期、印章、附注、附件、抄送机关、印发机关和印发日期、页码等组成。

（1）份号：公文印制份数的顺序号。涉密公文应当标注份号。

（2）密级和保密期限：公文的秘密等级和保密的期限。涉密公文应当根据涉密程度分别标注"绝密""机密""秘密"和保密期限。

（3）紧急程度：公文送达和办理的时限要求。根据紧急程度，紧急公文应当分别标注"特急""加急"，电报应当分别标注"特提""特急""加急""平急"。

（4）发文机关标志：由发文机关全称或者规范化简称加"文件"二字组成，也可以直接使用发文机关全称或者规范化简称。联合行文时，发文机关标志可以并用联合发文机关名称，也可以单独用主办机关名称。

（5）发文字号：由发文机关代字、年份、发文顺序号组成。联合行文时，使用主办机关的发文字号。

（6）签发人：上行文应当标注签发人姓名。

（7）标题：由发文机关名称、事由和文种组成。

（8）主送机关：公文的主要受理机关，应当使用机关全称、规范化简称或者同类型机关统称。

（9）正文：公文的主体，用来表述公文的内容。

（10）附件说明：公文附件的顺序号和名称。

（11）发文机关署名：署发文机关全称或者规范化简称。

（12）成文日期：署会议通过或者发文机关负责人签发的日期。联合行文时，署最后签发机关负责人签发的日期。

（13）印章：公文中有发文机关署名的，应当加盖发文机关印章，并与署名机关相符。有特定发文机关标志的普发性公文和电报可以不加盖印章。

（14）附注：公文印发传达范围等需要说明的事项。

（15）附件：公文正文的说明、补充或者参考资料。

（16）抄送机关：除主送机关外需要执行或者知晓公文内容的其他机关，应当使用机关全称、规范化简称或者同类型机关统称。

（17）印发机关和印发日期：公文的送印机关和送印日期。

（18）页码：公文页数顺序号。

四、公文的写作要求

公文的撰写要求较之其他文章有许多共同之处，如主题突出，观点与材料统一，文字准确、鲜明、生动等，但由于公文的性质、特点、作用不同于一般文章，所以它的撰写又有其特殊性，概括起来有以下几点。

1. 依法成文

党和国家的方针、政策、法律、法令及有关规定，体现了全国人民的根本利益，是撰写公文的依据。《党政机关公文处理工作条例》中明确指出，公文起草应当做到"符合党的理论和路线方针政策、国家法律法规，完整准确体现发文机关意图，并同现行有关公文相衔接"，这就充分说明公文是依法成文的。公文拟制者必须认真学习政治理论，学习和研究党和国家的方针政策，不断提高理论水平和政策水平，以此来指导公文写作。

2. 实事求是

公文是用来办理公务的应用文，撰写公文必须从客观实际出发，坚持实事求是的原则。公文中的事例要真实可靠，数据要确凿无误，结论要符合客观实际，措施要切实可行。公文起草者应深入实际，调查研究，掌握新情况，分析新问题，提出新观点，解决新矛盾；要老老实实，不欺上瞒下，不夸大，不缩小，发扬实事求是、认真负责的工作作风；同时，还要熟悉本职业务，学习有关知识，避免说外行话；在撰写时，要善于把党和政府的指示精神同本部门、本单位的实际情况结合起来，提出切合本部门、本单位实际的具体意见、措施和办法，实事求是地处理问题，踏踏实实地推动工作。

3. 格式要符合规定

具有特定的格式是公文的一个重要特点。公文之所以特别强调格式，一是约定俗成的习惯；二是内容的需要，为了维护公文的严肃性和权威性。同时，公文的格式也是发文与收文机关之间各种不同关系的反映。例如，请示只能是下级对上级；通知只能是上级对下级或不相隶属的机关。所以，公文的写作必须严格遵守规定的格式。

4. 语言简明得体

公文贵短，要惜墨如金。简明得体是公文对文字表达的基本要求。简明，就是简练明确；得体，就是表述要恰如其分，要符合公文体式的规范。公文的语言要庄重严肃、朴实无华、简明扼要，不宜使用文艺作品式的描写、抒情等表达方法，也不宜使用双关、反复、拟人、夸张等修辞手段，以及滥用形容词，乱用文言词语等；同时，要长话短说、真事实说、深理浅说、套话不说。公文的措辞要准确地反映客观实际，做到文如其事，恰如其分。比如，一项工作只完成了一部分，就不能说"基本完成"。一些含糊不清的词不应使用，如"估计如何如何""猜想怎样怎样""据说什么什么"等；一些表意不确定的词也须少用，如"大约""也许""似乎"等。

5. 符合保密要求

拟写公文时，对于秘密材料的使用，一定要审慎。凡拟写具有秘密内容的公文时，必须严格按照保密规定，划定并标明秘密等级，以便按保密程序印制封发。

此外，公文写作还要注意同现行有关公文相衔接，要完整、准确地体现发文机关的意图等。总之，公文写作一定要做到以下几点：准确得体，不讲歪话；实事求是，不讲假话；朴实无华，不讲大话；言之有物，不讲空话；鲜明生动，不讲套话；完整实用，不说废话；

通俗易懂，不说涩话。

五、公文的语言及其专门用语

1. 公文的语言

公文写作在语言及其表达方式上有其特殊的要求，从而形成了其独特的语言风格。公文的表达方式以记叙为主，也包括议论、说明等，其语言要求为用词准确贴切、句式简练严谨、保留固定的惯用语。

（1）用词准确贴切。用词准确贴切，是对公文语言最基本的要求。公文写作要以规范的书面语言为基础，避免使用口语、方言、俗语俚词等。词语的概念要清晰，概括性强，词义准确，尽量少用华丽的辞藻，少用或不用描述性、比喻性词语。

（2）句式简练严谨。简练是指用简洁的语言把意思表达明白；严谨是指语句紧凑，意思表达确切严密。除了在造句时应避免句子残缺不全、句式杂糅外，还须避免语句重复啰嗦、句子冗长。为避免出现以上情况，应该尽量少用长句，多用短句。

（3）保留固定的惯用语。公文中适当运用惯用语，可以使公文简洁明了，严谨平实，言简意赅，庄重性更加突出。比如，常用的敬语有请、承蒙、敬请等；强调性用语有应当、需要等；协商性用语有妥否、可否等。

2. 公文的专门用语

公文的专门用语词形特定、词义精确、用途稳定。正确使用公文专门用语，可以提高制发和处理公文的质量和效率。这些专门用语主要有以下十种。

1）称谓用语

第一人称：我（我们）、本。

第二人称：你（您、你们）、贵。

第三人称：他（他们）、该。

陛下、殿下、阁下、先生、小姐、夫人等称谓，一般在公文中只用于称呼外籍人士。

2）经办用语

经办用语是说明工作处理过程的已然时态，表明处理时间及经过情况的用语。常用的经办用语有经、业经、兹经，如"经召集有关部门研究……""×条例业经国务院批准……""关于××问题，兹经调查……"等。

3）引叙用语

引叙用语是引叙来文时的用语。常用的引叙用语有"前接、近接、悉、欣悉、惊悉、谨悉、电悉"等，如"你局×年×月×日×字×号请示悉"。

4）领叙用语

领叙用语是指引导文件直接叙述依据、事实或主张的词语。它可以使语言表达直截了当、开门见山。常用的领叙用语有根据、遵照、依照、按照、本着等。

5）承接用语

承接用语是承接上文转入下文的关联词语。承接用语大都用于公文从对事实的介绍转为作者主张的阐发或概括。常用的承接用语有为此、据此、故此、综上所述、总而言之、由此可见等。

6）期请用语

期请用语是表示期望、请求的用语。它将作者的要求和愿望以有礼貌的方式表达出来。除法规性文件以外，大多数文件都使用这种词语。常用的期请用语有请、敬请、恳请、务请、希、敬希、希望等。

7）表态用语

表态用语是表示态度的用语。要根据表态程度的不同，应在用语时掌握分寸。常用的表态用语有照办、可行、不可行、同意、不同意、拟同意、原则同意、原则批准等。以上用语在上级对下级时均可使用，而下级对上级时一般不使用"可行""不可行"。

8）征询用语

征询用语是表示征求、询问对有关事项的意见和态度的用语，常用的有当否、妥否、是否妥当、是否可行、意见如何等。

9）期复用语

期复用语是表示期望对方回答的用语，常用的有请指示、请回复、请审批、请予决定等。

10）结尾用语

结尾用语是置于文件正文之后表示正文结束的用语，其主要功能是防止有人在正文中添加字句伪造文件。公文的结尾用语往往根据文种的不同而各异。如：

命令（令）的结尾用语是"此令""毋违"等。

通报的结尾用语是"特此通报""特予通报""特通报"等。

批示的结尾用语是"特此批复""此复""望……执行"等。

决定的结尾用语是"特此决定""自……日起施行"等。

公告、布告、通告的结尾用语是"特予公告""特此公告""此布""特此布告""特此布告周知""自……日起实行"等。

请示的结尾用语是"当否，请批复""请审核批示""请即批复""请审批""请见批复"等。

报告的结尾用语是"特此报告""此报告，如有不当请指正"等。

函的结尾用语是"特此函告""特此函复""此复""请即见复为盼""请即见复为感""为荷""是荷""谨致热忱""切盼"等。

第二节　常用公文写作

一般机关单位常用公文主要有通知、通报、报告、请示、批复、函和纪要。

一、通知

1. 通知的含义

通知是本级机关向下级机关传达批示、布置工作或周知事项，发布行政法规和规章，批转下级机关公文，以及转发上级、同级或不相隶属机关公文时所使用的一种公文。

2. 通知的特点

1）使用频率高

通知的使用范围广泛，适用于各级行政机关，不受发文机关级别的限制。通知的内容涉及面广，既可以是重要的政策措施，也可以是具体的工作事项；既可以指示工作、发布规章，又可以用来批转下级机关公文或者转发上级或不相隶属机关的公文。通知是使用频率最高的下行文，约占各级行政机关下行文总数的一半以上。

2）既有指令性，又有知照性

通知可以对当前的重要工作进行指导，要求下级机关认真贯彻执行，具有一定的指令性。通知也可以只传达具体的事项，而不需要下级机关执行，即具有知照性。

3）时效性强

通知的时效性强表现在通知的内容是要求下级机关立即办理、执行或周知的事项。

4）发布形式灵活

通知发布的形式灵活多样，可以用文件形式印发，也可以通过新闻媒介传达。

3. 通知的种类

根据内容和性质的不同，通知可分为五类。

（1）发布性通知：主要用于向下级机关单位发布行政法规、制度、办法、措施等文件，且不宜用"命令"来行文时用的。

（2）指示性通知：用于就某项工作对下级机关有所指示和安排，或要求下级机关办理或周知有关事宜。

（3）批示性通知：用于批转下级机关单位的文件，和转发上级机关单位、同级机关单位或不相隶属机关单位发来的公文，包括批转性通知和转发性通知两类。

（4）任免通知：用于任免干部。

（5）会议通知：用于告知有关机关或个人出席会议。

4. 通知的结构与写法

通知由标题、主送机关、正文、落款四个部分组成。

1）标题

通知的标题有两种写法：一种是"三要素"齐全，由"发文机关""事由"和"通知"组成。如《上海市人民政府关于印发上海市事业单位聘用合同办法的通知》《国务院批转城乡建设环境保护部〈关于扩大城市公有住宅补贴试点的报告〉的通知》；另一种是省掉发文机关名称，只有"发文事由"和"通知"两个部分，如《关于××会议的通知》。当通知的事项十分重要或紧急时，可以在标题的文种"通知"前加上"重要"或"紧急"的字样，如《××省人民政府关于做好防汛工作的紧急通知》。

2）主送机关

通知的主送机关有两种写法：一种是将几个主送机关名称全部写上，主送机关名称应写全称或规范性的简称；另一种属于公开发布的普发性通知，如指示性通知、告晓性通知等，则不写主送机关。

3）正文

通知的正文因内容不同而写法各异，一般由通知缘由、通知事项、执行要求等要素构成。下面根据种类分别介绍。

（1）发布性通知。

发布性通知一般由文件的由来、文件名称、发布文件的作用和意义、提出希望和要求几部分组成。内容简单的可用篇段合一结构，写法为"《××××》（行政法规、制度、办法名称）已由××××年×月×日××××会议讨论通过（或'已经××××批准'），现发（下发、印发）给你们，望贯彻执行。"结尾惯用语还有"希望贯彻执行""希望参照执行""请遵照执行"等。

（2）指示性通知。

指示性通知一般由通知的缘由和根据、通知事项和执行要求三部分组成。

通知的缘由和根据说明为什么要做某件事，或简要分析形势，肯定工作中的成绩、指出存在的问题、点明发通知的指导思想。常用"现将有关事项通知如下""现作如下通知"或"特通知如下"等引出通知事项。

通知事项交代指示的具体意见。一般根据内容分门别类，采用分条列项的方法，具体地提出要求，说明如何办理，达到什么样的目的等。如果内容简单专一，则可篇段合一。

执行要求指对如何执行本通知提出的希望和要求，这部分内容也可以没有。

（3）批示性通知。

批示性通知一般应写明批转、转发的文件名称，对文件作出简要评价，说明批转或转发的缘由和目的，提出希望和要求；有的在提出希望和要求时，还要结合本地区、本部门的实际情况提出具体的指示性意见或提出具体的执行办法。

批转通知是指先批，后转，再提要求。其常用写法为"××××（上级机关）同意×××
×（下级机关）《关于××××的报告（请示）》，现转发给你们，请认真贯彻执行"。

转发通知是指只转，不批。其常用写法为"现将×××（被转发文机关字号）《关于××
××的报告（或其他文种）转发给你们，请认真贯彻执行"。

对被批转或转发文件的评语有"同意""原则同意""很好""很重要"等，对下级提出希望
和要求的用语有"参考""参照执行""研究执行""遵照办理""认真贯彻执行"等，应根据每一
个文件的具体情况，恰当使用。

（4）任免通知。

任免通知的正文应交代清楚任免（任命）原因、经何时何种会议研究决定、任免（任命）
人员的具体职务、到任时间。如任免（任命）人员在两个以上，则应分段排列。

（5）会议通知。

会议通知一般由前言、通知事项、落款三部分组成。前言交待召开会议的缘由（依据）、
目的和名称等，常用"现将有关事项通知如下"引出事项。前言可以省略。通知事项是指与
会的具体内容。正文的内容一般包括开会机关、会议名称、起止时间、会议地点、会议主旨
和任务、与会人员的范围和人数、报到时间和地点、与会人员必须携带的证件、材料，以及
其他有关事项与要求等。

4）落款

文尾写上发文单位和日期，如果发文单位在标题中已经存在，可以只写日期。下发或
者张贴的通知要在年月日处加盖公章。

5. 通知的写作要求

首先，依法行文。要根据本机关的行政职权，使用指示性通知或批示性通知，要掌握好
不同类型通知的行文规范。

其次，内容具体。指示性通知下达的指示或办理的事项，应具体可行；批示性通知的批
语，文字要精练、准确、深刻，对全局工作有普遍的指导意义。

最后，重点突出。要求抓住要点，按照主次，把通知事项交代清楚，突出不同类型通知
的特点和作用。

6. 例文阅读与评析

[例文 1]

南京市政府办公厅关于配合做好
在宁高校百年校庆工作的通知

各区县人民政府，市政府各委、办、局，市各直属单位：

今年，南京大学、东南大学、南京师范大学等在宁高校将举办百年校庆系列活动（以下
简称百年校庆）。为确保百年校庆活动顺利进行，圆满成功，现就做好有关配合工作通知

如下：

一、百年校庆基本情况

2002 年 5 月～10 月，由创建于 1902 年的三江师范学堂衍生出来的南京大学、东南大学、南京师范大学、河海大学、南京工业大学、南京农业大学、南京林业大学等高校将分别迎来建校和办学 100 周年。来宁参加庆祝活动的各校新老校友及各界人士预计达 8 万人左右，其中包括原中央大学的高龄校友、港澳台及定居国外的校友、诺贝尔奖获得者，两院院士和中外著名大学校长，并有党和国家领导同志出席。

为了做好百年校庆工作，省委、省政府召开了专门会议，确定了有分有合、有主有辅的原则。5 月 20 日以省委、省政府名义举行"南京大学、东南大学、南京师范大学等江苏百年高校联合庆典"活动后，各高校自行举办庆祝活动。南京大学、东南大学、南京师范大学为建校 100 周年，是百年校庆联合庆典活动的主体。河海大学、南京工业大学、南京农业大学、南京林业大学为办学 100 周年，将共同开展校庆活动。

二、充分认识百年校庆的意义

百年校庆是江苏、南京的"教育节"，是展示江苏高等教育成果的大舞台，是宣传南京的难得机遇。百年校庆规模大、层次高、嘉宾多，接待任务重，卫生、安全保障工作艰巨。省、市领导非常重视百年校庆工作，省委、省政府两次召开会议专题协调。市委、市政府主要领导亲自走访南京大学、东南大学。4 月 29 日市政府召开市长办公会专题研究。因此，做好百年校庆工作意义深远，责任重大。

三、明确工作责任，切实做好各项保障工作

百年校庆时间跨度大，任务重，涉及我市的工作非常具体。各有关部门、单位要进一步增强配合做好百年校庆工作的责任感、紧迫感，强化组织领导，明确目标责任，层层落实分解，提高组织程度、工作效率和运作能力；要周密安排，细化工作方案，主动与高校衔接，进行对口沟通协调，确保配合工作落到实处；要强化大局意识，服从统一指挥，精诚协作，坚决完成各项保障任务。

四、发扬主人翁精神，当好东道主

全市上下要高度重视百年校庆工作，把百年校庆当作南京自己的事情，积极支持，主动参与。要以主人翁的姿态，大力开展文明道德教育、市容环境整治、治安交通管理、公共场所卫生、食品卫生保障等工作，营造热烈、隆重、有序的庆典氛围。要树立机遇意识，努力在科研、教育、经济、金融等领域寻求合作，招才引商，招商引资，扩大南京的对外开放，推动全市两个文明建设再上新台阶。

南京市人民政府

××××年×月×日

【评析】

这篇通知属于指示性通知，格式符合要求、内容完整、语言准确规范。通知的正文由通知的缘由和通知事项两部分内容组成。通知的缘由这一部分是发通知的原因、依据和目的、意义。叙述缘由的语言概括，行文简洁。通知事项这一部分写明工作任务、办理方法及具体的措施和要求。

[例文2]

上海市人民政府关于印发《上海市事业单位聘用合同办法》的通知

沪府发〔2011〕4号

各区、县人民政府，市政府各委、办、局：

现将《上海市事业单位聘用合同办法》印发给你们，请遵照执行。

×××× 年 × 月 × 日

【评析】

这是一篇发布性通知，正文很简短，语言简洁，点到为止。发布性通知有两种写法：一种是用一句话写明发布规章的名称和执行要求；另一种是简要交代发布规章的依据或强调发文的重要性。本文的写法属于第一种。

[例文3]

南京市政府关于成立秦淮河环境综合整治工程指挥部的通知

各区县人民政府，市政府各委、办、局，市各直属单位：

为加强对秦淮河环境综合整治的领导，确保整治的各项工作落实到位，以水清、岸绿、景美的宜人环境迎接××××年第十届全国运动会，市政府决定成立秦淮河环境综合整治工程指挥部。指挥部成员如下：

总　指　挥：罗志军　市委副书记、市长

副总指挥：黄莉新　省水利厅厅长

副　指　挥：李福全　市委常委、副市长（常务副指挥）

　　　　　　周学柏　副市长

　　　　　　盛金隆　副市长

成　　　员：魏竹琴　市政府副秘书长

×× 市人民政府

×××× 年 × 月 × 日

【评析】

这是一篇指示性通知，它写明告知事项、背景或依据，写明事项的内容，提出要求；表达准确无误，通知中涉及的时间、地点、单位名称、人名和活动内容清楚、明确。

二、报告

1. 报告的含义

报告是上行文，是下级机关向上级机关汇报工作、反映情况时使用的一种陈述性公文。

2. 报告的特点

报告是陈述性公文，应以具体的事实和精确的数据为汇报的主要内容，表达方式主要是叙述，要直陈其事。虽然也可以论述道理，阐明自己的观点，但只点到为止。另外，报告是上行文，只能向自己的直接上级发出，包括受双重领导的单位的两个直接上级。

3. 报告的类型

报告根据其功用的不同，可以分为工作报告、情况报告、答复报告、报送报告四大类。

（1）工作报告。工作报告是将本单位的日常情况向上级机关作出的报告，内容包括目前工作的进展情况、取得的成绩和存在的问题以及今后的打算等。

（2）情况报告。情况报告是向上级机关反映工作中遇到的新问题和特殊事件的报告。

（3）答复报告。答复报告是针对上级机关的询问汇报有关情况的报告。与其他种类报告不同的是，它不是主动呈报的，而是被动报告。

（4）报送报告。报送报告是向上级机关报送文件时加在前面的报告，目的是使不能直接行文的普通公文文书（如计划、总结、调查报告等）能够以法定公文的形式上报。

4. 报告的结构与写法

报告一般由标题、主送机关、正文、落款四部分组成。

1）标题

报告标题的写法有两种：一种是由"发文机关""事由"和"文种"三部分组成，如《国家工商行政管理局关于加强工商行政管理工作的报告》；还有一种是由"事由"加"文种"两部分组成，如《关于抢救大熊猫的紧急报告》。

2）主送机关

主送机关即受文单位。报告只主送给有隶属关系的上级机关。

3）正文

正文一般由开头、主体、结语三部分组成。

（1）开头。开头说明报告缘由，交代清楚报告的目的、意义或写作背景。开头常用"现将××××（有关情况、工作等）情况报告如下"引出下文。

（2）主体。主体是报告的核心部分，一般包括主要情况、存在问题、经验教训、今后的意见和打算。不同类型的报告，内容的侧重点有所不同。工作报告分为综合报告、专题报告。综合报告包括多方面工作的进展情况、成绩、经验教训、存在问题和今后工作的意见；专题报告是汇报某一方面的工作。工作报告可采用分条列项的方法来写。情况报告的重点应放在反映情况上，通常按时间顺序安排内容，主要交代清楚事项目前的状况和采取了哪些措施。答复报告要紧扣上级的询问和要求，写清有关事项的起因、工作过程、事实根据、结果、意见和态度等。报送报告是以报告的形式，向上级呈报其他文件、物件的，俗称"文件头"，只要写清报送的文件、物件的名称、数量即可，常见的写法为"现将××××送上，请审示(查收)"。

(3)结语。结语常采用惯用语,根据类型的不同而有所差别。若只是单一的工作报告和情况报告,结语多用"特此报告";若是带有建议性的报告,常用"以上报告,如无不妥,请批转各地执行";若是答复报告,多用"专此报告";若是报送报告,用"请审阅""请收阅"等。关于方针、政策方面的报告,常用"请审查";关于财经、物资方面的报告,常用"请审核"。

4)落款

落款在正文的右下方,写上发文单位和成文日期,加盖公章。如标题中有发文机关名称,则发文单位可以不写。

5. 报告的写作要求

报告的写作要求如下:首先,正确使用文种,报告内容要求重点突出;其次,报告的内容要真实,实事求是;最后,观点鲜明,主旨和材料相统一,条理清晰,简洁深刻。

6. 例文阅读与评析

[例文1]
关于进一步加强森林防火工作的报告

国务院:

我国的森林防火工作,以××××年大兴安岭特大森林火灾为转机,进入了一个新阶段。全国森林防火综合能力明显提高,森林火灾损失大幅度下降,对保护国家森林资源,促进国民经济发展,维护生态环境,保障林区安定发挥了重要作用。在新的形势下,森林防火工作出现了一些新的情况和问题,必须认真加以解决。森林防火任务日益繁重,森林防火工作只能加强,不能削弱。国家森林防火总指挥部撤销后,地方各级人民政府要进一步负起责任,切实做好森林火灾的预防和扑救工作。林业部将做好对各地森林防火的检查、监督和协调,各有关部门要积极支持,共同做好森林防火工作。现就进一步加强森林防火工作的意见报告如下:

一、进一步认识森林防火工作的重要性、长期性、艰巨性。(略)

二、继续坚持实行森林防火工作行政领导负责制,强化森林消防监督职能。(略)

三、依靠全社会的力量,积极做好森林火灾的各项预防工作。(略)

四、进一步加强森林消防队伍建设,逐步提高专业化水平。(略)

五、不断增加投入,切实加强森林防火基础设施建设。(略)

六、进一步完善全国森林防火工作体系,做到从上到下有专人管。(略)

当前正值北方森林防火的最紧要时期,以上报告,如无不妥,请批转各地执行。

林业部
××××年×月×日

【评析】

这是一则带有建议性的工作报告,写作上符合格式要求。其正文的开头说明报告的缘由，交代清楚了报告的目的、意义；主体部分分条列项地写了建议的内容，清楚明白；结尾用了惯用语。

[例文2]

××省商业厅关于××市百货大楼重大火灾事故的报告

商业部：

2018年2月20日上午9点40分，我省××市百货大楼发生重大火灾事故，市消防队出动了15辆消防车，经过四个小时的扑救，火灾才被扑灭。这次火灾除消防队员和群众奋力抢救出部分商品外，百货大楼三层楼房一幢及余下商品全部被烧毁。时值开门营业不久，顾客不多，加上疏散及时，幸未造成人员伤亡。但此次火灾已造成直接经济损失792万余元。

经查明，此次火灾是因电焊工××违章作业，在一楼电焊铁窗架时电火花溅到易燃货品上引起的。另外，市商务局领导对上级领导机关和公安消防部门的安全防火指示执行不力，百货大楼安全制度没有落实，许多不安全隐患长期未得到解决。电焊加固铁窗期间本应停止营业。为了利润，竟一边营业一边作业，忽视了安全工作，这也是造成火灾的原因之一。

火灾发生后，省人民政府召开了紧急防火电话会议。严肃指出了××市发生火灾的严重性，批评了××市不重视安全工作的错误倾向。我厅×××副厅长带领有关人员赶到现场调查处理。市商务局领导在市委、市政府领导下，组织力量对财产进行清理。百货大楼职工在总结教训的基础上，在街道路口增设摊点，以缓和市场供应。公安机关对事故责任者××已拘留审查。市委、市政府在分清责任的基础上，对有关人员也视情节轻重，进行严肃处理：给予专管安全工作的百货大楼党委副书记、副总经理×××撤销党内外职务、开除党籍、开除公职的处分并交司法部门依法处理；撤销百货大楼党委书记、总经理××的职务；撤销百货大楼营业部经理××的职务。

这一次火灾，是我省商业系统历史上最大的一次事故，损失严重，影响很坏，教训深刻。问题虽然发生在××市，但也暴露了我省商业安全工作上还存在不少问题。有的地区安全制度没有落实，检查不认真，隐患整改不力，缺乏有针对性的防火措施。另外，我们平时深入了解不够，检查督促不严，因此，我们也有一定责任。为了吸取教训，防止类似事故再次发生，已根据我省实际情况，多次用电报、电话、传真、简报通知各地引起注意，并定于4月20日召开全省商业安全工作会议，制定下一步安全工作方案，切实把我省商业系统安全工作抓紧、抓好。

特此报告

××××年×月×日

【评析】

这是一则工作中出现了重大问题、重要情况，须报上级了解的情况报告。本报告在写法上，以案件发生后的查（对案件进行调查）、处（对当事人责任人予以纪律处分）、改（制订措施，进行整改）为顺序，将需要报告的情况有条有理地进行了叙述，清楚明白。

∿∿ 三、请示

1. 请示的含义

请示是下级机关用来向上级领导或主管部门请求对某项工作作出指示、对某项政策法规的界限给予解释或说明、对某个事项进行审核批准时所使用的呈请性上行公文。

2. 请示的特点

（1）针对性：只有本机关无权决定或无力解决而又必须解决的事项，才可使用"请示"行文。请求上级机关给予指示、决断或答复、批准，因而请示有很强的针对性。

（2）超前性：请示必须在办理事项之前行文。

（3）单一性：请示要一事一请示，且主送机关只能有一个。

（4）呈批性：请示的目的是针对某一事项取得上级机关的指示或批准，上级机关对呈报的请求事项无论是否同意，都必须给予明确的"批复"，属于双向行文。

（5）隶属性：发文单位只能按照隶属关系向直接的主管机关发文请示。

3. 请示的种类

按照内容和性质的不同，请示可分为请求指示性请示和请求批准性请示。

请求指示性请示用于上级主管部门明确规定必须请求批准才能处理的事宜；有关方针、政策的界限难以界定的问题；遇到的新情况和难以解决的问题；把握不准或无章可循的事项；情况特殊，有意见分歧，无法办理，需请示上级机关指示意见时所写的请示。

请求批准性请示用于单位职权范围内不能解决的问题，或要做某项工作而需要或缺少一定的财力、物力、人力，要请上级予以帮助时所写的请示。

4. 请示和报告的区别

报告和请示都是陈述性上行文，稍有不慎容易混淆。它们是两个不同的文种，应注意区分，不能用错，不同之处可以从以下四个方面进行区别。

1）行文目的不同

报告用于汇报、反映工作中的情况，目的是让上级机关了解下情，掌握动态，为决策和指导下级机关的工作提供依据；请示用于请求上级机关指示、批准，目的是请领导解释政策，批准事项，帮助解决困难。

2）行文时间不同

报告的行文时间多在事后，也可以在事中。报告中的内容都是已经做过或正在做的事情。而请示只能在事前行文，必须等上级机关明确表态后才能付诸行动。

3）内容的含量不同

请示的内容集中单一，一份请示只涉及一件事情，即遵循"一事一请示"的原则。报告的内容含量大于请示，综合报告自不必说，就是专题工作报告也是围绕着一个中心或情况涉及众多的材料。一般来说，报告的篇幅要长于请示。

4）文末的结束语不同

请示要求上级表示明确的态度，并以批复给予答复，故在结束语中明确提出"请指示""请批准""请批复"等要求；报告的结束语一般用"专此报告""请审阅"等。

5. 请示的结构与写法

请示一般由标题、主送机关、正文和落款四部分组成。

（1）标题。请示的标题通常要标明发文机关、事由和文种类别。有时标题中可省略发文机关，但事由和文种不宜省略。

（2）主送机关。请示的主送机关只能写有隶属关系的一个领导机关，不能多头请示，且不能越级请示。

（3）正文。请示的正文包括请示理由、请示事项和结束语三个部分。

请示理由也是引据，即写请示的理由和依据，请示的理由必须在兼顾全局的情况下充分、合理，请示的依据要注明出处。用简约的语句交代完请示理由之后，用一句过渡语，如"请示如下""请示事项如下""特请示如下"，后面加冒号，以领述请示事项。

请示事项是请示的主体，即请示内容。要将请示事项清楚、明白、具体地写出，让人一看便明白请示什么。要注意说理充分，切忌讲大道理；要陈述理由，不能发议论。可采用分条列项的方法，使表述有条理。要坚持一文一事，不能一文数事，以免延误办事。

结束语惯用的是"以上请示当否，请批示""以上请示如无不妥，请批准"；如果是请求批转的，写"以上请示如无不妥，请批转有关单位执行"。

（4）落款。在落款处写上发文机关和日期，加盖公章。有时因标题中已标明发文机关，日期可移至标题下标示。

6. 请示的写作要求

请示的写作要求如下：

（1）要一事一请示。

（2）请示只能有一个主送机关，不能多头请示。

（3）不可越级请示。

（4）要事前请示。

（5）不要把请示、报告混淆。

（6）撰写请示时，可提出两个或多个解决问题的方案，并指明倾向性意见。

（7）请示的语气要谦恭，不能用决定的口吻；表述时，应写"拟"怎么办，不能写"决定"怎么办。

7. 例文阅读与评析

[例文1]

南京市人民政府关于宁铜公路
收费站移址的请示

省人民政府：

宁铜公路是我市江宁区利用国家"贷款建路，收费还贷"政策自筹资金建设的一条收费公路。该路北起双龙街，南至禄口镇溧塘村，是连接南京与溧水、高淳乃至皖南的一条重要公路，全长 42 km，建设标准按一级公路（平原微丘区）标准控制，工程投资 2 亿元。宁铜公路收费站位于宁铜公路 7 km＋300 m 处，是根据苏政复〔1996〕51 号、苏交公〔1996〕80 号文件精神设立，于同年 12 月 6 日正式开征通行费，用于宁铜公路拓宽改造建设资金还贷。

通行费开征头两年，征费情况比较好，年收费额达 2400 万元，最高日收费接近 10 万元。但由于江宁区道路四通八达，一些车辆千方百计绕行以逃避缴费。虽然经省政府办公厅 2007 年 9 月 22 日《情况通报》批准，江宁区于 2008 年设立了天元路堵逃点，弥补了一些损失，但宁铜公路收费站收费额仍呈直线下降趋势：与最高收费额年份 2008 年的 2414 万元相比，2009 年征收 2264 万元，下降了 6.2％；2010 年征收 1706 万元，比上年大幅下滑了 25％；2011 年只征收了 1520 万元，又比上年下降了 11％。目前，天元路堵逃点因 104 国道高庙收费站开征而撤销后，宁铜公路收费站的日收费额仅在 1.6 万元至 2 万元之间徘徊，预计年收费额最多只能达到 700 万元，还不及 1998 年收费额的 1/3。

造成宁铜公路收费站收费额大幅下降的主要原因是江宁经济技术开发区的南进西扩，区内道路纵横交错，为绕行车辆提供了方便。目前又有一条公路——佛城大道修到了收费站附近，且佛城大道接上宁铜公路只是时间问题。此路一旦打通，宁铜公路收费站将形同虚设，因此，宁铜公路收费站的移址已迫在眉睫。

为切实提高宁铜收费站的收费效益，确保道路投资的及时回收还贷，促进公路建设的良性发展，经考察论证，并征询有关专家意见，拟将宁铜公路收费站南移至 26 km＋300 m 处，并同时在青圩至铜山道路上设置一堵逃点（如附件图所示）。

特此请示，请予批复。

南京市人民政府

××××年×月×日

【评析】

这是一篇请求批准性请示，格式准确、内容完整，请示事项明确具体，简明扼要，提出的要求切实可行；没有大话、空话和套话，也不闪烁其词，明确表明了自己的态度，是一篇较为规范的请示。这种请示是下级机关遇到工作中的具体问题，请求上级机关批准自己要求时使用的一种公文。请求批准性请示的正文通常要写四个方面的内容，首先，要顶格写明送达机关；其次，分段陈述请示的理由；再次，写明请示的事项；最后，写明"以上请示妥否，请予核准"字样的具体要求。

四、函

1. 函的含义

函是不相隶属机关和平行机关之间商洽工作、询问和答复问题、请求批准和答复审批事项时使用的公文。函属于平行文。

2. 函的特点

（1）函的写法灵活简便，篇幅短小，制作程序、手续一般较为简易。函是公文中最轻型的一种文种。

（2）函没有机关单位的使用权限的限制，而且涉及的内容比较广泛。

（3）函具有公文的法定效用。

3. 函的种类

按行文方向，函可以分为致函（来函）和复函（回函）。致函是主动发出的函，有两种情况：一种是商洽工作、询问事情，需要对方主动答复的；另一种是知照对方某些事情，并不需要对方答复的。复函是对于致函的答复。

按格式，函可以分为公函和便函。公函用于内容较重要的公务，属于正式公文，公文格式完整。一般性事务多使用便函，不属于正式公文，也不需完整的公文格式，写法可与普通书信相同。

按内容，函可以分为商洽函、询问函、答复函、请批函、告知函、催办函、邀请函等。商洽函用于商量和接洽工作；询问函用于询问问题、征求意见；答复函用于答复问题；请批函用于机关请示配合，以及向有关部门请求批准。

本节主要介绍公函。

4. 函的结构与写法

函的结构包括标题、主送机关、正文和落款四个部分。

1）标题

函的标题通常由发文机关名称、发文内容和文种构成，如《×××关于联系业务的函》。属于回复问题的函，则在"函"字前加"复"字，如《关于发放职工住房公积金的复函》。

2）主送机关

主送机头即对函负责办理或答复责任的机关。除普发性的函外，一般的函都要求写明主送机关。

3）正文

函的正文通常由开头、主体、结语三部分组成。

（1）开头。在开头部分，致函要写明致函的原因、目的；复函则先要概要引述来函，说明复函的缘由，常用"你单位×年×月×日关于××来函收悉"或"你单位×字［200×］××号函悉"，再用"经研究，函复如下"引出主体。

（2）主体。主体部分要求写明商洽、询问、答复和请批的具体事项。根据函的内容和类型不同，写作的侧重点也有所不同，内容简单的可用篇段合一的结构；内容较多的可分段来写。

（3）结语。结语根据函的不同类型，写法也有区别。致函的写法常见的有"特此函告""请研究函复""盼复""以上意见，请予函复"等；复函的常见写法为"特此函复""此复"。结语也可以省略不写。

4）落款

落款部分要求在文后署名和标注成文日期，加盖公章。

5. 函的写作要求

（1）内容要单一、集中，一事一函。

（2）行文要简洁，开门见山，直陈其事。致函的事项要具体明确，复函行文的针对性要强。

（3）措辞要得体、恳切，要有礼貌，且要掌握分寸。

6. 例文阅读与评析

［例文1］

关于代培财务工作人员的商洽函

××学院：

得悉贵院将于5月举办财务工作人员培训班，我省计划委托贵单位帮助培养30名财务工作干部，所有费用由我省支付。

请尽快复函为盼。

××省财政厅
××××年×月×日

【评析】

这是一篇商洽函。商洽函主要用于与对方单位商洽或协商某项事情而制发的函。商洽公务的函，应在正文中首先写明制发函的根据或理由，即说明来函的目的，而后陈述需要商洽的具体事项，要求观点明确，意见具体，词语得体、清楚，方便对方理解与答复。在下文的结尾处可以提出"予以复函"或"予以尽快办理"的具体要求，和"上述要求，请予以答复"或"烦请尽快函复为盼""请予大力协助为盼"等习惯用语。

[例文 2]

青岛市物价局关于青岛市住房货币化分配软件系统收取直接成本费的复函

市住房委员会办公室：

你办《关于制作并发行青岛市住房货币化分配软件系统的函》已收悉。根据中共青岛市委、市政府《关于坚决制止对企事业单位乱收费、乱罚款和乱摊派有关问题的决定》（青发〔××××〕21号）的规定，经核算成本，同意你办在向有关单位发放《青岛市住房货币化分配软件系统》时，收取直接成本费，具体标准为每套60元。除此之外，不得再收取其他费用。以前按自定标准收取的费用，在扣除直接成本费后，其余部分应予以退还。

青岛市物价局
××××年×月×日

【评析】

这是一篇审批函。审批函是主管部门对来文请批的事项审批后，作出答复的函。审批函的正文由引叙来函、答复来函和复函结语构成。函的开头部分应引叙来函的标题、发文字号，然后用"经研究，现复函如下"等习惯用语过渡；答复来函部分应该对请求作出明确的答复，直接表示同意或不同意，如不能满足来函的请求，应该说明理由，以取得对方的谅解；其结尾部分的惯用语为"特此函复""特此函告，务请见谅""专此函达"等。

第三节　计　划

一、计划的含义

计划是党政机关、社会团体、企事业单位和个人为了实现某一管理目标、完成某项任务或开展某项工作而预先作出安排与部署的一种事务文书。

计划是计划类文书的统称，也是各种计划最常用的名称。这类文书由于时限不等、详略有别、成熟程度不同，因此还使用规划、设想、安排、意见、打算、方案、要点等名称。

规划是一种长远、宏大的计划，时间长，范围广，内容概括，富有鼓动性，由于时间长（一般在5年以上），情况又在不断变化，所以制订规划时不可能很具体，如《深圳信息职业技术学院六年发展规划》。

设想在时间上可以是远期的，也可以是近期的，对工作任务做粗线条、非正式的安排，还有待于进一步完善，如《××省图书馆关于人事制度改革的设想》。

安排是短期的计划，其范围较小，任务明确，内容单一，措施明确具体，适用于单项的具体工作，如《××局关于开展"三个代表"的学习安排》。

意见是一个阶段内的，一般是上级对下级，内容是粗线条的。

打算一般是近期的，内容较粗略，如《××大学关于"五四"纪念活动的打算》。

方案是对专业性比较强的单项工作进行较全面、周密、具体的布置和安排，包括目的要求、方式方法和时间安排，如《××市旧城区改造方案》《珠江大桥修建方案》。

要点是纲要性的计划，只拟出未来一段比较短时间内工作的主要内容，内容简明、概括，只是原则性的安排，如《深圳信息职业技术学院 2005 年第二季度工作要点》。

二、计划的作用

古人云："凡事预则立，不预则废。"计划具有以下作用：

1. 明确目标，提高工效

无论做什么工作，有了计划，就有了明确的目标和努力的方向。人们对全局和整个工作过程心中有数，就能减少盲目性、随意性，增强自觉性、主动性，就能充分发挥各自的作用，不走弯路，少受挫折，建立正常的工作秩序，提高工作效率。

2. 统一思想，协调行动

无数事实证明，领导作出宏观决策之后，必须有相应的计划来统一大家的思想，协调各个环节和各部门的工作，从而使大家心往一处想，劲往一处使，围绕整体目标有条不紊地运行。有些计划需要上报、下发或者外送，这样可以得到上级的支持、帮助，以及有关部门的积极配合，也可以鼓舞下属的斗志。在上下各方齐心协力的努力下，各项任务便能够如期圆满地完成。

3. 掌握进程，便于督促检查

计划制订之后，领导可按照计划合理安排和调度人力、财力、物力，可根据客观情况的变化和反馈的信息，及时对计划内容加以调整修订。计划实施之后，也是领导和上级机关检查督促下级机关、下级部门工作状况的依据和标准。

三、计划的特点

计划具有以下特点。

1. 预想性

凡是计划，都是在预测的基础上，对未来的工作任务所作的科学、合理的构想和安排。因此，制订计划时，要在正确认识和把握现实情况的基础上，尽可能做出准确的预见和合理的安排。计划中提出来的目标、任务、步骤和措施虽然依据现实情况的可行性而定，但着眼点是对下一阶段的工作进行规划和安排。计划是前进方向上的"路标"，因而预想性的成分较多。可以说，没有预想就没有计划。因此，只有高瞻远瞩，对各种情况和各项工作中可能出现的问题和遇到的困难有充分的估计，计划才能切实可行，顺利实施。

2. 指导性

上级机关制订的计划具有约束力，下级机关必须遵照执行。领导的决策只有通过计划具体化、行动化、可操作化，下级机关才能认真落实、努力完成，也才能保证决策目标的实现和计划的完成。本单位、部门或个人的计划，也是本单位、部门和个人行动的指南。

3. 可行性

计划制订出来是为了贯彻执行的。一个合理的计划是实现管理目标的保证。计划所制订的目标应具有一定的高度和挑战性，能够激发人们为顺利完成任务而不断努力，创造出佳绩。因而制订计划时必须重视计划的科学性和可行性。目标既要有一定的高度，同时经过主观努力又能实现。目标如果定得过高，使人望而却步，就难以实施；如果定得太低，不利于调动群众的积极性和创造性，则失去了制订计划的意义。目标应该定得既积极又稳妥，措施与办法要切实可行。如果在执行计划时，发现有不妥之处，要及时修改。因此，制订计划应该以正确的观点作指导，对事物进行科学的分析，找到实施的正确途径和办法，以保证计划的切实可行。

4. 具体性

计划是检查落实完成任务情况的具体依据，一旦成文，就要遵照执行。计划对实践具有指导作用，未来的工作要在计划的规范下具体落实，督促检查工作也以此为依据。因此，在制订计划时要考虑周密，写明完成计划的具体办法、措施、完成任务的具体时间，这样才便于计划的实现。

5. 可变性

计划是事先对未来工作作出的设想和安排，并非不可更改。生活和工作中会遇到事先想象不到的情况变化，因此，在实施计划的过程中，相应地作出局部的修改和调整，也是合情合理的事。经过修改的计划更便于实施和完成。

四、计划的种类

根据不同的标准，计划可分为不同的种类。

（1）按性质划分，计划有综合性计划和专题性计划。

（2）按内容划分，计划有工作计划、生产计划、学习计划、科研计划、销售计划等，其内容与各单位、各行业的业务工作有密切关系。

（3）按时间划分，计划有长期计划、中期计划、短期计划、年度计划、季度计划、月份计划、周计划、每日安排等。

（4）按范围划分，计划有国际协作计划、国家计划、省市计划、地区计划、部门计划、单位计划、个人计划等。

（5）按形式划分，计划有条文式计划、表格式计划、条文加表格式计划。

〰 五、计划的结构与写法

计划的写作有条文式和表格式两种，也可以两者兼用。条文式计划是将计划内容分解成若干条目再用文字表述。表格式计划是将计划内容具体分解成表格的若干栏目。条文加表格式计划中，有的以文字表述为主，列表格为依据；有的以表格为主，附文字作为说明。

无论采用哪一种形式撰写计划，一般都应写明在未来一段时间内，应完成的任务、达到的目标及为完成提出的目标任务所采取的方法、措施，也就是"在什么时间内""做什么"和"怎么做"。计划的格式与写法没有统一的规定，但在具体的写作过程中，仍有一定规律可循。

1. 条文式计划

条文式计划一般由标题、正文、落款三部分组成。

1）标题

标题是计划的名称，主要有公文式和文章式两种写法。

公文式的计划标题一般包含单位名称、适用期限、内容概要和计划种类四个要素。如《××市××局 2003 年第一季度工作计划》《××职业学院 2005 年招生工作计划》。标题的四要素并不是每一份计划都必须具备的，其中的有些要素可以省略，或省略时间，如《××市文化局关于对外文化交流的计划》；或省略单位名称，如《2005 年科研工作计划》；或省略单位名称、时间，如《关于加强非典防治工作的安排》。如果是个人计划，姓名不必写在标题内。如计划尚不成熟或是仅供讨论，则要在标题后注明"草案""初稿"或"讨论稿""征求意见稿"，并加圆括号，如《××市城乡建设委员会关于 2023 年市政建设计划的安排（草案）》。

文章式的计划标题常由正标题和副标题组成。正标题是用来概括计划内容、揭示主题，副标题标明单位名称、时间范围和计划种类，如《奋力拼搏，再创辉煌——2005 年××省体育工作计划》。

2）正文

计划的正文通常包括开头、主体、结尾三部分内容。

（1）开头。

开头又称为前言，主要写制订计划的依据、目的、要求或背景形势、指导思想、目标等，有时还要分析一下基本情况；表述时一般用"根据……""为……"之类的介词结构起笔。

开头部分的末尾一般用"为此,特制订计划如下""特对××年工作提出如下意见""为此我们将做好以下方面工作"等过渡语转入主体部分。如"根据《××学院 2020 年教学工作计划》,为了更好地完成本学年的工作任务,使我部工作再上一个新台阶,特制订计划如下"。

开头部分内容要写得简明扼要,切忌冗长,不宜过多论述,点到为止。不同计划,对上述内容可以有不同的取舍和侧重。内容简单的计划也可以省略开头部分。

(2)主体。

主体一般要写清计划的三要素,即目标任务("做什么")、措施办法("怎么做")、步骤("什么时间做")。

目标任务是制订计划的出发点,是计划的核心内容。目标任务就是在一定时间内要达到的指标、要完成的工作任务。这一内容要写得明确、具体,不能含糊、笼统,要写出完成任务的数量、质量,让计划的执行者明确在未来的一段时间里应"做什么""做到什么程度"。目标任务要重点明确,主次分明。

措施办法是为实现目标而采取的方法。措施办法是实现目标的保证,只有目标任务,没有具体的措施办法,计划就无法完成。措施办法包括如何调动人员的积极性,如何克服工作中出现的问题,如何合理安排人力、物力、财力,如何进行科学管理,对部门人员提出什么具体要求,提供哪些指导性意见等。

步骤是对工作进程的具体安排,包括工作进度和时间安排,要明确工作分几个阶段进行,每个阶段的时限,先完成什么任务、后完成什么任务,要达到的程度。计划的各步骤要环环紧扣,合理安排,可行性强。

计划的主体部分在结构的安排上有以下三种方法:

第一,把目标、措施、步骤分为三个部分,依次写明,例如:

本年度的工作目标是:

一、×××××

二、×××××

三、×××××

……

为实现上述目标,我们将采取如下措施:

一、×××××

二、×××××

三、×××××

……

我们将按如下几个步骤开展工作:

一、×××××

二、×××××

三、×××××

……

第二，把目标、措施、步骤合起来写，即写完一项任务后，接着就写为完成这项任务而采取的措施办法、步骤安排，然后再写另一项任务及为完成这项任务而采取的措施办法和步骤安排。

第三，把正文分两部分，"目标"为一部分，"措施""步骤"为一部分，把"措施""步骤"两者揉合在一起来写。计划的正文采取哪种结构方法，应根据内容的需要而定。

（3）结尾。

计划的结尾或展望实现计划的前景；或提出希望号召，激励大家为实现计划而努力；或提出执行计划应注意的问题，分析实施计划中可能出现的问题和遇到的困难；或提出检查修改的办法；或明确工作重点。内部使用的计划和日常事务性计划，写完正文主体内容后即可结束，不必再加结尾。

3）落款

落款部分要求在计划正文的右下方写清制订单位名称（个人计划写明个人的姓名），在单位名称下面写明制订计划的具体日期。如单位名称已经写入标题，落款处也可不再署名。如果是上报或下达的计划，则应加盖公章。

此外，计划如有附属文件，如表格、图示等，必须在落款的左下方顶格写"附件"二字，然后全称交代附件名称和件数。附件不止一个时，应分行列出。有时也可将附件栏置于正文左下方、落款左上方顶格书写。

2. 表格式计划

表格式计划是把计划的内容一项一项地用表格的形式加以罗列，并辅以简要的文字说明。这种形式便于对照检查。企业单位和经济管理部门定期的、以具体数据为任务指标的计划，宜用这种形式。如经济管理部门下达经济任务的计划，企业的生产计划、销售计划、成本计划、财务计划等，既是定期制订，又以具体数据为主，用表格式最合适。

使用表格形式写作计划，在设置表格栏目时，要特别注意处理好指标大类与细目的逻辑关系。指标的分类和将指标大类分解成的细目要按主管部门规定的统一口径进行，并排好其间的先后次序。一个大栏目内一般不要安排两个以上的指标大类，一个小栏目只能反映一个指标细目。各个栏目组合而成的整个表格要能准确、醒目地反映出计划的核心内容，不能有遗漏指标项目的现象。

写作表格式计划，还要注意写好说明文字。凡不能量化列入表格栏目而又必须交代的内容，都要在说明文字中予以反映，以便于上级主管部门和本单位干部、群众了解计划的指导思想，更好地监督计划的贯彻实施。说明文字有两类，一类是关于整个计划的，如对有关政治经济形势的分析说明、本计划的编制依据、计划数据与上期发生较大差异的原因说明等；一类是关于某个具体项目的，如指标项目的含义、主要指标的计算方法等。前者一般作为计划的简短前言置于篇首，也可以附在表格之后分条列出；后者则一般填写在表格内的备注栏中。

六、计划的写作要求

1. 调查研究，集思广益

制订计划的目的是完成任务，而完成任务最终要依靠广大群众。在制订计划时，要深入调查研究，广泛听取意见，集中大家的智慧，经过分析和论证，草拟出若干个方案，再征求群众尤其是专家的意见后，修改定稿。坚持自下而上相结合的工作方法，计划就有实现的基础，就会更加完善可行。

2. 要实事求是

制订计划一定要从本单位、本部门的实际出发，把上级的指示、部署和要求具体化。制订计划的指标和任务，既要积极又要稳妥可靠。积极是指经过努力能够达到。如果不费力气，轻而易举就能完成任务，那样的计划就起不到积极的作用。稳妥，是指不图形式，不单纯追求速度，不搞高指标。那种不切实际的计划，违背了实事求是的原则，表面看来轰轰烈烈，实际无法完成，是不可取的。

3. 处理好当前与长远、局部与整体的关系

制订计划必须立足现实，研究人力、物力、财力等状况，把握有利因素和不利因素，在分析论证的基础上制订；但又不能局限于当前，应具有前瞻性，放眼明天，把握未来社会的发展趋势，将脚踏实地与高起点结合起来，把本单位的实际情况与社会的总体利益结合起来，做到心中有数，既要以本单位的实际为基本依据，有自身的特色，又要与国家的总体规划相一致。

4. 要注意发挥连续性和灵活性

制订计划时，一般都想挖掘最大的潜力，发挥最大的干劲，但事物的发展有它的规律性。我们不应提倡"假"计划，"空"计划，而应在拟定计划时留有余地，话不能说得太满，要充分考虑到完成的可行性。制订计划时，还应保持计划的连续性，当前的计划是过去的计划的延续，又是将来制订计划的基础，因此，制订计划时必须瞻前顾后。

5. 语言要准确朴实，简明扼要

计划以叙述为主，要语言简洁明了、通俗易懂，注意条理化。制订计划前，要认真、周密、细致地分析基本情况和工作内容；在形成文字时，则应将上述内容用最简洁朴实的语言加以概括和表述；撰拟计划条文时，应做到要点明确，一般不作评论。

6. 防止计划写作常见病

在计划的写作中经常出现三种通病：一是纯粹按上级部门的计划生搬硬套，毫无本单

位的特点；二是沿袭过去的计划，对工作方法和工作步骤没有任何的创新；三是计划涉及的方法和措施过于笼统抽象，缺乏针对性和具体性。

七、例文阅读与分析

[例文1]

××市2005年春季关于全民义务植树造林的工作安排（草案）

根据全国人民代表大会通过的《关于开展全民义务植树运动的决议》，希望全市广大人民群众立即行动起来，积极响应党和政府的号召，在今年春季开展大规模的全民植树造林活动中，人人争当义务植树的突击手，争当保护林木的哨兵，人人为绿化祖国贡献力量。

一、任务和要求

（一）全市今年春季计划造林×××公顷，植树××××株。要求每人平均植树3～6株，栽下后要有人管理，保证成活。植树宜在路旁、沟边、荒山坡进行，不占用好地。植树任务应在今年植树节（3月12日）前基本完成。

（二）以市政府为领导，各区成立植树造林指挥部，以协调和指导全市的植树造林活动。具体要求如下：

（1）各机关、团体的领导要带头，并指定专人负责此项工作。

（2）各地绿化办公室具体负责此项活动，划定各机关、团体负责植树造林的地区或地段，分片包干。

（3）各地苗圃要及时做好挖苗工作和树苗的供应工作。

（4）将3月4日定为全市义务植树造林宣传日，各区绿化办公室要会同市容办公室、园林系统做好宣传日的布置工作。

二、措　施

（一）于2月下旬召开一次植树造林会议，参加人员：全市各机关、团体、学校、工厂的有关负责人等。重点研究植树造林的各项准备工作，采取必要措施予以落实。

（二）加强各单位、各部门的植树造林的领导工作，认真解决各单位存在的问题。

（三）抽调×××名干部到植树造林第一线做具体工作，直到今年植树造林活动结束。

××省××市人民政府

××××年×月×日

【评析】

这是一份条文式计划，考虑周密，条理清楚，表达明确具体，格式规范，操作性强。由于计划内容涉及的时间短，又比较具体，所以采用了"安排"的计划名称。"安排"共分两部分，将植树造林的主要任务要求、具体措施分条列项地撰写，在措施中安排各项工作，初步拟定时间和人员。

［例文 2］

××职业学院中文秘书专业实习方案

为了贯彻理论联系实际的教学原则，加强实践性教学，使学生通过社会实践，运用课堂知识，提高应用能力，发展智力，以培养从事常规管理、常规业务的应用型人才。根据教学计划，本学期安排中文秘书学概论及应用写作两门学科相结合的专业学习。

一、目标任务

（一）了解基层单位秘书部门（办公室）的一般性工作；

（二）了解机关文秘工作的内容及其处理办法；

（三）了解机关文书的制发、运转程序；

（四）根据实习情况，学习编写简报（以实习小组为单位，编写两期简报）；

（五）学习社会调查，通过专题调查，掌握材料，进行分析、研究，写出调查报告。

二、时间安排

2011 年 11 月 14 日至 12 月 3 日共三周，分两阶段。

第一阶段：11 月 14 日至 26 日，两周校外实习。

第二阶段：11 月 28 日至 12 月 3 日，一周校内实习，主要任务是整理材料，小组交流，个人写出调查报告，班上宣讲。

三、实习地点及分组安排

具体安排见附表（略）。

四、组织领导与实习管理

（一）由系学生办公室负责实习领导工作，指派×××、×××、×××三位老师带队并负责专业指导，与班委会组成实习领导小组，安排实习点小组负责人，分工负责解决实习中的具体问题。

（二）聘请各实习所在单位秘书部门的同志（由实习单位确定）为业务指导老师，协助完成实习中的教学工作。

（三）学生在实习期间，由所在单位统一领导、管理，由所在单位业务指导老师安排实习具体内容。请各所在单位加强对学生的管理和指导。

（四）学生在校外实习期间，每天按实习单位作息时间上下班，每星期二、四晚上 7 时至 9 时回学院班课室集中，汇报或交流情况。

五、学生必须注意的事项

（一）严格遵守《大学生守则》及学院和所在单位的规章制度，按时上下班，不得迟到、早退，各小组长负责每天考勤并及时向领导小组汇报。

（二）服从所在单位党政领导，积极参加所在单位政治、业务学习，虚心向所在单位的职工请教，尊敬业务指导老师，服从老师指导。

（三）注意文明礼貌，养成使用礼貌语言的习惯，以秘书人员服务他人、理好事务的精神来要求自己。

（四）严守国家机密，注意保管好实习资料，未经指导老师同意不得带资料离开单位；爱护公物，注意安全，防止事故发生。

（五）实习期间原则上不准请事假，如有特殊事情或因病需要请假，须经所在单位业务指导老师和带队老师批准。

×× 职业学院 ×× 系

××××年×月×日

【评析】

这是一份实习方案，它对于近期要完成的实习任务以及采取的措施、办法等写得比较详尽，使执行者有据可依，实施起来方便可行。

［例文3］

教师学期授课计划

教师姓名：严爱慈　　课程名称：应用文写作　　授课班级：2019 商务英语 3－2 班

周次	授课日期	授课章节及内容提要	课型	需用时数	教具	课外作业	备　注
1	2/28	第一章 概论	讲授	2	课件	写日记	
2	3/7	第二章 公文	讲练	2	课件	完成填空	
3	3/14	第二章 公文	讲练	2	课件	分析题	
4	3/21	第三章 计划	讲练	2	课件	写计划	
5	3/28	第四章 总结	讲练	2	课件	写总结	
6	4/4	第五章调查报告	讲读	2	课件	阅读	
7	4/11	第六章 新闻	讲读练	2	课件	写新闻	
8	4/18	第七章 广告文	讲练	2	课件	写广告文	
9	4/25	第八章 合同	讲授	2	课件	无	
10	5/2						放假
11	5/9	第八章 合同	讲练	2	课件	案例分析	
12	5/16	第九章 毕业论文	讲练	2	课件	写提纲	
13	5/23	第十章简历求职	讲读	2	课件	写求职信	
14	5/30	十一章申请条据	讲练	2	课件	写作	
15	6/6	十二章 对联	讲读	2	课件	复习	
16	6/13	测验	笔试	2	试卷		

【评析】

这是一份表格式计划，它运用表格来反映计划的内容，特点在于用尽可能少的文字来表达丰富的内容，简明醒目。做这样的计划，只要在事先做好的表格里面，根据安排把各项具体内容填入栏目中即可。

第四节 总 结

一、总结的含义

总结是对前一阶段的学习、工作进行系统回顾，分析评价，找出经验教训，从中得出规律性认识以指导今后工作的一种事务文书。这类文书最常用的名称是总结，除此之外，还有小结、回顾、体会、经验、做法等称呼。

事先做计划，事后做总结，这已经成为常规，人们所做的各项工作，就是通过计划—实践—总结—再计划—再实践—再总结的多次反复而积累经验，得到不断地提高和发展。

二、总结的作用

1. 积累经验，掌握规律

通过总结可以全面地、系统地了解以往工作的情况，从中肯定成绩，积累经验，发现问题，掌握规律，增强信心。如果没有总结，人们对以往的工作就不会有全面的了解，尤其是做局部工作的单位和人员，由于对全局情况不了解，有时会产生片面的认识，甚至丧失信心。通过总结成绩，人们看到自己的劳动成果，就会产生自豪感，增强自信心，对以后的工作是一种推动力。总结一般也要找出工作中的问题，即缺点和不足。只有正视存在的问题，才能防止骄傲自满情绪的产生，才能冷静地面对工作中的缺点，找出解决的办法。

2. 交流信息，推动工作

总结的目的是搞好本单位的工作，而有些总结特别是经验总结，可为其他单位搞好工作提供有益的借鉴。因此，上级机关经常把下级机关报送的好总结，批转给有关单位学习参考；报纸杂志时常刊登总结，传播先进经验；先进单位的代表也常常被其他单位请去"传经送宝"。这些"经""宝"都是通过总结而归纳出来的。"他山之石，可以攻玉"，总结不仅对搞好本单位的工作有重要作用，而且对推动其他单位的工作有重要意义。

3. 统一思想，指导实践

人们对如何做好工作有时会有不同的看法。这种认识上的分歧，如果处理不好，就会妨碍行动的协调一致。一般来说,分歧的产生是由于人们的认识不一致。总结可以深化认识,帮助人们更全面、更理性地认识事物的本质,起到统一思想,协调行动的作用。人们每进行一次工作总结,认识便提高了一步。人类就是在实践—认识—再实践—再认识的往复循环中,逐渐达到理想的彼岸。而真理一旦被人们所掌握,就会变成促进社会进步的巨大力量。经验总结就可以将某一单位或者个人的经验,上升为指导实践的理论,推而广之,就能提高工作效率,推动社会发展,具有指导实践的重大意义。

三、总结的特点

总结具有以下几个特点:

1. 实践性

总结是对前段工作实践的系统回顾,其内容都是对自身的实践活动的忠实反映。这种忠实反映具体表现在两个方面:一是它的材料完全来自自身的工作实践而不是东拼西凑,到处"借用"的;二是它的观点完全是从自身的工作实践中概括出来的认识和规律,而不是随意套用文件、报刊上的提法。

2. 理论性

总结是对工作实践的本质概括,而不是客观实践的"流水账"式的简单记录。它通过对工作的成功与失误、成绩与问题进行分析研究,找出经验、教训,上升到理论高度,提炼出规律性的东西,以正确认识和把握客观规律。单有材料或只有观点、观点和材料之间缺少必然联系的总结都不是合格的、成功的总结。

3. 指导性

毛泽东同志曾说过:"需要把我们工作中的主要经验,包括成功的经验和错误的教训,加以总结,使那些有益的经验得到推广,而从那些错误的经验中取得教训。"由此可见,总结具有推广经验,提供借鉴的作用,总结不仅对本部门下一阶段的工作具有指导作用,对其他单位或部门的工作也有一定的指导作用。

4. 真实性

总结是人们实践活动的产物。它对自身工作的回顾与评价,应当完全忠实于客观事实,它所用的材料,必须绝对真实,不能添枝加叶,不能报喜不报忧,更不能无中生有。它的观点,也应该是从自身实践活动中总结出来的认识和规律,不能强扭角度,任意拔高,硬贴标签。

5. 群众性

任何机关、团体和企事业单位的工作成绩都是广大干部群众共同努力创造出来的,是群众智慧的结晶。总结中所反映的，自然是群众的工作实践，群众所创造的成绩和经验。所以，除个人总结外，机关、团体和单位在总结工作时，都要发动群众，集中群众的智慧。靠少数"笔杆子"闭门造车，是难以全面、系统、深刻地反映一个单位的工作实践的。

四、总结的种类

根据不同的分类标准，可将总结分为许多不同的类型。

按范围分，有班组总结、单位总结、行业总结、地区总结等，当然也有个人总结。

按性质分，有工作总结、教学总结、学习总结、科研总结、思想总结、项目总结等。

按时间分，有月份总结、季度总结、半年总结、年度总结、一年以上的时期总结等。

按内容分，有全面总结、专题总结等。

虽然分类诸多，但从写作上来说，不外乎是"全面总结""专题总结"和"个人总结"三类。

全面总结又叫综合性总结，是一个单位、一个部门对一定时期内整个工作各方面情况的总结。它的行文方向有上行、平行和下行三种。上行是向上级全面汇报工作，以便领导了解情况，进行指导；平行是向外单位介绍本部门的经验和教训，交流工作体会；下行是向本单位人员报告工作情况，使大家对各方面情况有总体的了解，增强透明度，有利于今后的工作。全面总结一般要求反映工作全貌，内容广泛，篇幅较长，既要肯定成绩，又要找出差距；既要有经验做法，也要有教训体会，常常还要对下一步活动做出具体安排。全面总结要统观全局，注意总结重要经验的规律，但又不能面面俱到，蜻蜓点水，而要中心突出，以点带面。

专题总结也叫单项工作总结，是对一定时间里某一项工作或某个问题所作的专门总结。这种总结使用广泛，针对性强，偏重于总结经验，介绍做法。在写法上，内容比较单纯、集中，要求写得具体、细致、深刻，有一定的思想深度。

个人总结又称小结、体会，是个人在工作或学习告一段落后，将自己的实践进行回顾。这种总结，可以是全面的小结，也可以是单项的总结。要抓住主要问题，突出经验、教训和收获、体会；要注意防止陈列式、记流水账，也不要写成检讨书、决心书。要总结出对未来有指导意义的具有规律性的东西。

五、总结的结构与写法

总结一般由标题、正文、落款三部分组成。

1. 标题

总结的标题要根据总结的要求和内容而定，有如下两种写法：

1）公文式标题

公文式标题一般由单位名称、时间、内容、文种构成，如《××外贸局 2005 年进出口贸易工作总结》《××学院 2005 年党建工作总结》。公文式标题是由公文标题的三要素加上时间要素组成的。标题中的四项内容可根据需要进行省略，可省略发文机关名称，只写时间、内容、文种，如《2004 年招商工作总结》；可省略发文机关和时间，只写内容和文种，如《招生工作总结》。标题各项是否省略，要根据实际情况而定。

2）新闻式标题

新闻式标题是对总结内容的概括，其作用是突出总结的中心。新闻式标题有两种形式，一种是单标题，用来揭示总结的中心，如《科技立厂，人才兴业》《内外兼修，争创名校》；一种是正副标题，正题揭示总结中心，副标题标明单位名称、时间、内容范围、文种，如《努力推出文化精品——××市委宣传部 2005 年"十·一"宣传月工作总结》

各单位部门的常规工作总结大多数使用公文式标题；用来介绍经验，特别是对外发表的总结大多数采用新闻式标题。由此可见，总结的标题具有较大的灵活性，不像公文标题那样规范统一。

2. 正文

总结的正文一般包括开头、主体和结尾三部分。有的总结省略开头和结尾，只有主体部分。

1）开头

开头简略介绍所要总结工作的目的、根据、缘由、背景、时间、内容等；有的还对主要成绩和经验进行概括，以收到开门见山的效果。这部分内容要写得简明扼要。开头常有以下几种写法：

（1）概括式。简要介绍基本情况，不要求很详细，与中心有关的才写。

（2）提问式。提出问题，点出总结的重点，引起读者的关注。

（3）结论式。先摆出总结的结论，然后重点介绍经验或概括工作成绩。要写出经验是什么或者成绩在哪里。前者也称经验式写法，后者也称成绩式写法。

（4）对比式。将前后或正反两种情况进行对比，从而见出成败优劣，凸显经验和成绩，引出下文。

（5）提示式。对总结的内容作概括的提示，不具体介绍经验，只提示总结的内容和范围。如"近两年来，我们按照中央的文件精神和上级的指示，在搞好校风和考风工作方面，做了以下一些工作"。

2）主体

主体是总结的重点部分。其惯用模式为基本情况＋主要经验（即做法和体会）＋存在的问题＋今后打算。

（1）基本情况。首先介绍基本情况，开头部分即使已有概括，也应具体展开。基本情况要写清做了哪些工作，取得了哪些成绩或经验等。开头可用一句话概括本部分内容，如"一年来，我们主要开展了以下几方面的工作"。接下来可以做总体介绍，也可以分项说明。

（2）主要经验。写明工作的步骤，采取了哪些措施和办法，取得了哪些成绩，并分析取得成绩的主客观原因，从中可以得出哪些经验，供今后的工作参考借鉴。写这些内容，应将感性认识上升为理性认识，提炼出具有指导意义的规律性的东西，要写得有理有据，层次清楚。有的总结把这些内容称为"基本做法"或"主要措施"，实际上谈的都是经验。这部分开头常用一句话概括内容，如"一年来，我们在工作中深切体会到"。

（3）存在的问题。总结既要看到成绩，又不能忽视存在的问题和不足之处，以及给工作带来的消极影响和造成的损失，要分析失误的原因，从中总结经验教训，以免今后再发生类似的情况。这部分内容的安排要根据写作总结的需要而定，如果是综合性总结，这部分一般要写得较为简单，不必详细展开；如果是着重反映问题的总结，那么就要把这部分作为重点来写。开头可用一句话概括本部分内容，如"一年来，我们虽然取得了一些成绩，积累了一些经验，但还存在一些不容忽视的问题"。

（4）今后打算。即针对前面指出的问题和教训，提出切实可行的改进措施，并根据实际情况和上级的要求，提出今后的工作设想和新的奋斗目标。这部分内容多数写得比较简略，因为制订解决问题的具体方案是计划的任务。

总结主体部分的写作内容，要根据写作总结的需要对其进行灵活安排，不必面面俱到。如全面性工作总结就要以工作情况、主要成绩、存在问题为主；经验总结就要以主要经验和体会为主；一般性专题总结内容较简单，可以只写开展了哪些工作，取得了哪些成绩；个人小结侧重写收获较大、体会较深的问题。

主体部分的结构形式有纵式结构和横式结构两大类。

纵式结构是按时间顺序、工作进程或事情发展的逻辑顺序来安排内容。采用这种结构方式，可以使全文条理清晰，便于掌握工作进程和每一工作阶段的任务完成情况，此结构适用于阶段性较强的工作总结。在使用这种结构形式时要突出各阶段的特点，注意各阶段之间的衔接。

横式结构是将总结的内容分成并列的几个部分来写，横式结构又有条文式、小标题式和贯通式三种。

条文式是把总结的内容按性质或主次轻重分成若干部分，在每部分之前加上序号分条列项来写。如把全文分成"基本情况""主要成绩""经验体会""问题与教训"几个部分，在每部分之前加序号。各条之间既相对独立，又有密切的联系，这种结构方式会使全文层次清晰。

小标题式是按性质将材料分成若干部分，每部分拟定一个小标题，然后逐层写出。它的好处在于纲目清楚，层次井然，便于读写。

贯通式是在写作中不加序号，也不加小标题，而是围绕主题，以叙为主，夹叙夹议，叙述情况，总结经验、教训。这种结构形式强调前后内容的内在联系，全文前后贯通、结构严谨、浑然一体。这种写法适用于内容简单、篇幅短小的总结。

3）结尾

结尾是正文的最后部分，应简短有力，写法有以下几种：

（1）自然型。总结正文的主体内容写完后，即可自然结束，不需要添加结尾。

（2）总括型。结尾将总结内容进行概括，或作出结论。

（3）谦虚型。结尾表示谦虚的态度，如说虽然工作取得了一定的成绩和经验，但还存在不少缺点和不足，跟先进单位相比，还有不少的差距，今后要谦虚谨慎，戒骄戒躁，百尺竿头更进一步。经验总结往往用这种结尾。

（4）展望型。结尾表示决心，展望未来，信心满怀，团结一致，争取更大的成绩。大会总结或面向群众的总结，往往用这种结尾。

3. 落款

在正文右下方写明单位名称（个人总结写明个人姓名），在落款下面写明制订总结的具体日期。单位名称已经在标题中出现的，此处可以省略。

六、总结的写作要求

1. 实事求是，切忌虚假

写总结必须实事求是，如实地反映本单位、本部门的工作情况，再现事物的本来面目，材料真实，观点正确，不溢美，不隐恶。总结中所涉及的人物、事件、时间、地点数据、成果等等，一定要确实可靠。成绩不夸大，缺点不缩小，问题不回避。注意分清正误，分清主流、支流。不可先入为主，带着条条框框看问题，把材料纳入自己的臆想之中，使总结带主观性和片面性。不能随意拔高，借题发挥，东拼西凑，编造事实，必须坚决杜绝一切虚假的现象。

2. 总结经验，找出规律

总结的根本任务，就在于总结经验、找出规律性的东西以指导工作，不断把工作推向前进。所谓规律性的东西，就是在一定的条件下具有本质联系和必然趋势的事理。这就要求作者从分析研究事实入手，发掘出事物的本质，探求事物之间的联系，找出取得成绩的原因和出现问题的根源，从而认识事物的本质和规律。如果能总结出一条好经验，推广开去，对本单位和其他单位的工作有指导意义，那就是一篇好的总结。

3. 写出特色，突出重点

总结一定要抓住事物的特点，写出本单位的特色。总结所反映的对象，只限于本单位前一时期的工作实践，因此要特别注意同以往及别的单位不同的地方，写出独具特色的新鲜经验和教训。这种有创见、有新意、有独到之处的总结，才能加深人们对规律性的认识，推动工作向前发展。总结不要面面俱到，应该根据总结的目的和内容有所侧重，选用典型的材料说明问题，突出重点。切不可不分主次地罗列现象、堆砌材料，既不反映规律性，又没有重点。

4. 材料观点统一

占有材料是写好总结的基础，没有材料就没有总结，就像没有砖瓦就没有高楼大厦一样。因此写总结时，要全面掌握情况，充分占有材料，包括正面的、反面的、点上的、面上的、直接的、间接的，这样写出的总结才能内容充实，切实可信。从材料中提炼出观点，找出规律的东西是写好总结的关键。写作总结不能只罗列现象、堆砌材料，而要善于透过现象看本质，善于对工作中的情况进行研究分析，总结经验教训，挖掘出规律性的东西。观点来自材料，材料证明观点，写作总结必须做到观点与材料的和谐统一。

5. 叙述议论得当

叙议得当，是总结在表述上的特点要求。应以叙述为主，叙议结合。一般而言，在交代工作过程、列举典型事例时，以叙述为主；在分析经验教训、指明努力方向时用议论。叙述的事实为议论提供依据，说理是对所叙事实的升华、提高。叙述是总结行文的基础，它通过对时间、地点、事件、人物和原因、结果的交代，使读者对某部门、某单位或某个人的工作状况有明晰的了解。议论则是通过分析、综合、论证，把分散的、感性的材料转化为具有指导意义的理论。议论不宜过多，主要靠事实说话。但是要注意，只叙不议，成了罗列现象；而只议不叙，则变成空谈。只有以叙带议，叙中有议，叙议结合，叙议得当，才能水乳交融。

七、总结与计划的区别

计划是总结的基础，总结是制订计划的依据，总结与计划有如下几点不同：

（1）时间上，计划是事前的打算与安排；总结是事后的回顾与评价。

（2）内容上，计划是回答在未来一段时期"做什么"和"怎么做"；总结是回答在过去一段时期内"做了什么""做得怎么样"。

（3）表达方式上，计划主要使用叙述、说明两种表达方式；总结主要使用叙述和议论两种表达方式。

八、例文阅读与评析

[例文 1]

实行"三化"，提高工作质量

办公室工作的被动性、从属性、事务性和服务性特点，常常导致办公室在忙、乱、杂中运转。如何从被动中求得主动，提高办事效率、办公质量？现将我们岳阳石化总厂储运公司的一些做法介绍出来，以期抛砖引玉。

我们采取"抓住重点，带动一般"的办法，在重点项目上建立健全工作程序、标准和制度，实现工作程序化、标准化和制度化，从被动中求主动。具体就是：抓住文件、会议、小车管理和接待协调三大项目，带动其他日常工作，对各项工作都要求绘出程序图，制订出制度的标准，在规定目标的同时，也规定达到目标的方法。

首先，我们根据三个重点项目各自的特点，绘制了《经理办公程序》《行政会议组织程序》《公文审稿工作程序》《客人接待工作程序》《小车安排工作程序》等 24 个工作程序图，制定和完善了《草拟公文工作标准》《秘书日常工作标准》《文稿修改工作标准》《复印文件工作标准》等 12 个工作标准和《关于复印文件暂行规定》《关于保密工作的暂行规定》《关于印信使用的暂行规定》等八项工作制度，使各项工作有程序、标准和制度可依。

其次，在严格执行上下功夫。例如，我们要求在办文中严把"四关"，即：一把拟办单位关，要求拟办单位草拟文件时不草率；二把文字关，把是否要行文和以什么形式行文，是否符合党和国家的政策法规，文字表达是否准确、简练、通顺，涉及几个部门时是否协商一致，和本单位前后文件是否有矛盾，体例格式是否规范关；三把打字、校对、印刷、装订、分发关；四把文件发出后的催办关。通过严把"四关"，使文件的草拟、审核、审批、打印、校对、印刷、装订分发与催办形成一条龙，从而保证了文件整体质量的提高。再如，在提高会议质量时，我们根据所规定的工作程序、标准和制度，主要抓了会前的准备工作、会中的记录和提醒、会后的记录整理和有关事项的催办和反馈四个环节。会前填写会议题单，会后下发会议决定通知单或会议纪要，严格控制会议，认真整顿会风，提高了会议质量。

经过几年的实践，我们体会到，实行工作程序化、标准化和制度化，可以使复杂的工作条理化、规格化和专责化，使每个人明确自己的责任和权限，达到了用时少、效率高的目的。

×××

××××年×月×日

【评析】

这是一篇专题性的工作总结。文章总结了该办公室实行工作程序化、标准化、制度化这"三化"的经验，针对性强，偏重于介绍做法，总结经验，内容集中，写得具体、细致，让人一读便懂，是推广经验文章的可取写法。

[例文 2]

商业会计模拟实习总结

为缩短课堂教学和社会实际工作之间差距，使学生能系统地、全面地掌握商品流通企业经济业务的核算过程和方法，从 2011 年 12 月 15 日至 2012 年 1 月 7 日，系里组织我们会计专业的同学进行校内模拟实习。此次实习的内容包括批发、零售、固定资产等经济业务的核算基本操作方法和会计登账、记账的工作程序。

这次实习使我巩固了专业基础理论知识，加深了对批发、零售、固定资产等基本业务核算知识的理解，熟悉了开账、记账、结账等一系列操作方法，懂得了作为一名会计人员应具备的职业素质要求，专业意识有所增强。

三个星期的实习，我的体会良多，主要有以下几点：

第一，各种经济业务核算要熟悉、准确。此次实习的工作量很大，共有224道题，而时间短促，只有3周时间，平均每天要完成20多道的业务分录。如果不熟悉各种业务核算，每做一题翻一次书，速度就会慢。就拿我自己来说吧，第一天从早上8点到晚上2点多才完成老师规定的当天业务分录，当然，这里面绝大多数的时间是用在翻书上。第二天，同样时间开工，我下午4点多就完成了当天的任务。再往后，速度越来越快，甚至能把5天的业务从记凭证到登记明细账、汇总一天内完成，这也许就是熟能生巧吧。速度快不准确也是不行的。这次实习中批发、零售、农副产品、材料物资、包装物、低值易耗品等经济业务交错在一起，如果不熟悉每种业务的核算就会张冠李戴。例如，批发企业与零售企业购进商品入库价格是不同的，批发企业按进价入库，零售企业按售价入库，如果不了解这一点，做起来肯定会错得一塌糊涂，而且还会影响到汇总表、总账以及损益表和资产负债表的准确性。

第二，工作需要有高度的责任心。会计工作整天跟数字打交道，稍不小心就会写错数字或看错数字。有一次，我编汇总表，把借、贷方各科目的金额反反复复算了3遍，可借方的总额还是比贷方总额少5分钱。记得以前刚开学时听老师讲过，会计工作少一分钱也要找出来，当时我听了觉得好笑，一分钱，自己补上不就行了，可现在轮到自己头上来了。也有同学对我说："5分钱，你自己随便在借方某一科目加上老师也不知道。"我却固执地把记账凭证的每一笔业务数额重新算过一次，花了40多分钟，总算找出了那5分钱。原来是我粗心，把"9"看成了"4"。这以后，我再也不敢马虎了。每次记好数字后又重新对过一遍，没错后才往下做。严谨、认真、实事求是，是一名会计人员本身工作的要求，虽说我只是在实习，但我觉得自己既然做了就要做好，虽不能十全十美，也要尽到自己的能力做到最好。在实习过程中，我从始至终严格按照会计人员专业素质要求工作，字要写小、工整；要细心，认真做好每一笔业务。这样才能培养自己有高度的责任心。

第三，课堂所学与实际工作还有一定的差距。在职业院校两年多的会计专业学习后，满以为自己是知识的"富翁"、国家的良才。待到真正拿起原始凭证来做账时，自视经纶满腹的我不得不用怀疑的目光看待自己，认识到自己知识的贫乏。如"出售商品没有标明出售单价的，要通过加成率来计算出售单价，批发企业不含税售价＝不含税进价×(1＋加成率)，零售企业含税售价＝不含税进价×(1＋加成率)×1.17"等，这在实习前我是一无所知的。又如从所学的增值税知识知道了购进、出售商品要交增值税，却不知支付委托加工商品费用也要交增值税。从这些小方面中看出自己还是个门外汉，只满足于课堂和书本上所学，像一只井底之蛙，目光短浅。我不得不迫使自己多查阅专业资料，多参考会计专业方面的杂志，以求拉近与实际工作的距离，补充专业知识。

实习已告一段落，我自感喜忧参半。喜的是通过实习树立了本专业意识，认清了本专业的职业素质要求，向未来的会计员工作又迈进了一步；忧的是看到了自己专业知识的贫乏，综合能力不够强，平时学习完后不懂得进行综合分析、比较，以致实习期间对各种经济业务核算方法模糊不清，有时甚至张冠李戴。现在离毕业还有不到半年的时间，亡羊补牢还来得及。我打算在这段时间里把学过的会计知识复习一遍，把各种经济业务核算方法综合起来进行比较，加深理解，多参考实际会计工作核算事例，了解现代企业会计核算。

我的实习体会可以总结为一句话：学习要扎实，工作要踏实。

×××

××××年×月×日

【评析】

这是一位学生参加了模拟实习之后，根据自己的亲身实践和对问题的认识（体会）所写的总结。总结中谈了三点体会，得出了一个结论；叙述了自己模拟实习的实践过程，又有恰当的议论；叙和议能扣住中心，材料能为观点服务。

第五节　条　据

一、条据的含义

条据是人们处理日常临时性事务时使用的一种简单的应用文体。

二、条据的特点

条据主要有以下几个特点：

1. 一文一事，简洁明快

条据是所有应用文中最简单的一种，在写作上必须讲究文字的简洁，语言明快，绝不可拖沓冗长，啰哩啰嗦。要做到这一点，就必须注意内容的单一性，要求一纸文书，只讲一件事情，一文两事，或者一文数事，都是不符合要求的。例如，写一张借条，只能写这一次借到什么东西，而不能写两次或两次以上借了什么。否则，文词太长，眉目不清，会把事情搞乱，易出漏洞，造成不必要的麻烦和损失。

2. 时间性强，不得含糊

条据是有高度时间观念的。为此，写作者必须很清楚地把时限写清。例如，写一请假条，除写明原因，必须把请假的起始和终止时间清清楚楚地写出来。这是一点儿也不能含混的。含混不清，不会准假；即使准了，也会造成麻烦。这种情况在进行考勤的工厂、学校和企业，尤为重要。

3. 朴实无华，反对虚夸

条据的内容，既然要求一文一事，简单明了，那么在文字上，就必须讲究朴实，不能花哨，不能浮夸，更不能像文学作品那样，使用文艺语体。

4. 强调手续，一清二楚

条据很讲究手续上的清白。所以，在写作这样的应用文时，必须把手续写明确。例如，写一张借条或收条，就一定要把谁借谁还、借还时间写得明明白白，不得有误。否则，事情就办不成。

5. 请求办事，交代明白

有条据中，有一些是请求别人代办的内容，一定要把托人家代办的事情写明，不能有所疏漏。否则，事情也是办不成的。例如，写留言条，托朋友在上街的同时买一本书或捎一句话，就一定要把买什么、给谁捎话、捎什么话写得明明白白。只有这样，事情才能顺利办成。

〰 三、条据的种类

根据条据的内容和性质，我们把它分为两类：一类是说明性条据，又称便条，如留言条、请假条等；一类是凭证性条据，又称单据，如领条、收条、借条、欠条等。

〰 四、条据的结构与写法

1. 便条

便条是一种最简单的书信，是人们临时遇到某种事情要告诉对方，又不能面谈，或是由于手续的需要，所写的一种说明条据。条据的格式一般包括标题、称呼、正文、结尾和署名、日期。

（1）标题。在第一行的中间写上"请假条""留言条"等字样。

（2）称呼。在第二行顶格写收条人的姓名，表示称呼与礼貌，称呼后面是冒号，表示有话要说。

（3）正文。正文的内容由便条的性质来决定，如果是写请假条就要写明请假原因及起讫时间；如果是写留言条就要把有关的事情、时间、地点写清楚。

（4）结尾。另起一行空两格写"此致"，另起一行顶格写"敬礼"，以表示对对方的敬意。

（5）署名、日期。在条据的右下角写上写条据人的姓名，写上日期。

2. 单据

单据是在日常生活中，人们借到、领到、收到或欠了他人或单位的钱财、物品时写的具有凭证作用的便条。常用的有收条(收据)、借条(借据)、领条(领据)、欠条(欠据)等。

各种单据的格式和写法大致相同，一般包括有三个部分：标题、正文、署名和时期。

（1）标题。在单据第一行的中间写"收据""欠条"等字样。

（2）正文。在单据名称的下一行空两格，写对方名称或姓名以及涉及的钱、物的名称、数量、金额。正文写完后可以紧接着写上"此据"二字，也可以另起一行空两格。

（3）署名、日期。在单据的右下方写上姓名和日期。

五、条据的写作要求

第一，一定要按照条据的结构格式来写，只有把条据的形式划分开来，才能分清各种条据的性质和作用。

第二，单据上提到的钱物的数字，一律用大写，数字后面要写上计量单位，计量单位后面还应加上"正"或"整"字。此外，每行的首尾不得有数字出现，以防增添涂改。

第三，单据上的文字、数字一般不能涂改，非涂改不可时，应该在涂改处加盖公章或私章，或另写一份。

第四，单据要用毛笔或者钢笔书写，不要用铅笔或圆珠笔。字迹要端正、清楚。

第五，请假条要写清楚请假的原因和起讫时间，请病假还要附上医疗单位的证明，请假条的结尾可以不写"此致""敬礼"，而写"特此请假"。

第六，收据或借据要写明收、借到什么东西，其规格如何、质量怎样、数量多少等，借据还要写明还期。

六、例文阅读与评析

［例文 1］

请　假　条

×××老师：

昨天下午放学后，我突然发高烧。经医生检查是患了急性肺炎，今天不能上学。特请假叁天(18～20 日)敬请批准。

此致

敬礼

附：×××医院病情证明单壹张

计算机应用××级 3－1 班：×××

××××年×月×日

［例文 2］

留　言　条

×××：

　　今晚七时，我来你宿舍找你商谈学院文学社近期活动的事，恰好你外出未归，请你明天下午四点到学生会办公室，我们再面谈事宜，静候。

网络安全××级 3—2 班：×××
××××年×月×日

［例文 3］

借　据

　　今借到学院应用英语系学生办公室"阳光牌"话筒叁只，三星牌手机壹部，SONY 牌照相机壹部，于××××年×月×日前归还。

经手人：应用英语××级 3—1 班：×××
××××年×月×日

［例文 4］

收　条

　　今收到电子通信系学生办公室送来的"学生社会实践活动经费表"壹份。

电子通信系学生会：×××
××××年×月×日

【评析】

以上四张条据是写得比较好的范例，它们的格式符合要求，写作规范，语言简洁明了，值得借鉴。

第十二章　专业应用文

专业应用文主要是指适用于不同专业领域的应用文种，包括经济类、科技类、宣传类、法律类等。本书主要选择实用性较强、应用比较广泛的几种文种进行学习。

第一节　经济合同

一、合同的含义

什么是合同？本书所指的合同，是《中华人民共和国合同法》（以下简称《合同法》）所规定的，即平等主体的自然人、法人、其他组织之间设立、变更、终止民事权利义务关系的协议。

随着社会日新月异的发展，合同在经济和社会各个方面的重要性已经日益显现出来，成为社会生活中必不可少的一部分。人民生活中的各个方面，如衣、食、住、行、教育、医疗、旅游、娱乐等等，都要涉及合同；公司企业的生产经营，各个阶段都离不开合同；科学技术的开发和科技成果的转化等各方面都要通过合同来进行；对外经济、贸易的往来，也离不开合同。《合同法》的实施，有利于促进社会主义现代化建设，有利于维护社会经济秩序，也有利于保护合同当事人的合法权益。

本章介绍的合同，主要指经济合同。经济合同是契约类文书中最为重要的一种。它对订立合同的各方当事人都具有法律的约束力。其主要包括《中华人民共和国合同法》规定的十五种合同。

《中华人民共和国经济合同法》第二条指出："经济合同是法人之间为实现一定经济目的，明确相互权利义务关系的协议。"它是由平等主体的法人、其他经济组织、个体工商户、农村承包经营户之间，为了实现各自的目的，按照法律规定，在平等互利、协商一致的原则下，明确各自的权利和义务而共同订立并遵守的具有经济关系的契约。所谓法人，是指具有民事权利能力和行为能力，依法独立享受民事权利和承担民事义务的组织。法人是社会组织在法律上的人格化。法人组织可分为企业法人和机关、事业单位以及社会团体法人。其他经济组织、个体工商户、农村承包经营户也都是具有民事权利能力和行为能力的经济实体。所谓相互权利义务关系，是指当事人双方或多方按合同规定相互享有权利，又相互承担义务，建立权利义务对等的合同关系。

订立合同，应注意以下几个问题：

第一，订立合同必须是合法的法律行为。所谓合法，是指依照《合同法》的有关规定完全履行合同的全过程。违法合同为无效合同，不受法律的保护，反之，还要受到法律的追究。

第二，订立合同的当事人，应当是具有相应的民事权利能力和民事行为能力的自然人、法人或组织。当事人可以委托代理人订立合同。

第三，订立合同的形式，可以是书面形式，口头形式和其他形式。但是法律和行政法规规定要采用书面形式的，应当采用书面形式；当事人约定采用书面形式的，也应当采用书面形式。

第四，订立合同的内容，由当事人约定，一般包括《合同法》规定的 8 项条款，下文"合同的条款"将进行详细解释。

在订立合同的过程中应当采用要约、承诺方式。

要约又称发盘、出盘、发价、出价或报价，是一方当事人向他方发出的希望与其订立合同的意思表示，《合同法》规定，要约必须符合下列规定：一是内容具体确定；二是表明经受要约人承诺，要约人即受该意思表示的约束。

在这里我们还要分清要约和要约邀请的区别：寄送的价目表、拍卖公告、招标公告、招股说明书、商业广告等为要约邀请，不是要约。

承诺是受要约人同意要约的意思表示。承诺应当以通知的方式作出；承诺的内容必须与要约的内容完全一致；承诺必须在要约规定的有效期内作出并到达要约人；承诺通知到达要约人时生效。承诺生效时合同即成立。

订立合同时必须遵循一定的原则。《合同法》规定了订立合同的五条原则：

一是平等原则，是指合同当事人的法律地位平等，一方不得将自己的意志强加给另一方。这是合同依法成立的基础。

二是自愿原则，是指当事人依法享有自愿订立合同的权利，任何单位和个人不得非法干预。在被欺诈、胁迫等情况下订立的合同是无效的。

三是公平原则，是指当事人应当遵循公平原则确定各方的权利和义务。合同双方都必须互负权利义务，不能出现一方只享有权利不承担义务的情况。

四是诚信原则，是指当事人在行使权利、履行义务时应当遵循诚实信用的原则。这是非常重要的一条，如平时我们在生活中常见的"童叟无欺""缺一罚十""买卖公平"等，都是诚信原则的体现。

五是合法原则，是指当事人订立、履行合同，应当遵守法律、行政法规，尊重社会公德，不得扰乱社会经济秩序、损害社会公共利益。如果出现违反法律、行政法规的强制性规定；以合法形式掩盖非法目的；损害社会公共利益；恶意串通，损害国家、集体或者第三人利益的情况，合同无效。

〰 二、合同的作用

1. 有利于商品经济活动走上法治轨道

社会主义市场经济，既是商品经济，也是法制经济。订立经济合同，正是以法律形式运用各种经济杠杆，把国有、集体、个体各种经济成分的生产经营活动纳入市场需求的有序发展中。

2. 有利于加强和改善企业的经营管理

在经济活动中，任何企业和个人都要通过加强和改善经营管理追求经济效益，追求利益最大化。经济合同的签订，就能够保证经济活动按照原来已经考虑和设想好的途径进行，从法律上保障企业的经济利益，保证企业经营管理活动的顺利进行。

3. 有利于促进生产经营的专业化

产、供、销既专业分工又有机地连接起来，按时、按质、按量完成各自的任务，分工合作，才能效益倍增。签订经济合同，是高度发达的商品经济时代组织专业化生产经营、组织协作关系的有效方式。

4. 有利于商品经济活动中的诚信建设

社会主义市场经济，既是商品经济，也是诚信经济。经济合同是在平等互利的基础上，靠着各方的诚信，以法律承认的形式固定下来的。同时，它还要依靠各方的诚信，在经济活动中信守合同。

〰 三、合同的种类

按照不同的角度，合同可以分为许多不同的种类。分类的角度大致有：按合同内容分，按合同性质分，按合同有效期分，按合同结构形式分。《中华人民共和国合同法》按照如下顺序，列出了 15 种合同。

1. 买卖合同

买卖合同是出卖人转移标的物的所有权于买受人，买受人支付价款的合同。买卖合同除了要写明双方当事人共同约定的一般内容外，还可以包括包装方式、检验标准和方法、结算方式、合同使用的文字及其效力等条款。

2. 供用电、水、气、热力合同

供用电合同是供电人向用电人供电，用电人支付电费的合同。供用电合同的内容包括供电的方式、质量、时间，用电容量、地址、性质，计量方式，电价、电费的结算方式，供用电设施的维护责任等条款。供用水、气、热力的合同，尽管标的不同，但合同的订立要求基本相同，可以互为参考。

3. 赠与合同

赠与合同是赠与人将自己的财产无偿给予受赠人，受赠人表示接受赠与的合同。赠与合同是一种单向行为的合同，即合同生效后，赠与方有负责把赠与物交给受赠方的义务，受赠方有领取受赠物的权利。

4. 借款合同

借款合同是借款人向贷款人借款，到期返还借款并支付利息的合同。借款合同适用于商业银行及其他非银行金融机构向借款人发放贷款和自然人之间进行的民间借贷。借款合同的内容包括借款种类、币种、用途、数额、利率、期限和还款方式等条款。自然人之间的借款利率要符合国家有关限制利率的规定，否则约定的利率不受法律保护。

5. 租赁合同

租赁合同是出租人将租赁物交付承租人使用、收益，承租人交付租金的合同。租赁合同的内容包括租赁物的名称、数量、用途、租赁期限、租金及其支付期限和方式、租赁物维修等条款。

6. 融资租赁合同

融资租赁合同是出租人根据承租人对出卖人、租赁物的选择，向出卖人购买租赁物，提供给承租人使用，承租人支付租金的合同。

融资租赁合同的内容包括租赁物的名称、数量、规格、技术性能、检验方法，租赁期限、租金构成及其支付期限和方式、币种、租赁期限届满租赁物的归属等条款。融资租赁合同既融资又融物，既可以使承租人财力不足时得到所需设备，又可以使出租人充分利用资金开展经营业务，获取利益。

7. 承揽合同

承揽合同是承揽人按照定做人的要求完成工作，交付工作成果，定作人给付报酬的合同。承揽包括加工、定作、修理、复制、测试、检验等工作。

8. 建设工程合同

建设工程合同是承包人进行工程建设，发包人支付价款的合同。建设工程合同包括工程勘察、设计、施工合同。

9. 运输合同

运输合同是承运人将旅客或者货物从起运地点运输到约定地点，旅客、托运人支付票款或者运输费用的合同。根据运输对象的不同，运输合同包括客运合同和货运合同两种。

10. 技术合同

技术合同是当事人就技术开发、转让、咨询或者服务订立的确立相互之间权利和义务的合同。技术合同包括技术开发合同（委托开发合同、合作开发合同）、技术转让合同（专利权转让合同、专利申请权转让合同、技术秘密转让合同、专利实施许可转让合同）、技术咨询合同和技术服务合同。

技术合同的内容由当事人约定，一般包括如下条款：项目名称；标的的内容、范围和要求；履行的计划、进度、期限、地点、地域和方式；技术情报和资料的保密；风险责任的承担；技术成果的归属和收益的分成办法；验收的标准和方法；价款、报酬或者使用及其支付方式；违约金或者损失赔偿的计算方法；解决争议的方法；名称和术语的解释。按照当事人的约定，与履行合同有关的技术背景资料、可行性论证和技术评价报告、项目任务书和计划书、技术标准、技术规范、原始设计和工艺文件以及其他技术文档，可以作为合同的组成部分。

11. 保管合同

保管合同是保管人保管寄存人交付的保管物，并返还该物的合同。寄存人应当按照约定向保管人支付保管费。

12. 仓储合同

仓储合同是保管人储存存货人交付的仓储物，存货人交付仓储费的合同。

13. 委托合同

委托合同是委托人和受托人约定，由受托人处理委托人事务的合同。委托合同的标的是处理事务的行为，如代办运输、代管财务、律师代理等。委托合同适用范围比较广泛。

14. 行纪合同

行纪合同是行纪人以自己的名义为委托人从事贸易活动，委托人支付报酬的合同。

行纪合同与委托合同看似相同，都是为委托人代办事务，但权限是不同的。行纪合同是以自己的名义为委托人从事贸易活动，自由度较大；而委托合同是以委托人的名义，在委托人授权范围内从事活动，自由度相对较小。

15. 居间合同

居间合同是居间人向委托人报告订立合同的机会或者提供订立合同的媒介服务，委托人支付报酬的合同。居间合同又称为中介合同。居间人就是中介人。

另外，还有《合同法》中没有列出的出版合同、房屋装修合同、旅游组团合同等。劳务合同也是常用到的合同。它是劳动者与用人单位确立劳务关系，明确双方权利与义务的合同。内容大体包括劳务性质、劳务地点、劳务时间、劳务纪律、劳务报酬以及养老保险、医疗保险、税金缴纳、休假、探亲待遇等事项。

四、合同的结构与写法

1. 合同的体式

经济合同的体式有条文式、表格式和条文表格结合式三种。

条文式合同以文字说明为主，将合同的内容逐条写出。适合于比较复杂或者缺少惯例的合同关系的确立。

表格式合同是当事人各方把协商同意的内容逐项填入预先印制的表格中。适合于一方同意另一方的条件而达成的合同。

条文表格结合式合同是将合同涉及的标的、数量、金额等内容以表格形式列出，其余内容用条文形式列出。这种合同既有条文式合同细致、全面的优点，又有表格式合同醒目、方便的长处。

2. 合同的结构

无论采用何种形式，合同的结构一般都包括标题、订立合同的双方、正文、生效标志等部分。

1）标题

合同的标题一般由合同的事由加"合同"二字组成，如"租赁合同"。有的标题直接写明订立合同的双方单位和合同的项目，如"南京市电信局与飞达科技服务有限公司关于大客户项目管理系统软件开发合同"。财产保险合同标题常在事由后加"保险单"或"投保单"字样，如"企业财产保险单"。运输合同的标题常在事由后加"运单""计划表"等字样，如"南京市汽车运输公司货物运单""南京市汽车运输公司五月份货运计划表"。标题下方注明合同编号。

2）订立合同的双方

在合同标题的下方，写明合同双方当事人的名称（要使用全称），然后用括号注明代称，如甲方（供方、卖方）、乙方（需方、买方）。例如：

订立合同双方：

××商场（甲方）

××工厂（乙方）

或者写作：

供方：＿＿＿＿＿＿＿＿＿＿＿＿＿＿

需方：＿＿＿＿＿＿＿＿＿＿＿＿＿＿

3）正文

正文的内容主要包括以下几部分：

（1）前言：写明当事人签订合同的目的、依据等，篇幅简短。如"为了……（目的），依据……（法律法规名称），经甲、乙双方协商一致，签订本合同，共同遵守。"

（2）条款：条款是合同的主体部分，见下文"合同的条款"。

（3）附则：写明合同的有效期限、份数、保存者、附件。通常还写上合同的补充办法，如"本合同未尽事宜，经双方商定后可以补充。补充的条文与本合同具有同等效力"等。附件可注明所附的表格、图纸、实样的名称和件数。双方当事人的地址以及各种联系办法、开户银行名称、账号等也可一并写上。

4）生效标志

合同生效标志的内容：一是双方法定代表人或委托代理人签名；二是双方当事人加盖印章；三是根据国家规定必须经过鉴证或公证，或双方约定进行鉴证或公证的合同，应由鉴证机关或公证机关加盖印章；四是写明签订合同的日期。

3. 合同的条款

1）《合同法》规定的条款

《合同法》第十二条规定："合同的内容由当事人约定，一般包括以下条款：（一）当事人的名称或者姓名和住所；（二）标的；（三）数量；（四）质量；（五）价款或者报酬；（六）履行期限、地点和方式；（七）违约责任；（八）解决争议的方法。"

标的是指合同当事人权利和义务共同指向的对象。标的可以是商品货物，也可以是劳务或工程项目，借款合同的标的是货币。商品货物的标的包括商品的名称、规格、型号或代号、牌号、商标等。任何合同都必须有标的，没有标的，就不能称其为合同；标的不明确，合同就无法执行。

数量是指标的的数量和计量单位。是决定合同特征的决定性因素之一。数量要使用通用的标准计量单位。合同中必须明确规定标的的数量、计量单位和计量方法。

质量是指标的的特征和品质，是标的的内在品质与外观形态的综合表现，由标的的品种、规格、型号、性能、成分、包装等体现。合同标的的质量技术要求标准，力求规定详细、具体、明确。一般的要求是，国家或部颁标准，按国家或部规定的标准签约；国家、部没有规定标准的，由双方协议定一个标准；质量一下定不了的，可以封存样品，这些在合同中都要写清楚。

价款或报酬是取得标的的一方当事人向对方支付的以货币数量来表示的金额，简称价金，是合同双方等价有偿交换的经济关系的标志。价款条款一般包括产品的价格组成、作价方法、作价标准、调价处理办法等。确定条款时，凡国家定了价格或作价办法的商品，应遵守国家的规定；国家没有规定价格的商品，双方可以协商决定。

履行期限，是指合同履行的时间界限，即合同具有法律效力的期限，是负有义务的双方按议定的时间履行合同的条款。它是确定合同是否按时履行或延迟履行的标准。履行期限可以按季、按月、按日，规定必须明确具体，不能把类似"年内交货"的含糊词句写进合同。

履行地点和方式，通常由双方当事人的约定而定。这是分清双方责任的依据之一，表述必须确切，不能模棱两可，含糊不清。

违约责任是依法对不按合同规定履行义务的制裁措施。它是督促当事人自觉履行合同的一种手段，是实现合同的一种担保形式。合同中的违约责任是通过违约金反映的。违约金的数量，可依据法律规定，也可由双方当事人依法商定，并要在合同中具体写明。

解决争议的方法一般情况下先由双方当事人友好协商解决，如果协商不成，可申请上级机关调解，如果调解不成，则可向经济合同仲裁委员会申请仲裁或直接上法院起诉。

2）当事人一方要求必须规定的条款

订立合同时，一方当事人为了满足自身的特殊要求可以提出特殊条款。经双方协商达成一致后，常以"其他约定事项"这样的约定条款出现。

〰〰 五、合同的写作要求

合同一经签订，双方都得遵守。因此，在拟写合同时，要认真做好以下几点要求：

1. 准备要充分

订立合同之前，首先要了解国家的有关法律、法令、政策、规定，以保证不至于订立了法律上无效的合同。其次，展开市场调查和可行性研究，以确定该不该订立合同以及与谁订立更好。此外，还要对对方进行资格审查和信用审查，以防止上当受骗。

2. 条款要完备

条款越具体、明确、周密，就越有利于合同的履行。因此，合同中双方的权利、义务以及其他条款都应当力求完备、周详，所有应该有的项目都应该列上，不能缺漏，不能含混不清。否则，履行过程中就可能会发生争执，甚至最终难以执行。

3. 规定要具体

合同是规定双方当事人权利义务的法律文件，是执行的依据，因此，合同的规定必须具体、明确、毫不含糊。如在购销合同中，产品是按日、按旬还是按月、按季交货，计算毛重还是净重，是自提、包送还是代运，按什么比例和标准检验，是否要封存样品对照，等等，都要在合同中规定清楚。

4. 措辞要准确

合同中表述的语言必须明白无误，没有歧义，类似"大概""估计""尽量"之类的字眼在合同中一般是不能使用的，以防止由于措辞含糊、语意不明而造成纠纷。要精心琢磨，字斟句酌，把可能出现的偏差、争议都考虑到，应该做到合同中没有一句不清楚的或有歧义的话，没有一个错别字，没有一句废话，专业术语要规范化，用语要前后一致。甚至连标点符号都要仔细推敲，马虎不得。

5. 文面要整洁

合同一经签订，即可生效。任何一方不得随意涂改，如有修改必要，必须征得对方同意，并在修改处加盖双方印章。如要添加条款，应该作为合同附件备案。未经对方同意并加盖印章，擅自涂改过的合同是无效的，不受法律保护。

六、例文评析

买卖合同

甲方：××市××柴油机厂
乙方：××市××汽车厂

经双方充分协商，特签订本合同，以资共同信守。

（一）品名、规格、数量、金额、交货日期。

商标	品名	型号规格	单位	数量	单价（元）	金额（万元）	分期交（提）货数量			
							一季	二季	三季	四季
东风	柴油机	6135Q	台	500	12 500	625		200	200	100
合计金额（大写）		陆佰贰拾伍万元整								

（二）质量标准：以部颁质量标准为准。

（三）产品原材料来源：由供方解决。

（四）产品验收方法：由需方按质量标准验收。

（五）产品包装要求：用木箱包装。

（六）交（提）货方法、地点及运费：由供方托运到需方厂，运费由需方负责。

（七）货款结算方法：通过工商银行托收。

（八）经济责任：按《合同法》规定的原则执行。如供方因产品规格、质量不符合合同规定，供方负责包修、包换、包退，并承担因此支付的费用；因产品数量短少，不符合合同规定，供方应偿付需方不能交货的货款总值5%的罚金；因包装不符合要求造成的货物损失，应由供方负责赔偿；因交货日期不符合合同规定，比照人民银行延期付款的规定，多延期一天，按延期交货部分货款总值3‰偿付需方延期交货的罚金。如需中途退货，由需方偿付退货部分货款总值5%的罚金；需方未按合同规定日期付款，比照人民银行延期付款规定偿付供方罚金。

（九）供需双方由于不可抗力和确非企业本身造成的原因而不能履行合同时，经双方协商和合同鉴证机关查实证明，可免于承担经济责任。

（十）本合同自签订（或鉴证）日起生效，任何一方不得擅自修改或终止。需要修改或终止时，应经双方协商同意，签具修订撤销合同的协议书，并报合同双方业务主管部门和鉴证机关备案。

（十一）本合同正本两份，供需双方各执一份；副本四份，送供需双方业务主管部门、鉴证机关、工商银行各一份。

（十二）本合同有效期到 ××××年×月×日截止。

甲方：××市××柴油机厂	乙方：××市××汽车厂
负责人：×××	负责人：×××
代表人：×××	代表人：×××
电话：××××	电话：××××
账号：××××	账号：××××
地址：×××××××	地址：×××××××

【评析】

这份合同的标题包含了合同的主体内容，又包含了主体名称。正文采用表格、条文相结合的形式，买卖双方的责、权、利通过必备的条款形式表达得明确、具体。本文符合合同的惯用格式结构，具有很强的规范性，用语准确严密。

第二节　市场调查报告

一、市场调查报告的含义和特点

将市场调查得到的资料进行分析整理、筛选加工之后形成的文书，就是市场调查报告。

市场调查报告除具备调查报告尊重事实、反映问题、总结经验、揭示本质和规律的特点之外，自身还有如下特点。

1. 鲜明的针对性

撰写市场调查报告的根本目的，是摸清市场行情，保障企业的生存和发展，是为了促进生产，指导产、供、销，以满足人民群众物质和文化生活的需求。

2. 注重时间性

市场变化是很快的，市场调查报告必须快速地反映市场变化，及时为企业决策提供参考意见。对于企业来说，时间就是金钱。能够及时通过市场调查报告了解国内外技术经济现状，了解市场价格、需求和同类产品的竞争能力，以便不失时机地在一定范围内调整生产和经营，防止盲目生产、无效劳动，提高企业经济效益。

3. 较强的实用性

市场调查报告反映的是经济活动中已经出现的问题，其出发点和归宿全在于实实在在的经济效益。市场调查报告的实用价值是非常明显的、直接的，它的读者虽然不多，可是它提出的建议一经采纳，立刻会产生经济效益。

4. 依赖调查性

市场调查报告离不开市场调查。问卷是市场调查中常用的方法。做市场问卷调查，必须预先制作好问卷调查表。调查表要体现作者恳切的请求和奖励措施，同时，要写清联系地址及领奖方式。

〰 二、市场调查报告的类型

按调查内容，可以将市场调查报告划分成以下三类。

1. 市场需求调查报告

这类报告主要调查市场对本企业产品的需求量和影响需求量的因素。调查需抓住三个方面：购买力、购买动机和潜在需求。

2. 竞争对手调查报告

这类报告主要调查竞争对手的总体情况、竞争能力、新产品的发展动向等。

3. 经营政策调查报告

这类报告主要调查本企业的产品、价格、广告和推销政策、销售和技术服务政策等，以便了解企业的销售能力是否适应消费者需要，企业的销售策略是否合理，并及时改正。

〰 三、市场调查报告的结构和写法

1. 标题

标题没有严格的格式。一般带有"调查"二字，并指出调查的对象或内容、范围，如"××小区消费水平情况调查"。

2. 正文

市场调查报告的正文，包括概要（导言）、主体和结尾三部分。

概要部分——主要说明调查的缘起、目的、对象、范围、内容、方法和时间地点等。

主体部分——由情况、分析和建议三部分组成。

（1）情况部分。

情况指叙述调查得来的材料，有时可加图表说明，必要时还应对市场背景资料，如地理、气候、政治、经济、文化、社会的变化趋势以及政策、法律法规等作出说明。

（2）分析部分。

这部分表述对调查所得材料的看法，介绍撰写人对情况的分析归纳，从调查中发现了哪些问题，得出哪些结论等。

情况部分和分析部分也可糅在一起写，边介绍情况边进行分析，有事实、有数据、有分析的写法，较有说服力。

（3）建议部分。

这部分是依据调查材料及分析，提出解决问题的方法或措施、对策等。

市场调查报告的结尾没有特定的格式。一般是概括全文的观点，写出总结式的意见，或说明调查中存在的问题及与主要情况倾向不同的情况，预测可能遇到的风险和相应对策等。有的写完分析和建议则自然收束，不另加结尾。供决策参考的调查报告，应署上撰写人姓名、部门和完成日期。受委托为他人撰写，则应写清楚委托方、调查方。

◢◣◢◣ 四、撰写市场调查报告时的注意事项

1. 要实事求是

坚持实事求是地进行市场调查，是写好市场调查报告的可靠保证。作者一定要亲自参加调查。对于重要的数据要反复核实、测算，做到确凿无误。有对自己观点不利、相左的材料，也应附带提及，或加以分析，或录以备考。

2. 要注意观点和材料的统一

不能满足于材料的堆积和数字的罗列，必须既有材料，又有观点，观点统帅材料，材料说明观点。另外要在反映情况的基础上提出分析意见和建议。

3. 要突出重点

一份市场调查报告，一般以回答一两个重要问题为宜，切忌面面俱到。如果调查涉及的内容过多，可以分专题写几份报告。

4. 正确把握文体性质和表达方式

市场调查报告兼有说明文、记叙文、议论文的一些特点，应选用较全面、系统、完整的事实、数据以叙述说明问题，运用议论的表达方式提出措施建议。语言要准确、简练、朴实。各小标题应简洁、醒目、匀称。

5. 要讲究时效

过时的信息不可能作出准确的预测和科学的决策，甚至产生负面效应。文中要写明调查时间。

〰️ 五、例文评析

湖北淡水鱼加工业的调查报告

××工业大学　　　吴××

××省××厅　　　戴××

淡水鱼是湖北的优势资源。湖北淡水水产品产量已经连续 8 年在全国夺魁，2004 年湖北省淡水产品总产量高达 300 万吨，其中青、草、鲢、鳙等低值鱼占 80％以上。水产业已成为湖北省农业的一个重要支柱，水产产值已占到大农业的 17.5％，2004 年，湖北省农民收入新增部分的 27％来自水产。但是，湖北省水产业的经济效益很低，目前湖北省的渔业产值只占全国淡水渔业总产值的 9％，居全国第三；渔民的人均纯收入在全国只排 13 位。长期以来，淡水鱼行业一直维持以"活产活销"为主的传统产销格局，加工转化率极低，深加工和产业化加工更是空白，"鱼贱伤农"和"卖鱼难"问题已十分突出，极大地制约了湖北省农业产业化结构调整的步伐，成为限制湖北省发展农业经济的"瓶颈"问题之一。

1. 湖北省淡水鱼加工业的现状与存在的问题

（1）产品以粗加工为主，跟风趋同现象严重。

湖北的淡水鱼加工品，基本是风干、清蒸、烟熏、红烧、油炸、盐腌类的鱼块或全鱼制品，约占全部水产加工品的 90％。这类产品只是对淡水鱼进行简单的整理、分割等处理，属典型的物理型粗加工，因而技术含量不高，产品附加值低。由于鱼块或全鱼类制品具有形态美观、实惠、食用方便和价格较低等特点，社会需求量很大，因而又具有广阔的市场前景。近年来，加工这类水产制品的企业增加很快，产量大幅度提高，产品跟风趋同现象严重，市场竞争激烈。

近年来，湖北省淡水鱼加工业发展比较快，一些淡水鱼加工企业纷纷成立，主要生产鱼块或全鱼制品，以及垂鱼、鱼面、鱼糕和鱼丸等鱼糜制品。但是，湖北省的淡水鱼加工业存在加工粗糙、技术含量低、产品跟风趋同、卫生安全性不高和缺乏知名品牌与龙头企业等突出问题。

（2）生产不规范，卫生安全性不高。

在湖北淡水鱼加工快速发展的同时，也暴露出不少的技术问题和卫生安全问题：由于企业规模偏小，不少企业无技术人员，无检验设施，无产品质量标准；生产随意性大，对各批次产品质量的控制只是凭感觉，无定数，差异极大。长此以往，极不利于湖北省水产品加工事业正常、有序和健康发展。

同时,淡水鱼绿色食品、无公害食品和有机食品的申报工作严重滞后,认证的产品数落后于其他淡水鱼大省,主要表现有:① 缺乏严格规范的人员、工器具、场地的清洗、消毒程序;② 缺乏必要的原料鱼保鲜、防腐设施、设备,如冷库、冷藏车,原料鱼在进厂之后加工之前,已经不新鲜甚至不同程度地存在腐烂、变质现象;③ 滥用食品添加剂,如一些企业由于自身条件限制,为了防腐而超剂量、超范围地滥用亚硝酸钠、苯甲酸钠等毒性较大和违规的食品添加剂;④ 生产过程卫生管理不规范,一些规模较小的企业不同程度地存在着生、熟不分开,半成品、成品不分开,腌制与烟熏过程不规范(存在产生有毒有害物质如亚硝胺、苯丙芘的潜在可能性),杀菌不彻底及非流水作业等生产过程的卫生问题。

(3) 企业规模偏小,缺乏知名品牌和龙头企业。

进行淡水鱼粗加工,设备简单,技术要求低,投入不大,因而大量的民间资本迅速进入这一行业。近两年来,武汉、鄂州和荆州等地的淡水鱼加工私人企业迅猛增加,不少企业是作坊式经营,产值多在 100 万元以下。淡水鱼加工企业规模小而散,不能形成合力,是湖北淡水鱼加工业的顽症和通病。据统计,湖北产值过 1000 万元的水产品加工企业寥寥无几,几乎没有真正意义上的淡水鱼加工龙头企业和知名品牌。多年培育和沉淀的鄂州"武昌鱼"和洪湖"德炎"等湖北水产加工业的知名品牌,由于小企业的恶性竞争和仿冒,正日益受到侵蚀,有退色、退光之虞。

(4) 鱼糜制品发展缓慢,市场举步维艰。

湖北省民间有利用低值淡水鱼制作鱼糜制品的习惯和传统,鱼糜制品技术成熟、历史悠久,并形成了一批著名的地方特产,如新洲的垂鱼、云梦的鱼面、荆州的鱼糕和阳新的鱼丸等。然而,没有一种鱼糜制品能像其他地方特产,如金华的火腿、山西的陈醋、孝感的麻糖等一样走向全国市场,成为全国知名的地方特产。阳新鱼丸曾在全国红极一时,但最终销声匿迹;鄂州武昌鱼股份公司利用现代食品加工设备和技术生产的鱼糜制品——鱼香肠,也难以被市场接受。作为淡水鱼资源大省,湖北的淡水鱼鱼糜制品多年来一直没有突破出口零记录,与沿海地区的海水鱼糜制品出口的强劲势头形成强烈反差。

湖北省的鱼糜制品,市场举步艰难,产量很低,不足淡水鱼加工量的 10%,淡水鱼加工的产品结构严重失衡,极不合理。鱼糜制品是大量加工、转化低值淡水鱼的重要手段,具有机械化和自动化程度高的特点,是淡水鱼加工发展的根本方向之一,然而湖北省的鱼糜制品发展十分缓慢,其中的原因,值得深思。

(5) 产品研发能力差,科技含量不高。

除少数知名企业外,大多数的淡水鱼加工企业几乎没有开发新产品的能力,水产品加工工艺与技术比较原始、简陋,基本维持在作坊式水平,如就盐腌制品而言,依然采用30% 食盐的原始高盐腌制工艺。新产品开发能力差,也使湖北省的淡水鱼加工行业产品跟风、趋同及一窝蜂现象严重,风干武昌鱼制品就是最明显的例子。

缺乏专业技术人员,产品科技含量不高已成为制约湖北省水产品加工事业进一步发展的关键因素之一。如新洲的垂鱼,尽管历史悠久、营养价值高,在当地久负盛名,但依然沿用和迷信十分传统的加工工艺,没有融入现代食品科技的新内容、新成果,没有与时俱进,致使这一著名的地方特产难以被社会广泛接受。

（6）综合利用尚未起步，整体效益不佳。

水产品加工过程会产生大量的诸如鱼头、骨刺、鱼皮、鱼内脏、鱼鳞及漂洗水等下脚料，这些下脚料约占全鱼质量的 35%～50%，目前，这些加工下脚料基本没有综合利用，被直接废弃，既浪费资源，又污染环境。湖北省有关院所与企业已对下脚料进行过比较深入的研究，如鄂州武昌鱼股份公司利用下脚料加工成下脚料粉，用于饲料；湖北水产研究所利用下脚料研制了风味鱼骨酱；湖北工业大学利用现代生物技术和超微粉碎技术将淡水鱼下脚料综合利用，开发出了下脚料多肽营养液、超微鱼骨粉和保健鱼油三种产品。

2. 做大做强湖北省淡水鱼加工业的建议与措施

（1）提高准入门槛，扶持龙头企业，培养知名品牌。

淡水鱼加工业设备简单，技术含量不高，投资少，门槛低，在资本自由流动的今天，大量民间资本已进入或准备进入这一行业，致使这一行业鱼龙混杂、良莠不齐。因此应提高进入这一行业的硬件和软件门槛，如设备厂房条件、检测仪器、技术人员数量等硬件门槛，以及 QS、食品 GMP、HAC—CP、ISO 系列认证等软件门槛，鼓励大投资、大资本、先进技术与产品进驻湖北省的淡水鱼加工业，引导这一行业向规模化、集约化、规范化、产业化方向发展，以加速这一行业的优胜劣汰过程，营造扶持龙头企业、培育行业知名品牌的大环境。

（2）提升科技含量，提高研发能力。

湖北省水产加工企业普遍存在新产品开发能力差和产品科技含量不高的问题，新产品开发基本是模仿、跟进外省的产品，水产加工业在低水平上盲目发展、徘徊、重复。外省的大型水产加工企业一般拥有自己专门的研发机构，具有很强的新产品研发能力，并且普遍建立了校企合作的水产食品工程中心。一方面生产企业能利用大专院校的人才和仪器设备优势，及时解决生产中出现的各种技术难题，有针对性地开发企业所需的新产品，获得人才培训等科技服务；另一方面，大专院校也能利用生产企业的硬件设施，及时将有关行业发展的前沿、前瞻性的科研成果应用于生产实践，加速科技成果转化。

（3）加强基础理论研究，注重新技术的应用研究。

缺乏水产食品专业技术人员和水产加工技术的省际、国际交流是湖北省水产加工业的突出问题。湖北虽然大专院校众多，但到目前为止，几乎没有一所院校开设专门的水产食品加工工艺课程，人才培养与实际需求脱节；湖北虽是水产资源大省，但很少有加工企业和相关院校参与省际和国际水产加工学术交流活动，存在自我封闭和闭门造车现象。开展加工学术交流活动，可以及时吸收先进技术和经验，把握行业发展方向。作为资源大省，湖北省应积极开展青、草、鲢、鳙等主要低值鱼种和黄鳝、甲鱼、黄颡鱼等高值鱼种的可加工性能以及下脚料综合利用方面的基础理论研究；同时应注重诸如高压杀菌技术、微波技术、挤压技术、酶技术、超微粉碎技术、现代纳米技术、栅栏技术和新型食品添加剂技术等现代高新技术在水产食品方面的应用研究。

（4）加强行业引导，在资金政策上给予扶持。

政府和相关主管部门应从资金、政策等方面引导湖北省的淡水鱼加工业逐步向鱼糜制品加工和精深加工方向发展。如新洲的垂鱼，是全国最古老的鱼糜制品之一，但时至今日，这一产品依然在新洲以最古老、最原始的方法生产，没有采用任何现代技术，致使这一产品欲大不能、欲死不甘。应利用现代技术与设备对这一古老产品进行技术改造，使之产业化并走向全国，但这急需政策与资金扶持。利用税收政策、贷款支持、技术改造资金、专项科技资金等方式对湖北省淡水鱼加工业倾斜和扶持，做强湖北省的水产品事业，形成新的农业经济增长点，已显得十分必要和紧迫。

2016 年 5 月 22 日

【评析】

这份市场调查报告的标题点明调查对象是一地的淡水鱼加工业。正文导言部分介绍了调查对象的基本情况，提出了淡水鱼加工的产业化问题，以使读者对所调查的对象能形成一个总体印象。

正文主体分两大部分。第一部分从六个方面阐述了淡水鱼加工业的现状与存在问题。材料充分，且能注重数字说明，得出的结论，即对存在问题的定性看法建立在有理有据的分析归纳之上，较令人信服。第二部分为做大做强淡水鱼加工业的建议与措施，针对性强，顺理成章，合情合理，具有现实性和可操作性。

文章语言简练、准确，层次分明，内容真实而针对性强，且具有时效性，是一篇对企业和政府皆有参考价值的高质量的市场调查报告。

第三节　招标书、投标书

一、招标书的含义和类型

招标书又称招标说明书，是招标人为了征召承包者或合作者而对招标的有关事项和要求作出解释和说明，利用投标者之间的竞争而实现优选投标人的一种告知性文书。

招标书有各种不同的分类方法：

按时间分，有长期招标书和短期招标书。

按范围分，有面向企业内部、系统内部的招标书和面向全社会的公开招标书，或本地区招标书和外地区招标书、非竞争性招标书和排他性招标书等。

按计价方式分，有固定总价项目招标书、单价不变项目招标书和成本加酬金项目招标书等。

按性质和内容分，有工程建设招标书、大宗商品交易招标书、选聘企业经营者招标书、企业承包招标书、企业租赁招标书、劳务招标书、科研课题招标书、技术引进或转让招标书等。

二、招标书的结构和写法

写作招标书的目的是邀请投标人参加投标。招标书写法比较概括,不必写得很详尽,具体条件另用招标文件说明,发送或出售给投标人。

招标书主要包括以下内容:招标单位和招标项目名称,招标项目的具体要求;投标资格与方法,技术、质量、时间等要求;投标开标的日期、地点和应交费用等。

招标书的结构一般由标题、正文与结尾三部分组成。

1. 标题

招标书的标题通常由招标单位名称、招标项目名称和文种三部分构成,如"××大学修建图书馆楼的招标通告",也有的省略招标项目或只写文种。

2. 正文

招标书的正文一般用条文式,有的也可用表格式。一般写招标的条件和要求、投标开标的日期等投标人应知事项。商品招标书要求标明商品的名称、数量规格、价格等。

科技项目招标书则要求写清招标原则、项目名称、任务由来、研究开发目标、研究开发内容、经济技术指标,研究开发的进度要求、成果要求、经费要求,承包单位的条件及要求等。

3. 结尾

招标书的结尾应该写清以下内容:招标单位名称、法人代表、签署日期并加盖印章、联系人姓名;招标单位的地址、邮政编码、电话号码、电子邮箱等;必要时还可写上开户银行及账号。

三、招标书写作的注意事项

1. 内容合法合理,切实可行

招标书的内容应符合国家有关法律、法规、政策规定;技术质量标准要注明国际标准、国家标准、部颁标准或是企业标准;招标方案既要科学、先进,又要适度、可行。

2. 重点明确,内容周密

招标书中对招标项目(即标的)的有关情况、招标范围、具体要求,都要写清楚。如建设项目,应写明工程名称、数量、技术质量要求、进度要求,甚至建筑材料的要求等,尽可能周到,没有空子可钻。

3. 语言表述应简明、准确

招标书中无论是定性还是定量说明，都应准确无误，没有歧义。招标书应尽可能使用精确语言而少用模糊语言。

四、投标书的含义和类别

投标书是投标者为了中标而响应招标书提出的项目、条件和要求，以求实现与招标者订立合同，而提供给招标者的承诺文书。招标书是投标书的引导，议标、评标、定标等各个环节的活动，皆围绕招标书进行；中标和签订合同，也要以招标书为凭据。投标是否成功，影响因素很多，但与投标书撰写得如何有着直接的关系。

投标书有各种不同的分类：按投标方人员组成情况，可分为个人投标书、合伙投标书和企业（或企业联合体）投标书等；按性质和内容，可分为工程建设项目投标书、企业租赁投标书、劳务投标书等。

五、投标书的结构和写法

投标书的内容与招标书相对应。

投标书的结构一般由标题、正文及结尾三部分组成。

1. 标题

投标书的标题一般写上文种"投标书"即可，也可包括投标形式、投标内容，如《租赁××市印刷厂的投标书》。投标的时间可写在标题的右下角，也可写在文末投标人的单位名称下面。

2. 正文

投标书的正文一般可分条列项（也可用表格式）写明投标的愿望、项目名称、数量、技术要求、商品价格和规格、交货日期等。

承包经营项目的投标书，其正文一般要阐述：对投标项目基本状况的分析，找出优势和存在问题；提出经营方针；说明承包目标、考核指标以及达到目标的可行性分析和拟采取的措施；对招标者提出的要求、条件的认可程度等。

投标书引用的数据要准确、完整；论述要条理清楚，说理透彻；目标要明确可信；措施要切实可行。

3. 结尾

投标书的结尾要写清投标人的单位名称、法人代表以及邮政编码、地址、电话号码、传真号码、电子邮箱等。如果是国际投标，还应将投标书译成外文，写明国别、付款方式以及用什么货币付款等。有的投标书还要由上级业务主管部门和公证监督机关签名盖章。如有必要，还应附上担保单位的担保书，有关图纸、表格等。

〰〰 六、投标书写作的注意事项

1. 要实事求是

投标方要客观估计自己的技术、经济实力和相应的赔偿能力，实事求是地填写标单和撰写投标书，切不可妄加许诺，不可徇私舞弊，弄虚作假，害人害己。因为一旦中标，就要在规定期限内与招标方签订合同，按合同办事。

2. 内容要明确具体

投标书要写明目标、造价、技术、设备、质量等级、安全措施、进度等，明确、具体。

3. 要讲究时效性

投标方在规定的时限内写好并送出投标书，才有中标的可能。

〰〰 七、例文评析

［例文 1］

京九铁路×××编组站通信工程招标书

为了快、好、省地建成京九铁路×××编组站，经铁道部批准，××铁路建设指挥部对京九铁路×××编组站通信工程进行招标。

1. 招标工程的准备条件

京九铁路×××编组站通信工程的以下招标条件已经具备：

（1）本工程已列入京九铁路建设计划；

（2）已有经国家批准的设计单位出的设计图和概算；

（3）资金、材料、设备分配计划和协作配套条件均已分别落实；

（4）本工程的标底已报建设主管部门和建设银行复核。

2. 工程内容

（1）站场通信工程；

（2）通信站工程；

（3）无线列调工程。

3. 工程范围及主要工程数量

（1）工程范围：×××编组站全部通信工程。

（2）主要工程数量：（略）

4. 承包方式

(1) 中标单位以包工期、包质量、包造价、包材料的原则承包本工程。

(2) 中标单位不包的项目及费用：(略)

5. 承包工程的工期(略)

6. 工程质量技术安全要求、工程监理、工程验收标准(略)

7. 物资供应(略)

8. 工程价款的支付和结算

详见本工程临时施工合同条款。

9. 投标注意事项

(1) 投标文件的编制。(略)

标书要加盖企业及其法人代表的印章，密封后，在××××年×月×日下午4点前派专人送到××铁路建设指挥部(××市××路×号)。逾期交送标书作废标论。

(2) 开标、评标时间及方式。

开标时间：××××年×月×日。

评标结束时间：××××年×月×日。

开标、评标方式：建设单位邀请建设主管部门、建设银行和公证处及投标方参加公开开标、审查证书，采取集体评议方式进行评标、定标。

中标依据及通知：(略)

10. 其他要求(略)

××铁路建设指挥部(章)

地址：×××××

电话：×××××

邮政编码：××××××

联系人：×××

××××年×月×日

【评析】

这份招标书格式规范。标题直奔中心；正文分为两大部分，即引言和主体。引言直述招标的依据、目的和标的；主体部分先说招标已具备的条件，再说招标工程的内容、范围、质量要求、承包方式、工期以及开标、定标等内容。全文采用分条列项方式写作，思路清晰，内容表达分明。此外，本标书还突出了铁路施工的特点，强调安全施工，对施工地区的人民生命财产安全负责。

[例文 2]

培训楼工程施工投标书

根据××铜矿兴建培训楼工程施工招标书和设计图的要求，我公司完全具备承包施工的条件，决定对此项工程投标，具体说明如下：

一、综合说明

工程简况（工程名称、面积、结构类型、跨度、高度、层数、设备）：培训楼一幢，建筑面积 10 700 m²，主体 6 层，局部 2 层。框架结构：楼全长 80 m，宽 40 m，主楼高 28 m，二层部分高 9m。基础系打桩水泥浇筑，现浇梁柱板。外粉全部，玻璃马赛克贴面，内粉混合砂浆采面涂料，个别房间贴壁纸。全部水磨石地面，教室呈阶梯形，个别房间设空调。

二、标价（略）

三、主要材料耗用指标（略）

四、总标价

总标价 3 408 395.20 元，每平方米造价 370.23 元。

五、工期

开工日期：××××年×月×日。

竣工日期：××××年×月×日。

施工日历天数：547 天。

六、工程计划进度（略）

七、质量保证

全面加强质量管理，严格操作规程；加强各分项工程的检查验收，上道工序不验收，下道工序决不上马；加强现场领导，认真保管各种设计、施工、试验资料，确保工程质量达到全优。

八、主要施工方法和安全措施

安装塔吊一台、机吊一台，解决垂直和水平运输；采取平面流水和立体交叉施工；关键工序采取连班作业，坚持文明施工，保障施工安全。

九、对招标单位的要求

招标单位提供临时设施占地及临时设施 40 间，我们将合理使用。

十、坚持勤俭节约原则，尽可能杜绝浪费现象

投标单位：××建筑工程总公司（公章）

负责人：李××（盖章）

电话：×××× 传真：××××

【评析】

这是一篇工程建设项目投标书。正文先介绍了工程简况，然后说明了标价、耗材指标、工期、计划进度等，对招标书作出了明确的回答。这可以说是投标单位的正式报价单，是评标决标的依据。该投标书还包括了保证工程质量的措施和达到的等级、主要施工方法、安全措施和对招标单位的要求等，是一份写得较完整、规范的投标书。

第四节 产品说明书

一、产品说明书的定义

产品说明书也称用户手册，它是一种指导用户消费的文书。它必须向消费者介绍产品的性质、结构、使用方法、操作方法及保养、维修等方面的知识，以帮助消费者正确使用、保养产品，有效地发挥产品的使用价值。产品说明书一般由生产单位编写，印成册子、单页或印在包装、标签上，随产品发出。

二、产品说明书的作用

产品说明书随产品赠送，在社会经济生活中和人们的日常生活中起着重要的作用。

1. 认识作用

产品说明书会使消费者获得有关某一产品的知识，加深对该产品的了解，进而为使用产品创造条件。

2. 教育作用

有些产品说明书侧重于普及某种技术，使消费者从中有所收获。比如有一篇介绍毛笔的品种和规格的说明书，涉及毛笔的制作方法、制作原料、用途、形式等几个方面，起到了使消费者掌握一定的毛笔专业知识的教育作用。

3. 宣传作用

不少产品说明书借用广告生动活泼的表现手法，丰富了产品说明书的内容，在介绍产品的同时，也能起到激发消费者消费欲望的作用。

总之，产品说明书是产品和消费者之间的一座桥梁，是消费者正确使用产品的向导，也是产品最大限度地实现作用价值的保证。消费者不重视产品说明书，不了解产品知识，就有可能在使用中产生麻烦，甚至会导致意外事故的发生。

三、产品说明书的特点

1. 真实性

产品说明书在撰写时要求对产品作客观的介绍，有一说一，有二说二，不可随意夸大或缩小。既要介绍产品的优点和特色，也要说明使用中可能出现的问题和毛病。只有这样才能使产品获得真正的信誉。

2. 科学性

产品说明书具有很强的科学性。因为它所说明的产品是按严格的程序和科学的方法制造出来的，所以说明书在介绍产品性能、构造、用途和使用方法时必须符合科学原理和科学依据。

3. 说明性

产品说明书要以说明为主要表达方式，不议论不抒情，客观真实地对产品作出介绍，使用户了解产品，认识产品，从而购买产品。

4. 条理性

产品说明书是一种说明告知性的应用文，通俗易懂、条理清楚是它在写作上的基本要求。撰写时，或按照商品的性能、用途、使用和保管方法等顺序，或按用户认识产品的递进顺序安排结构，使之言之有序、条理分明。

5. 简明性

产品说明书以用户为说明对象，所以语言浅显易懂，简洁明快。产品说明书应尽量少用或者不用专业术语，而改用通俗易懂的语言表达，从而达到普及的效果。产品说明书受版面控制，所以语言务求简洁。简而明是产品说明书语言的特征。

四、产品说明书的种类

1. 册子式产品说明书

册子式产品说明书是指把说明内容排印装订成书或册子，设计封面、封底、目录以及多项说明内容的产品说明书。这类说明书多用于比较贵重复杂的产品。

2. 传单式产品说明书

传单式产品说明书是指把说明内容排印成一张精美的传单，除了文字说明外，还常附有彩色的产品图案，以宣传产品，招引顾客。这类传单式产品说明书主要附在产品内，但有时也可独立派发。

3. 包装式产品说明书

包装式产品说明书是指把说明内容直接印在包装上。这类产品说明书一般都写得简要。

五、产品说明书的结构与写法

一般的产品说明书主要由标题、正文、结尾三部分组成其基本格式。下面介绍这三部分的常用写法。

1. 标题

产品说明书的标题有三种写法：

一是用产品名称作标题，如《清热去湿冲剂》《南岩铁观音》等。

二是用"产品名称＋介绍"组成标题，如《众生丸介绍》《××牌电热毯介绍》等。

三是用"产品名称＋角度＋说明书"组成标题，如《西沙必利（普瑞博思）片使用说明书》《鹿王羊绒衫系列制品消费说明书》《××机安装说明书》等。

2. 正文

产品说明书的正文内容视商品和说明需要而定。常见的内容有商品性能说明、商品结构说明、商品使用说明、商品保养说明、商品注意事项说明等。正文的结构主要有以下几种。

1）一段式

有些产品说明内容比较单一，可采用一段式的结构方式。如广东省乳源云山果脯综合加工厂是这样介绍生产的商品"南瓜干"的：

本品选用鲜南瓜、天然蜜糖精制而成，配方讲究，口感清甜、松韧适中，具有纯天然的南瓜口味，是旅行、送礼佳品。本品可直接食用，保质期6个月，生产日期见封口。

2）多段式

有些产品说明内容比较丰富，可采用多段说明的结构方式。如东莞市石龙制药厂介绍"众生丸"就采取了多段式结构。原文如下：

众生丸采用中药材经科学方法炼制而成。购买时请认明"众生"注册商标。处方组成为蒲公英、紫花地丁、板蓝根、岗梅根、花粉、玄参、白芷、防风、虎杖、柴胡、黄芩、赤芍、当归、皂角、人工牛黄。具有清热解毒、凉血活血、抗菌、消炎、止痛作用。

本品经广东省人民医院急诊室、广东省人民医院中医科、广东省中医院、广州市东山区中医院、第一军医大学珠江医院、广东省博罗县人民医院等六所医院共验证414例。对于细菌性感染疾患，如急慢性咽喉炎、扁桃腺炎、肺炎、疮毒显效率达55％，总有效率达93％，可称为中成药的抗生素。

3）项目式

项目式就是逐项地说明某一产品的性能、规格、用途、用法等。这一类说明书主要运用逐层剖析的方法，从各个不同的角度来揭示商品的名称、功用、特点、结构、性能、成分、使用、保管、操作应注意事项及有关地址、电话等。以上各项，或详、或略、或省，应视商品和用户的情况酌定，不必面面俱到。例如：

长城牌方便面

　　品种：鸡蛋面、番茄面、茄汁面、麻辣面、虾黄面、肉松面。

　　特点：快速方便、营养丰富、味美价廉、老幼皆宜。

　　方法：沸水冲泡5分钟即可食用；若煮沸2～3分钟味道更佳。

　　方便面将为您的就餐提供省时、省力等种种方便。

××食品总厂方便食品车间生产

4）条列式

有些产品说明书将说明内容分项之后，用数码标序排列书写。下面是罗拔臣啫喱糖制法说明：

① 将粉溶于大滚水中待用。

② 先将砂糖和鱼胶粉混合好，然后倒入啫喱糖溶液中，徐徐搅拌。

③ 搅匀后，倾于盆内。凉却后，放在冷柜内，待其凝固后，将之切成方块状，撒上椰丝食用。

5）比较式

对于复杂的产品，可以根据它的性质、外形结构、功用的差别，采取分类比较的方法加以说明。以某集成电路（也叫固体电路）计算机的说明书为例，它采用比较的写法，使读者轻而易举地了解了集成电路计算机的优越性。该说明书内容为："世界上第一台电子计算机用了18 000只电子管，重达30吨，占地170平方米，运算速度只有每秒5000次。可是现在我们可以把一台需要几万只晶体管制作的计算机集成在一块火柴盒大小的硅片上，重量只有几十克，而运算速度比第一台计算机快几万倍。"

使用比较说明时，要注意拿来相比的事物必须与要说明的事物有共同之点，否则，就无法比较。同时也要注意用来比较的事物，应该尽可能选择大家熟悉和容易理解的，这样才能使读者了解被比较的新事物。例如上文介绍使用集成电路组装的计算机时，为了说明它的体积很小，采用了比较的表述"火柴盒大小"，这就是用人们熟悉的事物和被说明的新事物作比较。

6）表格式

按表格逐项填写要说明的内容，也可加上适当的文字说明。表格式的说明，简洁明了，易于读者了解。表格式说明书中所运用的材料和数据，必须经过精密考证，严格、认真推算，只有这样，才能反映产品的真实情况，才具有可靠性。例如：

产品说明书

杭州土特产 Q330121·X26·067—91　　　　　　净重量150克

美味酱瓜

配料	原料	优质黄瓜
	辅料	精盐、白糖、酱油、生姜、味精
储存方法		宜在冷柜或 25℃以下避光存放
保质期限		5 月～10 月/为 3 个月 10 月～4 月/为 6 个月
卫生许可证号 浙萧食监许字(88)第 1063 号		

厂址：××市南阳镇东解放路 18 号

电话：××××××　　　邮政编码：××××××

3. 结尾

产品说明书的结尾有时写批准文号，有时写生产单位、地址、邮编等。也有的产品说明书不写结尾。

六、产品说明书的写作要求

1. 准确性

产品说明书是对产品的科学说明，要求用语准确，恰如其分，严格做到科学、客观，这样才能对使用者进行正确的指导。

2. 通俗性

产品说明书的对象是广大用户，他们的文化水平不一，因此文字应该通俗易懂，专门的术语应尽量少用，这样才有助于教会用户正确使用。但是，如果是专门的仪表、机械，对象又是专业人员，那当然不排除使用一些专门术语。

3. 明确性

产品说明书的语言要做到清楚明白，不可含混不清、引起误解。因此，在语句的表达上，要求简短明快，使人一目了然，不可用长句子。在结构上，往往采用项目式或条列式，用极少的文字将产品的功能、结构、特点等介绍给使用者。

此外，产品说明书所使用的语言是纯粹的说明文字，切忌描写、抒情或议论。

七、例文评析

[例文 1]

清热去湿冲剂

处方：党参、茵陈、陈皮、黄芪、苍术、野菊花、蔗糖。

功能：清暑益气、补肺生津、清热去湿、扶正祛邪。

适应证：清热解暑、四肢疲倦、精神不振、不思饮食、身热心烦、自汗口渴、身体困重者常服有益。成人、老人、小儿均宜服用。

用法与用量：每日 2～3 次，每次 1 包(10 克)，用热开水冲服。

批号：粤卫药准字(85)第 E5－101 号

广东省制药工业公司东莞市石龙制药厂

【评析】

这是一篇包装式产品说明书。标题和生产单位位于封面；封底为空白；四周正面为功能、适应症、服法与用量；正对面是英文说明，左边为处方，右边为批号。整个纸盒的空间都充分利用了，排版精美。这篇产品说明书在结构上采用项目式结构，显得简洁明快、一目了然。更值得欣赏的是这篇产品说明书的语言十分工整，功能和适应证这两项是排在同一面上的，所以一律采用四字句，看起来整齐，读起来朗朗上口。更难得的是优美的语言形式并无损文意的表达，说明的内容浅显易懂、符合科学要求。

[例文 2]

对 SC 型精密冲床的说明

适用于无线电元件、钟表仪器零件及服装用金属钮扣的生产，备有手动、脚动、机动 3 种，有 50P、80P、100P 等多种压力等级。

【评析】

这篇产品说明书采用一段式的写法，只介绍产品的用途和型号，文字简短，句句顶用，字无虚设，清清楚楚，毫不冗长拖沓。

第五节　实习报告

实习报告是针对在校学生，依据其所学的专业，有目标、有计划地将其所学到的理论知识拿到实际工作中去应用、检验，以锻炼学生工作能力、获得实践经验，为学生未来走向社会做好铺垫，并将实习中的收获、感悟、教训等写成书面报告的应用文。

∿ 一、实习报告的特点

（1）真实性。实习报告是指导实际工作的，或者为未来的工作提供帮助、经验、教训的。亲身经历实习工作，才可能写出真实可靠，对工作具有指导意义的实习报告，这体现了实习报告的真实性特点。

（2）针对性。实习是结合所学专业特点而进行的一项有针对性的工作，实习的目的性特别强，写作实习报告应与实习工作重点相结合，做到中心明确、主题突出，明确实习工作所取得的成就以及存在的问题，以事实材料为依据来说明观点。

（3）典型性。实习报告写作过程中所选取的材料要能够解答所要解决的问题，具有代表性、普遍性，具有一定的说服力，从而使之成为值得借鉴的可靠资料。

（4）系统性。实习所获得的第一手材料和得出的结论必须是具有说服力的，它是对整个实习活动的高度概括和详细总结，无论是经验还是教训都必须是实习者自身对整个实习过程的思考所得。

∿ 二、实习报告的资料收集

从开始实习的那天起就要注意广泛收集资料，并以各种形式记录下来（如写工作日记等）。丰富的资料是写好实习报告的基础。主要应收集以下这些资料。

（1）在社会实践工作中，具体做了哪些事情，做的过程、步骤、内容等要有意识地记下来。

（2）专业知识在工作中是如何灵活运用的。比如法律专业，要注意法官或法律工作者在执法过程中是如何灵活运用法律条款，深入了解优秀法官是如何运用法律以外的手段解决民事纠纷、提高结案率的；秘书专业的学生可以直接将秘书实务、应用文写作等科目中的问题带到实践中去，在实践中寻求理论与实践的结合点等。

（3）观察周围同事是如何处理问题、解决矛盾的。实习是观察、体验社会生活，将学习到的理论转化为实践技能的过程。要从同事、前辈的言行中去学习，观察别人的成绩和缺点，以此作为自己行为的参照。通过观察别人来启发自己也是实习的一种收获。

（4）实习单位的工作作风如何。要关注单位的工作作风对你将来开展工作、发展自己、提高自己有什么启发；某些同事的工作作风、办事效率哪些值得你学习，哪些要引以为戒，对工作、对事业会有怎样的影响等。

∿ 三、实习报告的结构和写法

实习报告一般包括标题、正文和落款。

1. 标题

标题的写作有单标题，如"实习报告"，或者是"事由＋文种"的形式，如"计算机教学实习报告"；或者是双标题，如"我的'公务员'经历——江海市政府实习报告"。

2. 正文

正文部分包括三方面的内容。

1）引言

简单扼要地介绍实习时间、地点、内容和目的以及接收实习单位和实习岗位的情况等，要求详略得当，重点突出。重点应放在实习内容的介绍上。

2）实习内容及过程

这部分是全文的重点，要求内容翔实、层次清楚；侧重实际动手能力和技能的培养、锻炼和提高，切忌写成流水账。要把实习内容、环节和做法写出来。写作时要注意：在实习中是如何将学校里学到的理论、方式方法变成实践的；观察体验在学校没有接触过的东西，它们是以什么样的面貌和形态出现的。比如部门的职能，原先你不了解，后来在工作中由什么样的问题，引发了你对部门职能的了解。再比如人际协调方法，工作中的人际协调和你学的公关理论与实务有什么样的差异，你怎样体会公关理论等。

3）实习体会、经验教训等

这部分是整个报告的精华。要求条理清楚、逻辑性强。着重写出对实习内容的总结体会和感悟，写出自己对专业理论掌握程度与实践中所需技能水平的差距、今后努力的方向等。

3. 落款

落款在报告正文结尾的右下角空两行，写"报告人：××学院××专业××年级×××"及写作时间。

四、例文评析

社会工作实习报告

一、实习时间

2018 年 1 月 21 日至 2018 年 2 月 21 日。

二、实习单位

广州启智社会工作中心。

三、实习单位简介

广州启智社会工作中心是一所为政府和社会提供综合性、专业性社会工作服务和管理的民办非盈利机构，前身为广州青年志愿者协会启智服务总队。启智服务总队成立于1996年，发展至今拥有大批志愿者骨干和大批志愿者会员，开展社会服务四十多项，服务范围涉及青少年、老人、残障人士、智障儿童、重症儿童和流浪露宿者等弱势群体。每年为社会提供志愿者服务时间超过18万小时。

启智社会工作中心位于广州市天河区育蕾二街18号，其服务理念是"尊重，专业，专注"，其服务内容主要包括青少年教育、社会福利与救助、矛盾调解、心理辅导、行为矫治、志愿者团队建设、残障康复、婚姻家庭等领域。

四、实习目的

通过实习，掌握社会工作的基本技能，熟悉社会工作的工作制度、操作流程等，为今后的工作奠定基础。

五、实习岗位

青少年发展部。

六、实习内容

（一）实习培训

正式实习前，启智中心对实习生进行了前期培训。主要向我们介绍了启智社会工作中心的服务宗旨、服务对象、服务范围、周边社区的环境以及实习生入职要求等。中心为每位实习生分配了相应的社工作为直属上级，并向我们介绍了实习的内容和任务。

（二）小组工作

在上级社工的指导下，我策划开展了两个小组的工作，分别是针对3～5岁儿童的折纸小组及针对8～12岁青少年的合唱小组。工作中我完成了小组工作计划书的撰写、小组活动过程的实施、活动效果的评价等。

（三）外展活动

实习期间，我参加了启智中心在天河南街的外展活动。在此之前，我对"外展"一无所知，经过亲身经历后才发现外展是一个社工机构对外宣传的重要渠道之一。进行外展的社工人员是启智中心和居民之间的媒介。通过彼此之间的沟通交流，一方面居民能够进一步认识社工、认识启智中心；另一方面，中心的社工也能多方面地获得当地居民的信息，为社区服务的顺利开展做铺垫。

（四）家庭访问

家庭访问是获得当地居民信息最简单直接的手段。我在中心实习的时间里，曾多次进行家访。除了能够进一步促进中心的服务工作外，家访也能锻炼应变能力和口头表达能力。在家访活动中，我也曾遇见许多感人的场景。例如有一对父母和两个儿子组成的四口之家，其中小儿子瘫痪在床，父亲有糖尿病，母亲有高血压，大儿子为了照顾父母和弟弟年逾四十仍未成家，看起来很不幸的家庭却意外地乐观，他们还自己出钱在两边的楼梯加上了扶手，以便家人和邻居出入。情景虽平凡却不普通，这是我在家访中得到的比知识更珍贵的体验。

（五）电话访问

电话访问与家庭访问类似，电话访问相较而言简短高效，在实习期间，我很多时间都在对当地的家庭用电话进行慰问，有时候甚至一天连续打了 50 多个电话，此举让我领略到作为一名尽职的社工，需要的不仅仅是专业知识，更重要的是对案主、潜在案主甚至社区中每一位居民都必须付出耐心和真诚。

（六）督导培训

农历新年前夕，启智中心邀请了一位来自香港的社工督导对中心全体员工进行职业培训。作为实习生，我也十分幸运地参与其中。在这三天时间里，他向我们介绍了香港社工与大陆社工的一些不同之处，讲述了香港社工的日常工作方式、社会地位以及香港的社工政策等，也介绍了与案主有效沟通的方法，用这种方法我们便可轻而易举地得知案主来求助的原因。总而言之，虽然培训时间只有短短三天，但督导给我的启发却是巨大的。

七、实习体会

这次的实习，除了让我对启智社会工作中心的基本工作有了一定了解并且能进行基本配合外，使我在其他方面也有许多收获。

首先，我认为学校与社会区别很大。进入社会后必须要有很强的责任心和扎实认真的工作态度。在工作岗位上，我们必须要有强烈的责任感，要对自己的岗位负责，要对自己的工作负责。比如：在小组活动的前期准备中，跟进的人必须把参加人员一个个通知到位，并确定其是否能够出席。在工作的时候必须要严谨认真。

其次，要尽快完成角色转变。对于我们这些即将踏上工作岗位的大学生来说，如何更快地完成角色转变是迫切面临的问题。走上社会之后，环境会发生很大变化，如果不能尽快适应，仍把自己当学生看待，必定会被残酷的社会淘汰。既然走上社会就要以一名员工的身份要求自己，严格遵守公司、机构的各项规章制度。

最后，我认为在每一个岗位上我们都必须坚守自己的职业道德，及时提高自身的职业素养，在工作中学习，在学习中思考，在思考中进步，才能在该行业更好地发展，实现自我的价值。

报告人：刘晓莉

2018 年 2 月 25 日

【评析】

这是一份实习报告。实习报告是对实习过程与结果的全面汇报。该文比较全面地记录了实习内容与心得体会，这其实也是实习报告最重要的写作内容。不足之处是对实习内容的描述不够具体，材料不够翔实，语言不够凝练。

思考练习

一、选择题

1. 个人计划的具名应写在（   ）。

A. 标题中　　　　B. 正文右下方　　　　C. 标题后　　　　D. 标题下

2. 下列计划标题写作正确的一项是（   ）。

A. 2020 年××职业学院招生工作计划

B. ××职业学院 2020 年招生工作计划

C. ××职业学院招生工作计划（2020 年）

D. ××职业学院招生 2020 年计划

3. 总结的具名和时间，下列说法不正确的一项是（   ）。

A. 单位名称已经在标题出现的就不再署名

B. 个人总结不必署名

C. 需要署名的可写在标题下面或正文之后右下方

D. 随公文报送的总结不署名和日期，需要写的则写在正文右下方

4.《发掘内部潜力，实现扭亏为盈》这一总结标题属于（   ）。

A. 公文式标题   B. 新闻式标题   C. 复合型标题   D. 双标题

5. 调查报告的表达方式采用（   ）。

A. 议论文   B. 公文   C. 事务文书   D. 散文

6. 写调查报告应使用（   ）。

A. 第一人称   B. 第二人称

C. 第三人称   D. 综合运用以上三种

7. 下面可以作为商品说明书标题的是哪一项（   ）。

A. 商品名称   B. 说明书

C. 商品名称＋"介绍"   D. 生产厂家

8. 商品说明书的表达方式是（   ）。

A. 叙述   B. 议论   C. 抒情   D. 说明

9. 下面不可以作为合同标的的是（   ）。

A. 科研论文   B. 办公用品   C. 某建筑工程   D. 走私彩电

10. 下列数量和计量单位正确的是（   ）。

A. 一打鸡蛋   B. 28 捆钢筋   C. 10 箱衣服   D. 500 千克苹果

二、判断题

1. 为了更客观实际，计划在执行过程中可以随时调整、修改甚至废除。（   ）

2. 计划正文的开头部分一般要解决的问题是"为什么要制订计划"。（   ）

3. 总结既要报喜也要报忧。（   ）

4. 总结要把感性认识上升到理性认识。（   ）

5. 产品说明书具有科学性和条理性。（   ）

6. 产品说明书是产品和消费者之间的一座桥梁。（   ）

7. 调查报告主要总结正面的经验。（   ）

8. 调查报告是以事实为依据，从典型材料中引出观点得出结论的。（   ）

9. 条据是所有应用文中最简单的一种。（   ）

10. 一张条据，可以一文两事或者一文多事。（   ）

三、简答题

1. 规划、设想、打算、要点之间有什么不同？
2. 简述计划正文写作的写作内容。
3. 简述总结的写作要求。
4. 总结与计划有什么区别？
5. 简述调查报告的写作要求。
6. 调查报告与总结有什么区别？
7. 简述经济合同签订的原则。
8. 举例说明产品说明书的写作要求。

四、写作题

1. 以学习、阅读、体育锻炼、社会实践、专业实践等为范围，制订一份规范的计划。
2. 为加强个人开支计划性，切实改变盲目消费和超支现象，请制订个人每月的消费计划。
3. 以自己的学习、社会工作或其他方面最有体会的事情为内容写一篇总结。
4. 以《大学生消费情况调查》为标题，写一篇调查报告。
5. 选一款自己熟悉的产品，运用所学的知识，写一则产品说明书。

参考文献

[1]　余冠英. 诗经选[M]. 北京：中华书局，2021.

[2]　程俊英. 诗经译注[M]. 上海：上海古籍出版社，2014.

[3]　杨伯峻. 论语译注[M]. 北京：中华书局，2017.

[4]　南怀瑾. 论语别裁[M]. 上海：复旦大学出版社，2005.

[5]　杨伯峻. 孟子译注[M]. 北京：中华书局，2018.

[6]　南怀瑾. 孟子旁通[M]. 上海：复旦大学出版社，2016.

[7]　曹础基. 庄子浅注[M]. 北京：中华书局，2014.

[8]　陈鼓应. 庄子今注今译[M]. 北京：人民文学出版社，2021.

[9]　张觉. 韩非子译注[M]. 上海：上海古籍出版社，1916.

[10]　(印度)泰戈尔. 飞鸟集[M]. 郑振铎，译. 北京：外语教学与研究出版社，2010.

[11]　(英)伯特兰·罗素. 罗素自传(第 1 卷)[M]. 胡作玄，赵慧琪，译. 北京：商务印书馆，2002.

[12]　林语堂. 生活的艺术[M]. 南京：凤凰出版传媒股份有限公司、江苏人民出版社，2014.

[13]　朱光潜. 朱光潜全集(第二卷)[M]. 合肥：安徽教育出版社，1987.

[14]　王计兵. 赶时间的人[M]. 北京：台海出版社，2022.

[15]　(英)毛姆. 月亮和六便士[M]. 傅惟慈，译. 上海：上海译文出版社，2011.

[16]　(美)杰克·伦敦. 热爱生命：杰克·伦敦小说选[M]. 万紫、雨宁、胡春兰，译. 北京：人民文学出版社，2018.

[17]　余光中. 听听那冷雨[M]. 北京：中国友谊出版社，2022.

[18]　(美)惠特曼. 草叶集[M]. 姜焕文，译. 成都：四川文艺出版社，2014.

[19]　刘亮程. 一个人的村庄[M]. 南京：译林出版社，2022.

[20]　阿城. 棋王[M]. 上海：上海三联书店，2019.

[21]　汪曾祺. 汪曾祺散文集：万事有心，人间有味[M]. 北京：中国友谊出版社，2019.

[21]　(爱尔兰)詹姆斯·乔伊斯. 都柏林人[M]. 王逢振，译. 上海：上海译文出版社，2016.

[22]　(法)阿尔贝·加缪. 西西弗神话[M]. 李玉民，译. 南京：江苏凤凰文艺出版社，2020.

[23]　顾城. 顾城作品精选[M]. 武汉：长江文艺出版社，2019.